Was also ist die Zeit?
Wenn mich niemand darüber fragt,
so weiß ich es;
wenn ich es aber jemandem auf seine Frage
erklären möchte,
so weiß ich es nicht.
Das jedoch kann ich zuversichtlich sagen:
Ich weiß, daß es keine vergangene Zeit gäbe,
wenn nichts vorüberginge,
keine zukünftige, wenn nichts da wäre.
Wie sind nun aber jene beiden Zeiten,
Vergangenheit und Zukunft,
da ja doch die Vergangenheit nicht mehr ist,
und die Zukunft noch nicht ist?

AUGUSTINUS

Die Zeit entsteht mit der Unlust.

NOVALIS

Die Zeit, die ist ein sonderbares Ding.
Wenn man so hinlebt, ist sie rein gar nichts.
Aber dann auf einmal,
da spürt man nichts als sie.

HUGO VON HOFMANNSTHAL

I

AUF DER SUCHE
NACH DER VERLORENEN ZEIT

Auch ich habe in Arkadien gelebt

Aber eines Tages war meine Zeit um, und ich nahm Abschied. Es war spät im Herbst. Aus den Büschen fielen faule Beeren, und die Schafe kamen die Hügel herunter, frierend und hungrig, denn über Nacht hatte der Wind das Gras aus den Bergwiesen gespült und an die felsigen Ufer geworfen. Auf silbernen Geleisen – zwei letzten Sonnenstrahlen – trug mich der Zug fort. In der Nacht erreichte ich die Grenze. Die Zollbeamten beschlagnahmten mein Gepäck, und als ich mein Geld umwechseln wollte, bedeutete man mir, daß hier eine andere Währung galt. Bedauerlicherweise war zwischen meiner Heimat und den anderen Ländern kein Abkommen getroffen worden, das einen Kurs festsetzte. Also war auch mein Geld wertlos.

Aber ich verlor den Mut nicht. Schon in der ersten Stadt lernte ich viele freundliche Menschen kennen; sie halfen mir, wo sie konnten, und ich fand bald Arbeit in einer Fabrik. Später ging ich zu einer Straßenbaufirma. Es war Frühling, und es war die erste Straße, die ich sah, eine wunderbare Straße, die die schwersten Fahrzeuge trug, eine große, herrliche Straße, auf der man bis ans Meer fahren konnte. Aber das Meer war weit, und es lagen viele Stationen davor, kleinere Städte und sehr große; auch eine Weltstadt war darunter. Einige Chronisten dieser Stadt sprachen die Vermutung aus, daß sie sich auf den Ruinen des alten Babylon erhebe, aber ihre beglaubigte Geschichte schien mir blaß und nichtig vor ihrer Gegenwart.

Diese Stadt ließ mich nicht mehr los, denn alles, was ich tat ob ich nun an der Börse spielte, Maschinen baute oder den Ertrag von Plantagen zu steigern versuchte –, war so merkbar von Erfolg begleitet, daß es alle meine Erwartungen übertraf. Als mein Name zum erstenmal in den Zeitungen genannt wurde, war ich glücklicher als je zuvor in meinem Leben, und ich beschloß zu bleiben. Ich hätte jetzt jederzeit ans Meer fahren können, doch dazu kam es nicht mehr, denn ich hatte immer neue Versprechen einzulösen, die ich gegeben hatte, immer neue Aufgaben zu erfüllen, die ich übernommen hatte, mich immer neu zu bestätigen, da man nun einmal mich bestätigt hatte.

An manchen Abenden fuhr ich, wenn ich sehr müde war, bis zur Ausfallstraße, die ans Meer führt, holte aus meiner tiefen Müdigkeit und Ergebenheit das Bild des unbekannten Meeres hervor und sank, halb schlafend, der Ferne entgegen und dem unendlichen Himmel, der mit dem Meer den Erdkreis schließt. Sobald die Benommenheit wich, kehrte ich ernüchtert zurück und sagte mir, daß mir diese Reise noch immer bleibe und daß sie mir im Augenblick nichts eintragen konnte, nichts, was ich nicht schon besäße.

Jahre kommen und vergehen, die Menschen kommen und gehen, und die Zeit und die Menschen wollen mir wohl, und ich habe meinen Platz unter der Sonne.

Nun erreicht mich seit einigen Tagen, in Augenblicken, in denen ich keine Zeit habe, ihm Aufmerksamkeit zu schenken, der Ton einer Flöte, eine vom Wind zerrissene Melodie, ein von großer Entfernung geschwächter Ruf, und mir ist, als käme er von den herbstlichen Hügeln, die ans Blau eines makellosen, frühen Himmels grenzen. Oder ist es der Ton der Glocken, mit denen die weißen Lämmer ans Gebüsch streifen, wenn sie den Weg ins Tal nehmen? Oder rührt es vom Summen der silbrigen Strahlengeleise, die zu den Hütten am Bach führen und von dort geradewegs in den Sonnenball münden, der wie ein großer, versinkender Bahnhof alle Züge in den Himmel heimholt?

Hier werde ich manchmal um das Geheimnis des Erfolges befragt, und ich könnte euch sagen, daß es mir gelänge, bis ans Meer zu kommen und allen Straßen und Wassern der Welt meinen Namen einzuschreiben, wenn mir die Hoffnung bliebe, daß ich am Ende der Tage heimkehren könnte und die staunenden Hirten, die Hügel und Bäche meiner Heimat den Besitz begriffen und würdigten, den ich erworben habe. Aber die Währung zwischen hier und dort ist noch immer eine andere, und führe ich zurück, so käme ich nicht reicher heim, als ich fortzog, nur ein wenig älter und müder, und ich hätte vielleicht nicht mehr das Herz, mich zu bescheiden.

Nun aber erreicht mich wieder eine vom Wind verstärkte Melodie, aus schrecklicher Nähe ein nicht zu überhörender Ruf, und mir ist, als käme er aus meinem Herzen, das über mir zusammenschlägt, als legten sich mir die herbstlichen Hügel an die zitternde Brust, und als zöge der makellose Himmel in mich ein, um mich zu töten. Oder ist es der Ton einer Glocke, die ich trage, wenn meine Sehnsucht an die Büsche streift, um die roten, reifen Früchte des letzten Jahres zu ernten? Oder rühren diese Klänge vom Dröhnen der im Abendglanz sprühenden Geleise, die mich an die Hütte am Bach tragen und von dort geradewegs auf den zerfließenden Sonnenball, der wie ein riesiger, versinkender Bahnhof alle Wanderer in den Himmel heimholt?

INGEBORG BACHMANN

Warum gabst du uns die tiefen Blicke,
Unsre Zukunft ahndungsvoll zu schaun,
Unsrer Liebe, unserem Erdenglücke
Wähnend selig nimmer hinzutraun?
Warum gabst uns, Schicksal, die Gefühle,
Uns einander in das Herz zu sehn,
Um durch all die seltenen Gewühle
Unser wahr Verhältnis auszuspähn?

Ach, so viele tausend Menschen kennen,
Dumpf sich treibend, kaum ihr eigen Herz,
Schweben zwecklos hin und her und rennen
Hoffnungslos in unversehnen Schmerz;
Jauchzen wieder, wenn der schnellen Freuden
Unerwart'te Morgenröte tagt.
Nur uns armen liebevollen Beiden
Ist das wechselseitge Glück versagt,
Uns zu lieben, ohn uns zu verstehen,
In dem andern sehn, was er nie war,
Immer frisch auf Traumglück auszugehen
Und zu schwanken auch in Traumgefahr.

Glücklich, den ein leerer Traum beschäftigt!
Glücklich, dem die Ahndung eitel wär!
Jede Gegenwart und jeder Blick bekräftigt
Traum und Ahndung leider uns noch mehr.
Sag, was will das Schicksal uns bereiten?
Sag, wie band es uns so rein genau?
Ach, du warst an abgelebten Zeiten
Meine Schwester oder meine Frau.

Kanntest jeden Zug in meinem Wesen,
Spähtest, wie die reinste Nerve klingt,
Konntest mich mit Einem Blicke lesen,

Den so schwer ein sterblich Aug durchdringt;
Tropftest Mäßigung dem heißen Blute,
Richtetest den wilden irren Lauf,
Und in deinen Engelsarmen ruhte
Die zerstörte Brust sich wieder auf;
Hieltest zauberleicht ihn angebunden
Und vergaukeltest ihm manchen Tag.
Welche Seligkeit gleich jenen Wonnestunden,
Da er dankbar dir zu Füßen lag,
Fühlt' sein Herz an deinem Herzen schwellen,
Fühlte sich in deinem Auge gut,
Alle seine Sinnen sich erhellen
Und beruhigen sein brausend Blut!

Und von allem dem schwebt ein Erinnern
Nur noch um das ungewisse Herz,
Fühlt die alte Wahrheit ewig gleich im Innern,
Und der neue Zustand wird ihm Schmerz.
Und wir scheinen uns nur halb beseelet,
Dämmernd ist um uns der hellste Tag.
Glücklich, daß das Schicksal, das uns quälet,
Uns doch nicht verändern mag!

JOHANN WOLFGANG GOETHE

Alle Menschen streben von Natur nach dem Wissen. Ein Hinweis darauf ist die Schätzung der Sinneswahrnehmungen. Denn man schätzt sie auch abgesehen von ihrer Nützlichkeit um ihrer selbst willen, und vor allen andern die durch die Augen vermittelte Wahrnehmung. Nicht bloß um handeln zu können, sondern auch ohne die Absicht zu handeln, ziehen wir das Sehen sozusagen allem anderen vor. Der Grund ist, daß diese Sinneswahrnehmung uns am meisten Kenntnisse vermittelt und viele Eigentümlichkeiten der Dinge offenbart.

Die Lebewesen sind von Natur mit der Sinneswahrnehmung begabt. Aus ihr bildet sich bei den einen Erinnerung, bei den anderen dagegen nicht. Darum sind jene verständiger und gelehriger als die anderen, die sich nicht zu erinnern vermögen. Verständig ohne zu lernen sind alle diejenigen, die keine Töne wahrnehmen können (wie etwa die Biene und wenn es noch andere derartige Tiergattungen gibt). Lernfähig sind diejenigen, die zu der Erinnerung hinzu auch noch dieses Sinnesorgan besitzen.

Die anderen Lebewesen leben mit Hilfe der Vorstellungskraft und des Gedächtnisses, an Erfahrung besitzen sie jedoch nur wenig. Das Menschengeschlecht besitzt dagegen auch Kunst und Überlegung.

Bei den Menschen entsteht aus der Erinnerung die Erfahrung. Denn eine Vielheit von Erinnerungen an eine und dieselbe Sache erhält schließlich das Gewicht einer bestimmten Erfahrung (Es scheint auch die Erfahrung der Wissenschaft und Kunst ziemlich ähnlich zu sein, und für die Menschen ergibt sich Wissenschaft und Kunst aus der Erfahrung. Denn die Erfahrung erzeugt Kunst, wie Polos sagt, die Unerfahrenheit hingegen Glück). Kunst entsteht, wenn aus vielen Einsichten der Erfahrung eine einzige allgemeingültige Erkenntnis von gleichartigen Dingen entspringt. Denn zu wissen, daß dem Kallias in dieser oder jener Krankheit dieses bestimmte Heilmittel geholfen hat und dem Sokrates desgleichen und so der Reihe nach vielen einzelnen, dies ist Sache der Erfahrung. Doch zu erkennen, daß allen, die als Gruppe von bestimmter Art abgrenzbar sind, in einer bestimmten Krankheit ein bestimmtes Heilmittel hilft, das ist Sache der Kunst.

ARISTOTELES

Unsere Erinnerungen, die am tiefsten uns eingeprägten nicht ausgenommen, sind an sich unbewußt (...) Was wir unseren Charakter nennen, beruht ja auf den Erinnerungsspuren unserer Eindrücke, und zwar sind gerade die Eindrücke, die am stärksten auf uns gewirkt hatten, die unserer ersten Jugend, solche, die fast nie bewußt werden.

SIGMUND FREUD

Alles Philosophieren besteht in einem Erinnern des Zustandes, in welchem wir eins waren mit der Natur.

FRIEDRICH WILHELM JOSEPH VON SCHELLING

Lange Zeit bin ich früh schlafen gegangen. Manchmal fielen mir die Augen, wenn kaum die Kerze ausgelöscht war, so schnell zu, daß ich keine Zeit mehr hatte zu denken: ›Jetzt schlafe ich ein.‹ Und eine halbe Stunde später wachte ich über dem Gedanken auf, daß es nun Zeit sei, den Schlaf zu suchen; ich wollte das Buch fortlegen, das ich noch in den Händen zu haben glaubte, und mein Licht ausblasen; im Schlafe hatte ich unaufhörlich über das Gelesene weiter nachgedacht, aber meine Überlegungen waren seltsame Wege gegangen; es kam mir so vor, als sei ich selbst, wovon das Buch handelte: eine Kirche, ein Quartett, die Rivalität zwischen Franz dem Ersten und Karl dem Fünften. Diese Vorstellung hielt zuweilen noch ein paar Sekunden nach meinem Erwachen an; meine Vernunft nahm kaum Anstoß an ihr, aber sie lag wie Schuppen auf meinen Augen und hinderte mich daran, Klarheit darüber zu gewinnen, daß das Licht nicht brannte. Dann wurde sie immer weniger greifbar, wie nach der Seelenwanderung die Gedanken einer früheren Existenz; der Gegenstand meiner Lektüre löste sich von mir ab, ich konnte mich damit beschäftigen oder nicht; gleichzeitig kehrte mein Sehvermögen zurück, und ich war erstaunt, rings um mich her eine Finsternis wahrzunehmen, die für meine Augen sanft und ausruhend war, mehr aber vielleicht sogar noch für meinen Geist, dem sie grundlos, unbegreiflich, wahrhaft ›dunkel‹ erschien. Ich fragte mich, wie spät es wohl sei; ich hörte das Pfeifen der Eisenbahnzüge, das – mehr oder weniger weit fort wie ein Vogellied im Wald – die Entfernungen markierte und mich die Weite der öden Landschaft erraten ließ, durch die sich der Reisende zur nächsten Station begibt; der kurze Weg, dem er folgt, wird in sein Gedächtnis eingegraben bleiben durch die erregende Neuheit der Stätten, die ungewohnten Dinge, die er tut, ein Gespräch, das er eben geführt hat, oder den Abschied unter einer fremden Lampe, der ihm noch nachgeht in der Stille der Nacht, die nahe Süße der Heimkehr.

Zärtlich drückte ich meine Wange an die schönen Wangen des Kopfkissens, die in ihrer Fülle und Kühle wie die Wangen unserer Kindheit sind. Ich strich ein Zündholz an und schaute auf die Uhr. Bald Mitternacht. Dies ist der Augenblick, da der Kranke, der verreisen mußte, der in einem unbekannten Hotel die Nacht verbringt und dort von einem Anfall aufgeweckt wird, sich freut, wenn er unter der Tür einen Lichtstreifen entdeckt. Gottlob, der Morgen ist da! Gleich wird das Personal aufgestanden sein, er kann schellen, es wird jemand kommen und ihm Hilfe bringen. Die Hoffnung auf Erleichterung gibt ihm Mut zu leiden. Schon glaubt er Schritte zu hören: die Schritte kommen näher, dann entfernen sie sich. Und der Streifen Tageslicht unter der Tür ist verschwunden. Es ist Mitternacht; das Gaslicht ist ausgelöscht worden; der letzte Hausbediente ist fort, und er wird nun die ganze Nacht unerlöst leiden müssen.

Ich schlief wieder ein und wachte dann manchmal nur noch sekundenlang auf, gerade lang genug, um ein Knacken im Gebälk zu hören oder den Blick dem Kaleidoskop der Dunkelheit zu öffnen und dank einem kurzen bewußten Augenblick wohlig den Schlaf zu genießen, in dem die Möbel, das Zimmer lagen, dies Ganze, von dem ich nur ein kleiner Teil war und in dessen Unbewußtheit ich rasch zurücksinken würde. Oder ich war im Schlafe mühelos in eine für immer abgelaufene Phase aus meinem kindlichen Urzustand zurückgekehrt und hatte wieder den Weg zu den Ängsten der ersten Jugend gefunden, wie etwa jener, die ich verspürte, wenn mein Großonkel mich an den Locken zog: sie war an dem Tage dahingeschwunden – für mich das Datum eines neuen Lebensbeginns –, wo sie mir abgeschnitten wurden. Während des Schlafes hatte ich dies Ereignis vergessen, doch ich erinnerte mich sofort wieder daran, sobald es mir gelungen war aufzuwachen, um den Händen meines Großonkels zu entgehen, aber vorsichtshalber wikkelte ich meinen Kopf vollständig in das Kopfkissen ein, bevor ich in die Welt der Träume zurückkehrte.

Manchmal entstand in meinem Schlaf aus einer falschen Lage wie Eva aus der Rippe Adams eine Frau. Während sie aus der Lust hervorgegangen war, die ich erlebte, bildete ich mir ein, daß diese mir erst durch sie zuteil geworden sei. Mein Leib verspürte in dem ihren seine eigene Wärme und drängte zu ihr, ich wachte auf. Die übrige Menschheit war mir dann ferngerückt im Vergleich zu dieser Frau, die ich vor Sekunden erst verlassen hatte; meine Wange war noch warm von ihrem Kuß, mein Leib von ihrem Gewicht zerschlagen. Wenn sie, wie es bisweilen vorkam, die Züge einer Frau trug, die ich im Leben getroffen hatte, setzte ich alles daran, ihr wieder zu begegnen; es ging mir wie denen, die sich auf die Reise begeben, um mit eignen Augen eine Stadt ihrer Sehnsucht zu schauen, und sich einbilden, man könne der Wirklichkeit den Zauber abgewinnen, den die Phantasie uns gewährt. Allmählich verblaßte dann ihr Bild, ich vergaß das Geschöpf meiner Träume.

Der Schlafende spannt in einem Kreise um sich den Ablauf der Stunden, die Ordnung der Jahre und der Welten aus. Beim Erwachen orientiert er sich dann nach dem Gefühl an ihnen, er liest in einer Sekunde daraus ab, an welchem Punkt der Erde er sich befindet, wieviel Zeit bis zu seinem Wachsein verflossen ist; doch diese Systeme können sich verwirren und überschneiden. Wenn ihn am Morgen nach einer Spanne der Schlaflosigkeit der Schlummer beim Lesen, in einer anderen als der üblichen Schlafhaltung überfällt, so genügt das Aufheben seines Arms, um die Sonne aufzuhalten oder zurückzustellen, und in der ersten Minute des Erwachens wird er die Stunde nicht mehr wissen, sondern meinen, er habe sich eben erst schlafen gelegt. Wenn er aber in einer noch weniger geeigneten und gewohnten Haltung einschläft, etwa nach dem Abendessen in einem Lehnstuhl sitzend, so wird die Verwirrung der aus ihrer Bahn geschleuderten Welten noch vollkommener, der Zaubersessel trägt in in Windeseile durch Zeit und Raum dahin, und in dem Augenblick, da er die Lider öffnet, glaubt er, er habe sich vor Monaten in einer anderen Gegend zur Ruhe begeben. Aber es genügte, daß in meinem eigenen Bett mein Schlaf besonders tief war und meinen Geist völlig entspannte; dann ließ dieser den Lageplan des Ortes fahren, an dem ich eingeschlafen war, und wenn ich mitten in der Nacht erwachte, wußte ich nicht, wo ich mich befand, ja im ersten Augenblick nicht einmal, wer ich war: ich hatte nur in primitivster Form das bloße Seinsgefühl, das ein Tier im Innern verspüren mag: ich war hilfloser ausgesetzt als ein Höhlenmensch; dann aber kam mir die Erinnerung – noch nicht an den Ort, an dem ich mich befand, aber an einige andere Stätten, die ich bewohnt hatte und an denen ich hätte sein können – gleichsam von oben her zu Hilfe, um mich aus dem Nichts zu ziehen, aus dem ich mir selbst nicht hätte heraushelfen können; in einer Sekunde durchlief ich Jahrhunderte der Zivilisation, und aus vagen Bildern von Petroleumlampen und Hemden mit offenen Kragen setzte sich allmählich mein Ich in seinen originalen Zügen wieder von neuem zusammen.

Vielleicht beziehen die Dinge um uns ihre Unbeweglichkeit nur aus unserer Gewißheit, daß sie es sind und keine anderen, aus der Starrheit des Denkens, mit der wir ihnen begegnen. Wenn ich jedenfalls in dieser Weise erwachte und mein Geist geschäftig und erfolglos zu ermitteln versuchte, wo ich war, kreiste in der Finsternis alles um mich her, die Dinge, die Länder, die Jahre. Noch zu steif, um sich zu rühren, suchte mein Körper je nach Art seiner Ermüdung sich die Lage seiner Glieder bewußt zu machen, um daraus die Richtung der Wand, die Stellung der Möbel abzuleiten und die Behausung, in der er sich befand, zu rekonstruieren und zu benennen. Sein Gedächtnis, das Gedächtnis seiner Seiten, seiner Knie und Schultern bot ihm nacheinander eine Reihe von Zimmern, in denen er schon geschlafen hatte, an, während rings um ihn die unsichtbaren Wände im Dunkel kreisten und ihren Platz je nach der Form des vorgestellten Raumes wechselten. Und bevor mein Denken, das an der Schwelle der Zeiten und Formen zögerte, die Wohnung durch ein Vergleichen der Umstände eindeutig festgestellt hatte, erinnert er – mein Körper – sich von einem jeden an die Art des Bettes, die Lage der Türen, die Fensteröffnungen, das Vorhandensein eines Flurs, gleichzeitig mit dem Gedanken, den ich beim Einschlummern gehabt hatte und beim Erwachen wiederfand. Meine eingeschlafene Seite zum Beispiel wähnte sich bei diesem Bemühen um eine Orientierung in einem großen Himmelbett, und im gleichen Augenblick sagte ich mir: ›Schau, da bin ich jetzt doch eingeschlafen, obwohl die Mama mir nicht gute Nacht gesagt hat‹; ich war auf dem Lande bei meinem Großvater, der seit langen Jahren verstorben ist; und mein Körper, die Seite, auf der ich lag, treue Bewahrer einer Vergangenheit, die mein Geist niemals hätte vergessen sollen, riefen mir den Schein der urnenförmigen Ampel aus böhmischem Glas, die an dünnen Ketten von der Zimmerdecke hing, und den Kamin aus Sienamarmor in meinem Schlafzimmer in Combray bei meinen Großeltern in fernen Tagen, die mir in diesem Augenblick gegenwärtig schienen, ohne daß ich sie mir genau vorstellen konnte, ins Gedächtnis zurück: gleich, wenn ich völlig aufgewacht wäre, würde ich sie sicher wieder ganz klar erkennen.

Dann tauchte aus einer anderen Körperhaltung eine andere Erinnerung auf: ich war in meinem Zimmer bei Madame de Saint-Loup auf dem Lande. Mein Gott! Es ist mindestens zehn Uhr, sicher sind sie schon mit dem Nachtessen fertig! Ich habe bestimmt die kleine Siesta zu lange ausgedehnt, die ich – nach meinem Spaziergang mit Madame de Saint-Loup – jeden Nachmittag halte, bevor ich mir für den Abend umkleide. Denn viele Jahre sind seit Combray vergangen, wo ich, wenn wir spät nach Hause kamen, den roten Widerschein des Sonnenuntergangs auf meinen Fensterscheiben sah. In Tansonville, bei Madame de

Saint-Loup, führt man ein anderes Leben, eine andere Art von Freuden finde ich darin, nur des Nachts auszugehen, im Mondschein erst jenen Wegen zu folgen, auf denen ich einst im Sonnenschein gespielt; und das Zimmer, in dem ich wahrscheinlich eingeschlafen bin, anstatt mich zum Diner umzuziehen, sehe ich von ferne, wenn wir nach Hause kommen, vom Schein der Lampe erhellt, der einzigen Leuchte in der Nacht.

Diese verworren durcheinanderwirbelnden Erinnerungsbilder hielten jeweils nur ein paar Sekunden an; oft gelang es mir in meiner kurzen Unsicherheit über den Ort, an dem ich mich befand, so wenig, die verschiedenen Momente des Ablaufs, aus denen sie bestanden, voneinander zu unterscheiden wie die sich ablösenden Stellungen eines laufenden Pferdes, die das Kinematoskop uns zeigt. Aber ich hatte bald das eine, bald das andere der Zimmer, die ich in meinem Leben bewohnt hatte, wiedererkannt, und nach und nach rief ich mir alle in den langen Träumereien, die dem Erwachen folgten, in die Erinnerung zurück: winterliche Zimmer, in denen man, sobald man sich hingelegt hat, den Kopf in eine Art von Nest schmiegt, das man sich aus den verschiedenartigsten Objekten herstellt: einer Ecke des Kopfkissens, der Wölbung der Bettdecke, einem Schalende, dem Bettrand, einer Nummer der ›Débats roses‹, die man nach Art der Vogeltechnik zusammenklebt, indem man sich längere Zeit dagegenlegt; wo bei Eiseskälte das Vergnügen, das man empfindet, darin besteht, daß man sich von der Außenwelt getrennt fühlt (wie die Seeschwalbe, die als Nest eine Grube in der Erdwärme hat) und wo man, da das Kaminfeuer die ganze Nacht hindurch unterhalten wird, in einem großen Mantel aus warmer, rauchig duftender Luft schläft, durch den der Schein frisch aufflammender Scheite huscht, in einer Art von ungreifbarem Alkoven, einer warmen Enklave innerhalb des Raumes, einer heißen Zone mit veränderlichen thermischen Konturen, durch die von Zeit zu Zeit ein Luftzug weht, der uns das Gesicht kühlt und der aus den Ecken kommt oder aus den Gegenden am Fenster oder aus denen, die am weitesten von der Feuerstätte abliegen und schon abgekühlt sind – oder sommerliche Gemächer, in denen man sich gern eins fühlt mit der lauen Nacht, wo das Mondlicht durch die halbgeöffneten Läden dringt und auf den Fußboden vor dem Bett eine Zauberleiter malt, wo man fast im Freien schläft wie die Meise, die sich im Hauch des Windes auf der Spitze eines Strahles wiegt – manchmal auch das Louis XVI-Zimmer, das etwas so Heiteres hatte, daß ich mich darin selbst am ersten Abend nicht allzu unglücklich fühlte, und in dem die zierlichen Säulen, die so leicht die Decke trugen, sich anmutig teilten, um die Stelle für das Bett zu bezeichnen und freizugeben; manchmal auch jenes kleine und sehr hohe, das sich, nach oben zu verjüngt, durch zwei Stockwerke zog und zum Teil mit Mahagoni verkleidet war, in dem ich mich von der ersten Sekunde an durch den mir unbekannten Vetiverduft gleichsam seelisch vergiftet fühlte, überzeugt von der Feindseligkeit der violetten Vorhänge und der anmaßenden Gleichgültigkeit der Pendüle, die ganz laut vor sich hin schwatzte, als sei ich gar nicht da; – wo ein fremder, unerbittlicher, viereckiger Standspiegel schräggestellt eine der Zimmerecken verdeckte und damit in der angenehmen Vollständigkeit meines gewohnten Gesichtsfeldes einen Platz für sich in Anspruch nahm, der nicht vorgesehen war; – wo mein Vorstellungsvermögen, nachdem es Stunden hindurch versucht hatte, sich zu verrenken und in die Höhe zu recken, um genau die Form des Zimmers anzunehmen und schließlich die gigantische Wölbung bis oben hin auszufüllen, harte Nächte durchgemacht hatte, während ich mit nach oben gewandtem Blick, ängstlich gespanntem Ohr und beleidigter Nase klopfenden Herzens in meinem Bett ausgestreckt lag: bis endlich die Gewohnheit die Farbe der Vorhänge verändert, die Uhr zum Schweigen gebracht, den schrägen, grausamen Spiegel Mitleid gelehrt, den Vetiverduft zwar nicht völlig verjagt, aber doch überdeckt und die offenbare Höhe der Zimmerdecke beträchtlich vermindert hatte. Ja, die Gewohnheit! Sie ist eine geschickte, wenn auch langsame Umzugskünstlerin, die zunächst einmal unseren Geist wochenlang in einem Provisorium schmachten läßt; aber man ist doch froh über ihr Vorhandensein, denn ohne sie und aus eigener Kraft wäre man außerstande, ein Heim bewohnbar zu machen.

Sicherlich war ich jetzt wirklich wach: mein Körper hatte eine letzte Drehung vollzogen, und der gute Engel der Gewißheit hatte alles um mich her zum Stillstand gebracht, mich in meinem Schlafzimmer unter meine Decken gebettet und in der Dunkelheit meine Kommode, meinen Schreibtisch, meinen Kamin, die Straßenfenster und die beiden Türen annähernd an den richtigen Platz gestellt. Aber wenn ich jetzt auch noch so gut wußte, daß ich mich nicht in den Behausungen befand, von denen mir die Unwissenheit des Erwachens einen Augenblick lang wenn auch nicht ein deutliches Bild vor Augen gestellt, so doch glaubhaft gemacht hatte, daß sie vielleicht um mich gegenwärtig wären, so hatte doch meine Erinnerung einen Anstoß erhalten; ich versuchte nicht, gleich wieder einzuschlafen; den größten Teil der Nacht brachte ich damit zu, mir unser Leben von früher vorzustellen, in Combray bei meiner Großtante, in Balbec, in Paris, in Doncières, in Venedig und an anderen Orten, mir die Stätten und die Menschen, die ich dort gekannt, ins Gedächtnis zurückzurufen, was ich selbst von ihnen gesehen und was man mir erzählt hatte.

MARCEL PROUST

Mnemosyne

Reif sind, in Feuer getaucht, gekochet
Die Frücht und auf der Erde geprüfet
und ein Gesetz ist,
Daß alles hineingeht, Schlangen gleich,
Prophetisch, träumend auf
Den Hügeln des Himmels. Und vieles
Wie auf den Schultern eine
Last von Scheitern ist
Zu behalten. Aber bös sind
Die Pfade. Nämlich unrecht,
Wie Rosse, gehn die gefangenen
Element und alten
Gesetze der Erd. Und immer
Ins Ungebundene gehet eine Sehnsucht. Vieles aber ist
Zu behalten. Und not die Treue.
Vorwärts aber und rückwärts wollen wir
Nicht sehn. Uns wiegen lassen, wie
Auf schwankem Kahne der See.

Wie aber Liebes? Sonnenschein
Am Boden sehen wir und trockenen Staub
Und heimatlich die Schatten der Wälder und es blühet
An Dächern der Rauch, bei alter Krone
Der Türme, friedsam; gut sind nämlich,
Hat gegenredend die Seele
Ein Himmlisches verwundet, die Tageszeichen.
Denn Schnee, wie Maienblumen
Das Edelmütige, wo
Es seie, bedeutend, glänzet auf
Der grünen Wiese
Der Alpen, hälftig, da, vom Kreuze redend, das
Gesetzt ist unterwegs einmal
Gestorbenen, auf hoher Straß
Ein Wandersmann geht zornig,

Fern ahnend mit
Dem andern, aber was ist dies?

Am Feigenbaum ist mein
Achilles mir gestorben,
Und Ajax liegt
An den Grotten der See,
An Bächen, benachbart dem Skamandros.
An Schläfen Sausen einst, nach
Der unbewegten Salamis steter
Gewohnheit, in der Fremd, ist groß
Ajax gestorben,
Patroklos aber in des Königes Harnisch. Und es starben
Noch andere viel. Am Kithäron aber lag
Elevtherä, der Mnemosyne Stadt. Der auch, als
Ablegte den Mantel Gott, das Abendliche nachher löste
Die Locken. Himmlische nämlich sind
Unwillig, wenn einer nicht die Seele schonend sich
Zusammengenommen, aber er muß doch; dem
Gleich fehlet die Trauer.

FRIEDRICH HÖLDERLIN

Groß ist die Macht des Gedächtnisses, gewaltig groß, mein Gott, ein Tempel, weit und unermeßlich. Wer kann es ergründen? Eine Kraft meines Geistes ist's, zu meiner eigenen Natur gehörig, aber ich vermag nicht ganz zu erfassen, was ich bin. Ist denn der Geist zu eng, sich selbst zu fassen? Wo ist denn das, was er von sich selbst nicht fassen kann? Ist's etwa außer ihm und nicht in ihm? O nein, und doch kann er's nicht fassen! Da steigt ein großes Verwundern in mir auf, Staunen ergreift mich. Und die Menschen gehen hin und bewundern die Bergesgipfel, die gewaltigen Meeresfluten, die breit daherbrausenden Ströme, des Ozeans Umlauf und das Kreisen der Gestirne und vergessen darüber sich selbst. Sie wundern sich nicht darüber, daß ich all dies, als ich's nannte, nicht vor Augen sah und es doch nicht hätte nennen können, wenn ich nicht Berge, Fluten, Flüsse und Sterne, die ich einst sah, und den Ozean, von dem ich sagen hörte, drinnen in meinem Gedächtnis sähe, so ungeheuer groß, wie ich sie draußen je erblickt. Und doch hab' ich sie, als ich sie vor Augen sah, nicht mit Blicken in mich eingesogen. Sie sind ja selbst nicht bei mir, sondern nur ihre Bilder, und ich weiß genau, welcher körperliche Sinn mir ein jedes eingeprägt.

Aber das ist noch nicht alles, was das riesige Fassungsvermögen meines Gedächtnisses in sich birgt. Da ist auch all das, was ich beim Studium der freien Wissenschaften gelernt und noch nicht vergessen habe. Das befindet sich nun drinnen an einem entfernteren Orte – nein, nicht Orte. Aber das sind nun nicht bloß Bilder, sondern die Dinge selbst, die ich in mir trage. Denn was Sprachwissenschaft ist, was Kunst des Disputs, welche Arten von Fragen es gibt und was sonst derart ich weiß, das lebt nicht so in meinem Gedächtnis, daß ich das Ding draußen gelassen und nur das Bild hereingenommen hätte. Da ist auch nicht ein Ton erklungen und verhallt und hat beim Eindringen ins Ohr eine Spur gelassen, mit deren Hilfe er zurückgerufen werden kann, als erklänge er wieder, obschon er's nicht tut. Auch keinen Duft gibt's da, der beim Vorüberstreichen und Verwehen den Geruchssinn anregte und dem Gedächtnis sein Bild einprägte, so daß wir erinnernd ihn erneuern können. Auch nicht eine Speise, die im Magen nicht mehr schmeckt und doch in der Erinnerung noch schmeckt, oder sonst etwas, das mit körperlichem Gefühl durch Berührung wahrgenommen und auch dann, wenn es fort ist, von der Erinnerung nachgebildet wird. All das dringt ja nicht selbst ins Gedächtnis ein, sondern nur Abbilder davon werden mit erstaunlicher Schnelligkeit aufgenommen, in seltsamen Gemächern niedergelegt und beim Erinnern wunderbar hervorgeholt. [...]

Aber wie nun, wenn ich vom Vergessen spreche und ebenfalls verstehe, was dies Wort besagt? Wie kann ich's verstehen, wenn ich mich nicht daran erinnerte? Ich meine ja nicht den bloßen Wortschwall, sondern die mit dem Wort bezeichnete Sache. Hätte ich sie vergessen, könnte ich durchaus nicht wissen, was dieser Schall bedeutet. Wenn ich mich nun des Gedächtnisses erinnere, so ist das Gedächtnis selbst sich gegenwärtig. Wenn ich aber des Vergessens mich erinnere, so ist das Gedächtnis zur Stelle, und auch das Vergessen, das Gedächtnis, wodurch, und das Vergessen, woran ich mich erinnere. Aber was ist das Vergessen anders als das Fehlen der Erinnerung? Wie kann es also da sein, daß ich mich seiner erinnere, wenn doch sein Dasein die Erinnerung aufhebt? Doch wenn es feststeht, daß wir das, woran wir uns erinnern, im Gedächtnis bewahren, und daß wir unmöglich beim Vernehmen des Wortes Vergessen wissen könnten, was gemeint ist, wenn wir nicht des Vergessens uns erinnerten, wird auch das Vergessen im Gedächtnis bewahrt. Also ist es da, denn sonst vergäßen wir's, aber wenn es da ist, vergessen wir ja gerade. Folgt etwa daraus, daß es, wenn wir seiner gedenken, nicht selbst, sondern nur abbildlich gegenwärtig ist? Denn wenn das Vergessen selber zugegen wäre, würde es bewirken, daß wir vergäßen und nicht, daß wir uns erinnerten. Aber wer kann das schließlich ergründen, wer begreifen, wie es damit steht?

Da mühe ich mich nun ab, Herr, mühe mich ab an mir selber und bin mir zum steinigen Acker geworden, auf den die Schweißtropfen fallen. Denn jetzt sind's nicht des Himmels Räume, die ich durchforsche, nicht die Entfernungen der Gestirne, die ich messe, nicht der Erde Gewichte, die ich abwäge, sondern ich bin's, der ich mich erinnere, ich, der Geist. Kein Wunder, wenn mir fern liegt, was ich nicht bin; was aber könnte mir näher sein als ich selbst? Und siehe, mein eigenes Gedächtnis kann ich nicht begreifen und bin doch selbst von ihm umfaßt. Denn was soll ich zu der unleugbaren Tatsache sagen, daß ich mich des Vergessens erinnere? Soll ich sagen, das, woran ich mich erinnere, sei nicht in meiner Erinnerung? Oder soll ich sagen, dazu sei das Vergessen in meiner Erinnerung, daß ich nicht vergesse? Beides ist doch ganz unsinnig. Gibt es ein Drittes? Wie kann ich sagen, mein Gedächtnis halte ein Bild des Vergessens fest, wenn ich mich seiner erinnere, nicht das Vergessen selbst? Auch das kann ich doch unmöglich sagen. Denn wenn das Bild einer Sache sich meinem Gedächtnis einprägen soll, muß doch zuerst die Sache selbst da sein, um ihr Bild einprägen zu können. Denn so erinnere ich mich Karthagos, so aller Orte, an denen ich weilte, so der Gesichter der Menschen, die ich sah, und alles dessen, was die übrigen Sinne mir gemeldet, so auch der Gesundheit und des Schmerzes meines eigenen Leibes. Als diese Dinge gegenwärtig waren, nahm mein Gedächtnis Bilder von ihnen auf, die ich betrachten konnte, solange sie da waren, und wieder hervorholen, wenn ich mich der nicht mehr anwesenden Dinge erinnern wollte. Wenn also das Vergessen nicht selbst, sondern nur abbildlich im Gedächtnis bewahrt wird, muß es zuerst dagewesen sein, daß sein Bild aufgenommen werden konnte. Aber wenn es da war, wie konnte es dann im Gedächtnis sein Bild abzeichnen, da es doch durch seine

Gegenwart sogar das auslöscht, was bisher dort eingetragen war? Und dennoch bin ich dessen gewiß, daß ich auf irgendeine, sei's auch unbegreifliche und unbeschreibliche Weise mich des Vergessens selbst erinnern muß, das mir doch alles, woran ich mich erinnere, verschüttet.

AUGUSTINUS

Darin täuschen wir uns,
daß wir den Tod immer nur vor uns sehen;
ein großer Teil von ihm liegt schon hinter uns;
die ganze Zeit, die wir bisher durchlebten,
hat der Tod schon.

SENECA

Dreifach ist der Schritt der Zeit: Zögernd
kommt die Zukunft hergezogen,
Pfeilschnell ist das Jetzt entflogen, Ewig still
steht die Vergangenheit.

FRIEDRICH SCHILLER

Legende von der Entstehung des Buches Taoteking auf dem Weg des Laotse in die Emigration

1

Als er siebzig war und war gebrechlich
Drängte es den Lehrer doch nach Ruh
Denn die Güte war im Lande wieder einmal schwächlich
Und die Bosheit nahm an Kräften wieder einmal zu.
Und er gürtete den Schuh.

2

Und er packte ein, was er so brauchte:
Wenig. Doch es wurde dies und das.
So die Pfeife, die er immer abends rauchte
Und das Büchlein, das er immer las.
Weißbrot nach dem Augenmaß.

3

Freute sich des Tals noch einmal und vergaß es
Als er ins Gebirg den Weg einschlug.
Und sein Ochse freute sich des frisches Grases
Kauend, während er den Alten trug.
Denn dem ging es schnell genug.

4

Doch am vierten Tag im Felsgesteine
Hat ein Zöllner ihm den Weg verwehrt:
»Kostbarkeiten zu verzollen?« – »Keine.«
Und der Knabe, der den Ochsen führte, sprach:
»Er hat gelehrt.«
Und so war auch das erklärt.

5

Doch der Mann in einer heitren Regung
Fragte noch: »Hat er was rausgekriegt?«
Sprach der Knabe: »Daß das weiche Wasser in Bewegung
Mit der Zeit den mächtigen Stein besiegt.
Du verstehst, das Harte unterliegt.«

6

Daß er nicht das letzte Tageslicht verlöre
Trieb der Knabe nun den Ochsen an
Und die drei verschwanden schon um eine schwarze Föhre
Da kam plötzlich Fahrt in unsern Mann
Und er schrie: »He, du! Halt an!

7

Was ist das mit diesem Wasser, Alter?«
Hielt der Alte: »Intressiert es dich?«
Sprach der Mann: »Ich bin nur Zollverwalter
Doch wer wen besiegt, das intressiert auch mich.
Wenn du's weißt, dann sprich!

8

Schreib mir's auf! Diktier es diesem Kinde!
So was nimmt man doch nicht mit sich fort.
Da gibt's doch Papier bei uns und Tinte
Und ein Nachtmahl gibt es auch: ich wohne dort.
Nun, ist das ein Wort?«

9

Über seine Schulter sah der Alte
Auf den Mann: Flickjoppe. Keine Schuh.
Und die Stirne eine einzige Falte.
Ach, kein Sieger trat da auf ihn zu.
Und er murmelte: »Auch du?«

10

Ein höfliche Bitte abzuschlagen
War der Alte, wie es schien, zu alt.
Denn er sagte laut: »Die etwas fragen
Die verdienen Antwort.« Sprach der Knabe:
»Es wird auch schon kalt.«
»Gut, ein kleiner Aufenthalt.«

11

Und von seinem Ochsen stieg der Weise
Sieben Tage schrieben sie zu zweit.
Und der Zöllner brachte Essen (und er fluchte nur noch leise
Mit den Schmugglern in der ganzen Zeit).
Und dann war's soweit.

12

Und dem Zöllner händigte der Knabe
Eines Morgens einundachtzig Sprüche ein.
Und mit Dank für eine kleine Reisegabe
Bogen sie um jene Föhre ins Gestein.
Sagt jetzt: kann man höflicher sein?

13

Aber rühmen wir nicht nur den Weisen
Dessen Name auf dem Buche prangt!
Denn man muß dem Weisen seine Weisheit erst entreißen.
Darum sei der Zöllner auch bedankt:
Er hat sie ihm abverlangt.

BERTOLT BRECHT

Betrachte die Herde, die an dir vorüberweidet: sie weiß nicht, was Gestern, was Heute ist, springt umher, frißt, ruht, verdaut, springt wieder, und so vom Morgen bis zur Nacht und von Tage zu Tage, kurz angebunden mit ihrer Lust und Unlust, nämlich an den Pflock des Augenblicks, und deshalb weder schwermütig noch überdrüssig. Dies zu sehen geht dem Menschen hart ein, weil er seines Menschentums sich vor dem Tiere brüstet und doch nach seinem Glücke eifersüchtig hinblickt – denn das will er allein, gleich dem Tiere weder überdrüssig noch unter Schmerzen leben, und will es doch vergebens, weil er es nicht will wie das Tier. Der Mensch fragt wohl einmal das Tier: warum redest du mir nicht von deinem Glücke und siehst mich nur an? Das Tier will auch antworten und sagen: das kommt daher, daß ich immer gleich vergesse, was ich sagen wollte – da vergaß es aber auch schon diese Antwort und schwieg: so daß der Mensch sich darob verwunderte.

Er wunderte sich aber auch über sich selbst, das Vergessen nicht lernen zu können und immerfort am Vergangenen zu hängen: mag er noch so weit, noch so schnell laufen, die Kette läuft mit. Es ist ein Wunder: der Augenblick, im Husch da, im Husch vorüber, vorher ein Nichts, nachher ein Nichts, kommt doch noch als Gespenst wieder und stört die Ruhe eines späteren Augenblicks. Fortwährend löst sich ein Blatt aus der Rolle der Zeit, fällt heraus, flattert fort – und flattert plötzlich wieder zurück, dem Menschen in den Schoß. Dann sagt der Mensch »ich erinnere mich« und beneidet das Tier, welches sofort vergißt und jeden Augenblick wirklich sterben, in Nebel und Nacht zurücksinken und auf immer verlöschen sieht. So lebt das Tier *unhistorisch:* denn es geht auf in der Gegenwart, wie eine Zahl, ohne daß ein wunderlicher Bruch übrigbleibt, es weiß sich nicht zu verstellen, verbirgt nichts und erscheint in jedem Momente ganz und gar als das, was es ist, kann also gar nicht anders sein als ehrlich. Der Mensch hingegen stemmt sich gegen die große und immer größere Last des Vergangenen: diese drückt ihn nieder oder beugt ihn seitwärts, diese beschwert seinen Gang als eine unsichtbare und dunkle Bürde, welche er zum Scheine einmal verleugnen kann, und welche er im Umgange mit seinesgleichen gar zu gern verleugnet: um ihren Neid zu wecken. Deshalb ergreift es ihn, als ob er eines verlorenen Paradieses gedächte, die weidende Herde oder, in vertrauterer Nähe, das Kind zu sehen, das noch nichts Vergangenes zu verleugnen hat und zwischen den Zäunen der Vergangenheit und der Zukunft in überseliger Blindheit spielt. Und doch muß ihm sein Spiel gestört werden: nur zu zeitig wird es aus der Vergessenheit heraufgerufen. Dann lernt es das Wort »es war« zu verstehen, jenes Losungswort, mit dem Kampf, Leiden und Überdruß an den Menschen heranzukommen, ihn zu erinnern, was sein Dasein im Grunde ist – ein nie zu vollendendes Imperfektum. Bringt endlich der Tod das ersehnte Vergessen, so unterschlägt er doch zugleich dabei die Gegenwart und das Dasein und drückt damit das Siegel auf jene Erkenntnis – daß Dasein nur ein ununterbrochenes Gewesensein ist, ein Ding, das davon lebt, sich selbst zu verneinen und zu verzehren, sich selbst zu widersprechen.

Wenn ein Glück, wenn ein Haschen nach neuem Glück in irgendeinem Sinne das ist, was den Lebenden im Leben festhält und zum Leben fortdrängt, so hat vielleicht kein Philosoph mehr Recht als der Zyniker: denn das Glück des Tieres, als des vollendeten Zynikers, ist der lebendige Beweis für das Recht des Zynismus. Das kleinste Glück, wenn es nur ununterbrochen da ist und glücklich macht, ist ohne Vergleich mehr Glück als das größte, das nur als Episode, gleichsam als Laune, als toller Einfall, zwischen lauter Unlust, Begierde und Entbehrung kommt. Bei dem kleinsten aber und bei dem größten Glücke ist es immer eins, wodurch Glück zum Glücke wird: das Vergessenkönnen oder, gelehrter ausgedrückt, das Vermögen, während seiner Dauer *unhistorisch* zu empfinden. Wer sich nicht auf der Schwelle des Augenblicks, alle Vergangenheiten vergessend, niederlassen kann, wer nicht auf einem Punkte wie eine Siegesgöttin ohne Schwindel und Furcht zu stehen vermag, der wird nie wissen, was Glück ist, und noch schlimmer: er wird nie etwas tun, was andre glücklich macht. Denkt euch das äußerste Beispiel, einen Menschen, der die Kraft zu vergessen gar nicht besäße, der verurteilt wäre, überall ein Werden zu sehen: ein solcher glaubt nicht mehr an sein eigenes Sein, glaubt nicht mehr an sich, sieht alles in bewegte Punkte auseinanderfließen und verliert sich in diesem Strome des Werdens: er wird wie der rechte Schüler Heraklits zuletzt kaum mehr wagen, den Finger zu heben. Zu allem Handeln gehört Vergessen: wie zum Leben alles Organischen nicht nur Licht, sondern auch Dunkel gehört. Ein Mensch, der durch und durch nur historisch empfinden wollte, wäre dem ähnlich, der sich des Schlafens zu enthalten gezwungen würde, oder dem Tiere, das nur vom Wiederkäuen und immer wiederholtem Wiederkäuen leben sollte. Also: es ist möglich, fast ohne Erinnerung zu leben, ja glücklich zu leben, wie das Tier zeigt; es ist aber ganz und gar unmöglich, ohne Vergessen überhaupt zu *leben.* Oder, um mich noch einfacher über mein Thema zu erklären: *es gibt einen Grad von Schlaflosigkeit, von Wiederkäuen, von historischem Sinne, bei dem das Lebendige zu Schaden kommt und zuletzt zugrunde geht, sei es nun ein Mensch oder ein Volk oder eine Kultur.*

FRIEDRICH NIETZSCHE

Selbstbiographie

Cellini sagt, wenn ein Mann, der glaubt etwas geleistet und ein bedeutendes Leben geführt zu haben, im vierzigsten Jahre steht, so soll er seine Lebensbeschreibung beginnen, die ereignisvolle Zeit seiner Jugend treulich aufzeichnen und in der Folge weiter fortfahren.

Cellini hat ganz recht: denn es ist keine Frage, daß uns die Fülle der Erinnerung, womit wir jene ersten Zeiten zu betrachten haben, nach und nach erlischt, daß die anmutige Sinnlichkeit verschwindet und ein gebildeter Verstand durch seine Deutlichkeit jene Anmut nicht ersetzen kann.

Hiebei ist aber noch ein bedeutender Umstand wohl zu beachten: wir müssen eigentlich noch nah genug an unsern Irrtümern und Fehlern stehn, um sie liebenswürdig und in dem Grade reizend zu finden, daß wir uns lebhaft damit abgeben, jene Zustände wieder in uns hervorrufen, unsere Mängel mit Nachsicht betrachten und mancher Fehler uns nicht schämen mögen. Rücken wir weiter ins Leben hinein, so gewinnt das alles ein anderes Ansehn und man kommt zuletzt beinahe in den Fall, wie jener Geometer nach Endigung eines Theaterstücks auszurufen: was soll denn das aber beweisen?

Doch wie man sich aus jeder gegründeten oder grundlosen hypochondrischen Ansicht nur durch Tätigkeit retten kann, so muß man den Anteil an der Vergangenheit wieder in sich heraufrufen, und sich wieder dahin stellen wo man noch hofft ein Mangel lasse sich ausfüllen, Fehler vermeiden, Übereilung sei zu bändigen und Versäumtes nachzuholen.

JOHANN WOLFGANG GOETHE

Das Institut für Temporistik

Es begann knapp vierundzwanzig Stunden nach meiner Rückkehr von den Hyaden, einer kugelförmigen Gruppe, die so sternendicht war, daß sich die Zivilisationen darin wie Grütze in einem Topf ausnahmen. Ich hatte noch nicht einmal die Hälfte der Koffer mit den Erinnerungsstücken ausgepackt, und schon wollten mir die Hände den Dienst versagen. Zunächst wollte ich das ganze Gepäck in den Keller tragen und mich später damit befassen, wenn ich mich ein wenig verschnauft hatte, denn die Heimreise war mir sehr lang vorgekommen, und ich sehnte mich nur danach, mich in meinen geschnitzten Sessel neben dem Kamin zu setzen, die Beine auszustrecken, die Hände in die Taschen meiner speckigen Hausjacke zu stecken und mir zu sagen, daß mir außer dem Überkochen der Milch, die ich aufgesetzt hatte, nichts drohe. Denn nach vier Jahren einer solchen Fahrt kann man vom Kosmos genug haben, wenigstens für eine gewisse Zeit. Ich trete ans Fenster, dachte ich mir, und davor gibt es keine schwarze Uferlosigkeit, keine zischenden Protuberanzen, sondern eine Straße, Gärten, Büsche, ein Hündchen erledigt an einem Bäumchen sein Geschäft mit einer solchen Gleichgültigkeit gegenüber den Problemen der Milchstraße, daß einen Freude überkommt.

Aber wie das mit den Träumen so ist, es wurde nichts daraus. Als ich entdeckte, daß bereits das erste Päckchen, das ich aus der Rakete holte, eine eingedrückte Seite hatte, machte ich mich voller Sorge ans Auspacken. Die Myrdangen waren gut erhalten, aber die Kaleeren waren unten zerdrückt – ich konnte das einfach nicht so lassen. Binnen mehrerer Stunden hatte ich die Deckel der größten Kisten aufgestemmt und die Koffer geöffnet; ich legte die Gransen auf die Zentralheizung, damit sie abtrockneten, denn sie waren vom Tee aus der Thermosflasche völlig durchnäßt, und beim Anblick der Stoßer zuckte ich gar zusammen. Sie, die Stoßer, sollten die Zierde meiner Kollektion werden, unterwegs hatte ich mir schon einen Ehrenplatz für sie ausgesucht, denn diese Produkte der Militarisierung vom Regulus sind die größte Rarität, die es gibt (es ist eine Zivilisation, die ganz unter Waffen steht, man trifft dort keinen einzigen Zivilisten an). Das »Wegstoßen« ist kein Hobby der Regulaner, wie Tottenham schreibt, sondern ein Mittelding zwischen religiöser Praxis und Sport. Tottenham hatte einfach nicht begriffen, aus welchen Positionen man dort gestoßen wird. Das »Wegstoßen« ist auf dem Regulus eine symbolische Tätigkeit; daher sind auch die verblüffenden Bemerkungen samt den rhetorischen Fragen bei Tottenham nur ein Ausdruck völliger Ignoranz. Eine Sache ist das eheliche Wegstoßen, eine andere das in der Schule, auf Ausflügen, in der Liebe und so weiter. Aber ich kann jetzt nicht näher darauf eingehen. Es mag genügen, daß ich mir beim Tragen der regulanischen Trophäen vom Erdgeschoß ins erste Stockwerk den Handteller verstauchte, also sagte ich mir, obwohl noch ein Haufen Arbeit übrigblieb, daß ich mit solcher Feuerwehraktion nicht viel schaffen würde. Ich hängte im Keller nur noch die Matulken auf die Wäscheleine und ging dann in die Küche, um mir das Abendbrot zu bereiten. Jetzt nur noch Siesta, Idylle, Dolcefarniente – sagte ich mir mit Entschiedenheit. Zwar füllte mich der Ozean der Erinnerungen weiterhin aus, hartnäckig wie die tote Welle, wenn der Sturm nachgelassen hat. Während ich die Eier aufschlug, blickt ich auf die blaue Flamme des Gasherdes – scheinbar nichts Besonderes, und doch hatte die Nova des Perseus ganz ähnlich ausgesehen. Ich warf einen Blick auf die Gardine – sie war weiß wie die Asbestplatte, mit der ich die Atomsäule zuzudecken pflegte, wenn . . . Doch genug davon, sagte ich mir. Besser, ich überlege, was ich lieber esse, Rührei oder Spiegelei? Ich hatte mich gerade für das letztere entscheiden, als das Haus erbebte. Die Eier, die noch nicht geronnen waren, klatschten auf den Fußboden, und gleichzeitig hörte ich, halb zur Treppe gewandt, einen durchdringenden Lärm, wie von einer Lawine. Ich warf die Pfanne hin und hastete nach oben. War das Dach eingestürzt? Ein Meteor? Unmöglich! Das gibt's doch gar nicht!

Der einzige Raum, den ich nicht mit Gepäckstücken vollgestellt hatte, war mein Arbeitszimmer, und eben von da kam das Gepolter. Das erste, was ich sah, war ein Bücherhaufen zu Füßen des schief stehenden Regals. Unter den dicken Bänden der kosmischen Enzyklopädie hervor kroch rückwärts ein Mann auf den Knien, wobei er die heruntergefallenen Bücher zertrampelte, als genügte ihm das bisherige Drunter und Drüber noch nicht. Bevor ich etwas sagen konnte, riß er eine lange Metallstange unter sich hervor, die er an einem Griff festhielt, der wie der Lenker eines Fahrrades aussah, das keine Räder hatte. Ich hüstelte, doch der Eindringling, immer noch auf allen vieren, beachtete das nicht im geringsten. Ich räusperte mich lauter, aber schon in diesem Augenblick kam mir seine Gestalt merkwürdig bekannt vor, und als er aufstand, erkannte ich ihn. Das war *ich.* Ganz als schaute ich in den Spiegel. Übrigens hatte ich schon eine ganze Serie solcher Begegnungen erlebt, aber im Dickicht von Gravitationsstrudeln und nicht in einer richtigen Wohnung!

Er warf mir einen zerstreuten Blick zu und beugte sich über sein Gerät – sowohl der Umstand, daß er sich unbekümmert zu schaffen machte, als auch die Tatsache, daß er nicht zu antworten geruhte, brachten mich aus dem Gleichgewicht. »Was soll das heißen?« fragte ich, ohne die Stimme zu erheben.

»Ich werd's dir gleich erklären... warte...«, murmelte er. Er erhob sich, zog das Rohr zur Lampe, verschob den Schirm, damit er besseres Licht hatte, rückte das Papier zurecht, das den Haltearm stützte – er wußte, der Kerl, daß der Schirm dauernd abzurutschen pflegte, also war ich das wirklich! –, und befühlte, offensichtlich besorgt, mit dem Finger irgendwelche Kurbeln.

»Es schickte sich wenigstens, mir eine Erklärung zu

geben!« Ich verbarg meinen Ärger nicht mehr. Er lächelte, stellte seinen Apparat weg, das heißt, er lehnte ihn an die Wand. Dann setzte er sich in meinen Sessel, zog die zweite Schublade heraus, entnahm ihr meine geliebte Tabakspfeife und griff untrüglich nach dem Tabaksbeutel.

Das war mir nun doch zuviel.

»Unverschämtheit!« sagte ich.

Er bat mich mit einer ausladenden Geste, mich zu setzen. Während ich unwillkürlich den angerichteten Schaden überschlug – die Einbände zweier schwerer Himmelsatlanten waren zerknickt –, rückte ich einen Stuhl heran und begann mit den Fingern eine Mühle zu drehen. Ich wollte ihm fünf Minuten zur Rechtfertigung und zur Entschuldigung zubilligen – sollte er mir dann keine Genugtuung geben, würde ich andere Saiten aufziehen.

»Unsinn!« versetzte mein ungebetener Gast. »Verhalte dich wie ein intelligenter Mench! Was für ›andere Saiten‹ willst du mit mir aufziehen? Jeder blaue Fleck, den ich habe, würde dann auch der deine sein!«

Ich schwieg, und mir schwante etwas. In der Tat, wenn er *ich* war und mir eine solche (aber wie, zum Kuckuck?) Zeitschleife widerfuhr (warum muß gerade ich immer solche Abenteuer erleben?), dann konnte er gewisse Ansprüche auf meine Pfeife und sogar auf die Wohnung erheben. Aber warum mußte er die Bücher herunterwerfen?

»Das war unabsichtlich«, sagte er durch die Wolken des aromatischen Rauches, während er die Spitze seines durchaus eleganten Schuhs anstarrte. Er schaukelte mit dem Bein, das er über das andere geschlagen hatte. »Das Chronozykel hat beim Bremsen geschleudert. Statt um acht Uhr dreißig bin ich um acht Uhr dreißig und eine hundertstel Sekunde ins Haus geflogen. Wenn sie die Zielvorrichtung besser eingestellt hätten, wäre ich mitten im Zimmer gelandet.«

»Wieso denn?« (Ich begriff nichts.) »Erstens: Bist du ein Telepath? Wie kannst du auf Fragen antworten, die ich mir nur *denke?* Und zweitens: Wenn du wirklich *ich* bist und in der Zeit angekommen bist, was hat sie dann mit dem Ort zu tun? Warum hast du die Bücher beschädigt?«

»Wenn du ein bißchen nachdächtest, würdest du alles verstehen. Ich bin *später* als du, also *muß* ich mich an alles erinnern, was du gedacht hast, das heißt was ich gedacht habe, denn ich bin du, nur eben in der Zukunft. Und was Zeit und Ort betrifft, so dreht sich doch die Erde! Ich bin um eine hundertstel Sekunde abgerutscht, vielleicht sogar um weniger, und in diesem Augenblick war sie mit dem Haus um diese vier Meter weitergerückt. Ich hatte dem Rosenbeißer ja klargemacht, daß es besser wäre, im Garten zu landen, aber er hat mir diese Zielvariante aufgeschwatzt.«

»Nun gut. Nehmen wir an, daß es so ist, wie du sagst. Aber was soll das alles bedeuten?«

»Das werde ich dir natürlich erklären. Aber es wäre besser, erst das Abendbrot anzurichten, denn das ist eine längere Geschichte von außerordentlicher Wichtigkeit. Ich bin zu dir als Gesandter in einer historischen Mission gekommen.«

Ein Wort gab das andere, er überzeugte mich. Wir stiegen hinunter, das Abendbrot wurde zubereitet, das heißt, ich öffnete eine Sardinenbüchse (im Kühlschrank waren mir kaum ein paar Eier geblieben). Wir verweilten in der Küche, denn ich wollte mir nicht die Laune durch den Anblick der Bibliothek verderben. Er hatte wenig Lust, das Geschirr abzuwaschen, aber ich redete ihm ins Gewissen, also trocknete er wenigstens ab. Dann setzten wir uns an den Tisch, er sah mir ernst in die Augen und sagte:

»Ich komme aus dem Jahr 2661, um dir einen Vorschlag zu unterbreiten, den noch nie ein Mensch gehört hat und den auch keiner hören wird. Der Wissenschaftliche Rat des Instituts für Temporistik verlangt mich, das heißt dich zum Leitenden Direktor des Programms TEOPAGHIP zu machen. Diese Abkürzung bedeutet: ›Telechronische Optimalisierung der Allgemeinen Geschichte durch einen Hyperputer‹. Ich bin fest davon überzeugt, daß du diesen ehrenvollen

Posten annehmen wirst, denn er bedeutet eine außerordentliche Verantwortung vor den Menschen und vor der Geschichte, und ich bin, das heißt, du bist ein tüchtiger Mensch voller Rechtschaffenheit.«

»Zuerst hätte ich lieber etwas Konkreteres gehört. Vor allem begreife ich nicht, weshalb zu mir nicht einfach ein Abgesandter dieses Instituts gekommen ist, sondern du, also ich. Wie bist du, das heißt, wie bin ich dorthin gekommen?«

»Das werde ich dir zum Schluß noch im einzelnen erklären. Was die Hauptsache betrifft, so erinnerst du dich sicherlich an jenen bedauernswerten Molteris, der die Maschine zum Reisen in der Zeit erfunden hatte und bei dem Versuch, sie dir zu demonstrieren, elend umkam, weil er gleich beim Start auf den Tod gealtert war.«

Ich nickte.

»Solche Versuche wird es immer wieder geben. Jede neue Technik hat in ihrer Anfangsphase Opfer im Gefolge. Molteris hatte ein Einmannzeitauto ohne jede Sicherung erfunden. Er hatte das gleiche getan wie jener mittelalterliche Bauer, der mit Flügeln vom Kirchturm sprang und zu Tode kam. Im 23. Jahrhundert entstanden Chronotrecker, Zeitflitzer und Tempobile – das heißt, von deinem Zeitpunkt aus werden sie entstehen –, die wahre Revolution in der Chronomotion wird aber erst dreihundert Jahre später erfolgen, dank einigen Menschen, die ich nicht nennen möchte – du wirst sie persönlich kennenlernen. Eine Wanderung in der Zeit über eine kleine Strecke ist mit Expeditionen in die Tiefe von Jahrmillionen nicht zu vergleichen. Die Proportionen sind mehr oder weniger dieselben wie zwischen einem Spaziergang in die Vorstadt und der Kosmonautik. Ich komme aus der Epoche der Chronotraktion, der Chronomotion und der Telechronie. Über das Reisen in der Zeit hat man schon ganze Berge von Ammenmärchen geschrieben, wie seinerzeit über die Astronautik – etwa, daß ein Erfinder mit Hilfe eines reichen Mannes in völliger Abgeschiedenheit ohne weiteres eine Rakete baut, mit der beide, obendrein in Gesellschaft bekannter Damen, zum anderen Ende der Galaxis fliegen. Die Technologie der Chronomotion bedarf ebenso wie die kosmonautische einer gewaltigen Industrie, sie benötigt kolossale Investitionen, Planungen ... aber damit wirst du dich auch an Ort und Stelle, das heißt zur rechten Zeit vertraut machen können. Die technische Seite ist jetzt nicht so wichtig, es geht um das Hauptziel dieser Arbeit. Man pumpt nämlich nicht soviel in sie hinein, damit jemand Pharaonen erschrecken oder den eigenen Ururgroßvater verprügeln kann. Die Gesellschaftsordnung ist inzwischen geregelt, auch das Klima der Erde – im 27. Jahrhundert, aus dem ich komme, ist es so gut, wie es besser nicht sein kann, aber wir haben noch immer keine Ruhe, wenn wir an die Geschichte denken. Du weißt, wie sie ausgesehen hat – es ist höchste Zeit, daß man damit ein Ende macht!«

»Einen Moment ...« Mir dröhnte der Kopf. »Die Geschichte gefällt euch nicht, na und? Sie muß trotzdem so bleiben, wie sie war, oder etwa nicht?«

»Red kein dummes Zeug. Auf der Tagesordnung steht eben die TEOPAGHIP, das heißt die Telechronische Optimalisierung der Allgemeinen Geschichte durch einen Hyperputer. Ich habe dir schon gesagt, daß wir die allgemeine Geschichte natürlich regulieren, verbessern, ausgleichen und vervollkommnen werden, entsprechend den Grundsätzen des Humanismus, des Rationalismus und der allgemeinen Ästhetik; du wirst doch wohl einsehen, daß man sich schämen muß, wenn man sich mit einer solchen Schlächterei im Stammbaum in die hohen kosmischen Zivilisationen einreihen will!«

»Regulierung der Geschichte ...?« wiederholte ich entgeistert.

»Ja. Wenn nötig, werden wir sogar Korrekturen *vor* der Entstehung des Menschen vornehmen, damit er *besser entstehen kann.* Die Mittel und Geldfonds stehen schon zur

Verfügung, nur der Posten des Leitenden Direktors dieses Projekts ist noch immer unbesetzt! Alle schrecken vor dem Risiko zurück, das mit dieser Funktion verbunden ist.«

»Gibt es keine Anwärter?« Mein Erstaunen wurde immer größer.

»Es ist nicht so wie in der Vergangenheit, da jeder Esel die Welt regieren wollte. Ohne entsprechende Qualifikation wird sich keiner nach dieser schwierigen Aufgabe reißen. So ist also die Stellung nicht besetzt, und die Sache drängt!«

»Aber ich kenne mich doch da nicht aus. Und warum ausgerechnet ich?«

»Du wirst über ganze Stäbe von Fachleuten verfügen. Die technische Seite ist nicht dein Gebiet; es gibt viele verschiedene Aktionspläne, viele Projekte, Methoden, es sind verantwortliche, vernünftige Entscheidungen vonnöten. Ich muß, das heißt du mußt sie treffen. Unser Hyperputer hat durch Psychosonden alle Menschen untersucht, die irgendwann gelebt haben, und hat erkannt, daß ich – das heißt du – die einzige Hoffnung des Projekts bist.«

Nach einer längeren Weile versetzte ich: »Es scheint eine wichtige Angelegenheit zu sein. Vielleicht werde ich diese Stellung annehmen, vielleicht auch nicht. Die allgemeine Geschichte, hoho! Das muß überlegt sein! Wie ist es denn überhaupt dazu gekommen, daß ich, das heißt, daß ausgerechnet du bei mir erschienen bist? Was mich betrifft, so habe ich mich nirgends in der Zeit bewegt. Ich bin erst gestern von den Hyaden zurückgekommen.«

»Klar!« unterbrach er mich. »Du bist doch der *frühere!* Wenn du den Vorschlag annimmst, gebe ich dir mein Chronozykel, und du begibst dich dorthin, wohin du sollst.«

»Das ist keine Antwort auf meine Frage. Sag mir, wie du in das 27. Jahrhundert geraten bist!«

»Ich habe mich mit dem geeigneten Zeitvehikel dorthin

begeben, das ist doch klar. Und dann bin ich von dort in dein Jetzt und dein Hier gekommen.«

»Aber wenn *ich* nirgends mit einem Zeitvehikel gereist bin, dann bist auch du, der du ja *ich* bist ...«

»Schwafele nicht! Ich bin *später* als du, also kannst du ja *noch gar nicht wissen,* was dir zustoßen wird, wenn du ins 27. Jahrhundert reist.«

»Ach was, du spinnst!« murmelte ich. »Wenn ich diesen Vorschlag annehme, gerate ich sofort ins 27. Jahrhundert. Ist es nicht so? Ich werde dort diesem TEOPAGHIP vorstehen und so weiter. Aber woher bist *du* dorthin ge ...«

»Auf diese Weise können wir die ganze Nacht durchschwatzen! Was soll das Geschwafel? Übrigens, weißt du was? Bitte doch Rosenbeißer, daß er dir das erklärt. Schließlich ist er ein Zeitspezialist und nicht ich. Im übrigen ist die Sache, obschon schwer zu begreifen, wie das bei einer Zeitschleife immer ist, gar nichts im Vergleich zu meiner, das heißt deiner Mission. Das ist doch eine historische Mission, oder? Also wie? Bist du einverstanden? Das Chronozykel funktioniert. Ihm ist nichts passiert, ich habe alles geprüft.«

»Laß mich mit deinem Chronozykel zufrieden. Ich kann doch nicht gleich so auf der Stelle ...«

»Du solltest aber! Es ist deine Pflicht. Du mußt!«

»Na, na! Nur nicht diese Töne. Kein ›du mußt‹! Du weißt, daß ich das nicht mag. Ich kann, wenn ich will, wenn ich erkenne, daß die Lage es erfordert. Wer ist denn dieser Rosenbeißer?«

»Der Wissenschaftliche Direktor des INTs. Er wird dein nächster Untergebener sein.«

»Des INTs?«

»Des Instituts für Temporistik.«

[. . .]

Man brauchte eine Enzyklopädie, um all das darzustellen, was das Projekt unter meiner Leitung leistete, deshalb werde ich stark zusammenfassend die hauptsächlichen Etappen der Arbeiten schildern. Was die Struktur der Organisation betrifft, so war sie zweigleisig. Mir unterstanden das REFTEK (Referat für Technik und Kalenderangelegenheiten) mit den Abteilungen der Quantenstoßtemporistik und der dispersiven Temporistik sowie das historische Referat, unterteilt in das Menschliche und das Außermenschliche Ressort. Chef der Technologen war Dr. R. Bosković, die »Geschichtsmacher« leitete Prof. P. Latton an. Außerdem standen die Abteilungen der Historanger und der Zeitschirmjäger (der Chronochutisten) mit der Brigade zur Notentthronisierung und dem Aufsichtsapparat zu meiner persönlichen Verfügung. Diese Rettungseinheit, eine Art Feuerwehr für unvorhergesehene und bedrohliche Angelegenheiten, nannte sich abgekürzt MOIRA (Mobile Rettungsinspektion). Als ich eintraf, waren die Zeittechnologen soweit, telechronische Operationen im großen Maßstab zu beginnen, während im Ressort für Menschliche Angelegenheiten (sein Leiter war Dozent Harry S. Totteles) die Fachleute Hunderte von HAREMS ausarbeiteten (Harmonogramm der Meliorativen Edukation). Parallel dazu projektierte das Ressort für Außermenschliche Angelegenheiten (Körper-Ing. O. Goodlay) Varianten zur Ausbesserung des Sonnensystems, d. h. der Planeten mit der Erde an der Spitze, ebenso der Lebensevolution, der Anthropogenese und so weiter. Alle hier erwähnten Untergebenen mußte ich nacheinander entlassen; mit jedem von ihnen verbinden mich in meiner Erinnerung Krisen im Schoße des Projekts; ich werde sie zu gegebener Zeit erwähnen, damit die Menschheit erfährt, wem sie ihre Nöte zu verdanken hat.

Zunächst war ich voll der besten Hoffnungen. Nachdem ich einen verkürzten Lehrgang absolviert hatte, eine Einführung in die Elemente der Telechronie und der Chronomutation, und auch die organisatorischen Probleme (der Ressortkompetenz, der Arbeitsteilung und so weiter) beherrschte, wobei es schon damals zu einem Streit mit dem Hauptbuchhalter (Eug. Clydes) kam, konnte ich erst ermessen, wie titanenhaft meine Aufgabe war. Die Wissenschaft des 27. Jahrhunderts bot mir verschiedene Technologien zum Handeln in der Zeit, und als ob das noch nicht genügte, harrten *Hunderte* von Plänen zur historischen Ausbesserung meiner Entscheidung. Hinter jedem dieser Projekte stand das Wissen und die Autorität vortrefflicher Fachleute, und ich sollte in diesem embarras de richesse die Auswahl treffen! Es gab nämlich noch keine Einigung darüber, nach welcher Methode die Vergangenheit ausgebessert werden sollte und von welchem Zeitpunkt an das zu tun war, ja nicht einmal, wie weit wir in unseren Interventionen gehen würden.

[. . .]

Ich berief zur Begutachtung des Homo sapiens eine außerordentliche Versammlung des Rates ein, auf der ich vernahm, daß sich das Geschehene nicht auf einen Schlag wiedergutmachen lasse; man müßte schon fünfundzwanzig bis dreißig Millionen Jahre zusammenrollen. Ich wurde überstimmt und machte von meinem Vetorecht keinen Gebrauch – vielleicht war das nicht richtig, aber ich blies schon auf dem letzten Loch. Übrigens hatte ich Signale aus dem 18. und 19. Jahrhundert erhalten: Um sich das Leben zu erleichtern, hatten sich die Funktionäre der Mobilen Rettungsinspektion MOIRA, die nicht immer in der Zeit hin- und herreisen wollten, in verschiedenen alten Schlössern, Palästen und Kellern einquartiert, ohne auch nur die geringsten Vorsichtsmaßnahmen einzuhalten, so daß Sagen über »verdammte Seelen«, über »Kettenrasseln« (der Widerhall beim Anlassen eines Chronozykels) und über Gespenster aufkamen (weil sie weiße Kleidung trugen, als ob es keine bessere Farbe für Uniformen gab!). Sie trübten den Menschen den Verstand, schreckten sie mit ihrem Durchdringen von Wänden und Mauern (die Abfahrt in der Zeit sieht immer so aus, weil das Chronozykel steht, während sich die Erde weiterdreht) – mit einem Wort, sie hatten so viel angestellt, daß daraus die Romantik geboren wurde. Nachdem ich die Schuldigen bestraft hatte, nahm ich mir Goodlay und Rosenbeißer vor.

Ich verbannte sie beide. Ich wußte, daß der Wissenschaftliche Rat mir das nicht vergessen würde: Rosenbeißer, der sich später mir gegenüber skandalös benahm, führte sich in der Verbannung verhältnismäßig anständig auf (als Julian Apostata). Er tat so manches, um in Byzanz das Dasein der Ärmsten zu bessern. Wie man daraus ersehen kann, hatte er auf seinem Posten enttäuscht, weil er ihm nicht gewachsen war. Kaiser zu sein ist einfacher, als die Verbesserung der gesamten Geschichte zu leiten.

So ging die zweite Phase des Projekts zu Ende. Ich übertrug das Recht zu handeln dem Ressort für soziale Angelegenheiten, denn wir konnten nur noch die zivilisierte Geschichte vervollkommnen. Als Totteles und Latton ans Werk gingen, konnten sie sich kaum halten vor Freude, daß ihre Vorgänger gestrauchelt waren, und gleichzeitig verwahrten sie sich, diese Rückversicherer, von vornherein, daß man nun, angesichts eines solchen Homo sapiens, noch viel von TEOPAGHIP erwarten könne.

Harry S. Totteles vertraute die Durchführung des ersten Experimentellen Ausbesserungsprogramms den Chronallergisten an. Es waren dies Khand el Abr. Canne de la Breux, Guirre Andaule und G. I. R. Andoll. Der Gruppe stand indirekt der Ing. Hemdreißer vor. Er und seine Kollegen planten eine Beschleunigung der Kultivierung durch urbanisierende Akzeleration. Im Unterägypten der 12. oder 13. Dynastie, ich entsinne mich nicht mehr so genau, häuften sie Berge von Baumaterial an, mit Hilfe zeitweiliger Sendlinge, die bei uns allgemein als »momentane Kontaktpersonen« bezeichnet werden; sie hoben das Niveau der Bautechnik, doch der Plan wurde infolge mangelnder Aufsicht entstellt. Kurz gesagt, statt eines großzügigen Wohnungsbaus kam es im Rahmen des Personenkults zur Errichtung von Grabmälern für verschiedene Pharaonen, die niemandem etwas nützten. Ich verbannte das gesamte Team nach Kreta; dies war der Ursprung des Minospalastes. Ich weiße nicht, ob es stimmt, was Betterpart mir erzählte, nämlich daß die Verbannten in Streit gerieten, ihren ehemaligen Chef überfielen und ihn im Labyrinth einschlossen. Ich hatte nicht in die Akten geschaut, also bin ich mir, wie bereits gesagt, dieser Sache nicht sicher, jedenfalls sieht mir Hemdreißer nicht wie Minotaurus aus.

Ich beschloß, mit der Quertreiberei kurzen Prozeß zu machen, und befahl, mir die Projekte mit komplexem Charakter vorzulegen. Wir mußten uns entscheiden, ob wir offen oder im verborgenen handeln sollten, das heißt, ob die Menschen der verschiedenen Epochen überhaupt erfahren sollten, daß ihnen jemand in der Entwicklung ihrer Geschichte hilft. Totteles, eher ein Liberaler, sprach sich für die Kryptochronie aus, für die auch ich eintrat. Entsprechend der alternativen Strategie mußte man nämlich die Völker der Vergangenheit unter ein offenes Protektorat stellen, was in ihnen ein Gefühl der Entmündigung hätte aufkommen lassen. Wir mußten also hilfreich, zugleich aber geheim handeln. Latton widersetzte sich dem, er hatte nämlich den Plan eines idealen Staates im Kopf, an den er alle Gesellschaften heranführen wollte.

Ich ließ die Waagschale zugunsten Totteles' ausschlagen, der mir einen seiner jüngeren, aber wohl besten Mitarbeiter vorstellte; dieser Assistent, Magister A. Donnai, war der Erfinder des Monotheismus. Gott, so erklärte er mir, könne als reine Idee niemandem schaden, und wir, die Optimalisatoren, würden freie Hand haben, denn entsprechend dem Projekt seien Gottes Entscheidungen unerforschlich; die Menschen könnten sie nicht begreifen, also würden sie nichts auszusetzen haben, und zugleich würden sie nicht argwöhnen, daß sich jemand in ihre Geschichte – telechronisch – einmische. Diese Konzeption klang nicht schlecht, doch vorsichtshalber stellte ich dem jungen Magister nur einen kleinen Übungsplatz zur Verfügung, und den obendrein noch in einem entfernten Winkel der Welt, nämlich in

Kleinasien. Auf diese Weise erlangte er Verfügungsgewalt über den Stamm Juda. Sein Gehilfe war Ing. Geschichtstäter H. Yobb. Die Kontrolle wies nach, daß sie sich schwere Ausschreitungen zuschulden kommen ließen. Es ist noch nebensächlich, daß Donnai sechzigtausend Tonnen Gerstengraupen während einer Wüstenwanderung der Juden abwerfen ließ; die »diskrete Hilfe«, die er ihnen zu gewähren vorgab, lief auf lauter Einmischungen hinaus (er öffnete und schloß das Rote Meer, schickte den Feinden Judas ferngesteuerte Heuschrecken), so daß er den Mündeln die Köpfe verwirrte – sie betrachten sich als ein auserwähltes Volk.

Es war typisch, daß der Autor, sobald sein Plan in der Praxis versagte, immer bedeutendere materielle Anreizmittel anwandte, statt die Taktik zu ändern. A Donnai übertraf alle, denn er wandte Napalm an. Wie ich das erlauben konnte? Auch eine Frage! Ich wußte einfach nichts davon. Auf dem Übungsplatz des Instituts demonstrierte er nur das Anzünden eines Strauches aus der Entfernung und versicherte, er werde auf ähnliche Weise in der Vergangenheit handeln, es würden einfach nur ein paar Kakteen in der Wüste verbrennen; diese Schaustellungen sollten die Verinnerlichung der moralischen Normen festigen. Nachdem ich ihn auf die Halbinsel Sinai verbannt hatte, verbot ich allen Leitern der Kollektive aufs entschiedenste, Konzessionen für Handlungen mit der übernatürlichen Tarnkappe zu gewähren. Andererseits hatte das, was Donnai und Yobb vollbrachten, manche historischen Weiterungen.

Aber so ist das immer. Jede telechronische Einmischung hat eine Lawine von Erscheinungen zur Folge, die man ohne Anwendung entsprechender Mittel nicht unterdrücken kann. A. Donnai verhielt sich in der Verbannung höchst unschicklich, denn er nutzte die Fama, die er in seiner Stellung als Geschichtstäter erlangt hatte. Zwar konnte er keine »Wunder« mehr vollbringen, aber die Erinnerung an ihn blieb erhalten. Was H. Yobb betrifft, so erzählte man auch, ich hätte Historanger auf ihn gehetzt, aber das ist Verleumdung. Ich kenne die Einzelheiten der Angelegenheit nicht, weil ich mich nicht mit solchen Detailfragen befassen konnte – jedenfalls soll er sich mit A. Donnai entzweit haben, und der setzte ihm dermaßen zu, daß daraus die Hiobslegende entstand. Am schlimmsten erging es den Juden bei diesem Experiment, weil sie an ihre Ausnahmestellung glaubten. Als nun das Projekt abgebrochen wurde, erfuhren sie so manche Bitternis, sowohl in ihrer Heimat als auch in der Diaspora. Was meine Widersacher im Projekt zu diesem Thema über mich verbreiteten, davon will ich gar nicht reden.

Im übrigen trat das Projekt nun in die Phase seiner schwersten Krise. Mich trifft daran insofern eine Schuld, als ich Totteles und Latton nachgegeben und ihnen gestattet hatte, die Geschichte in *breiter Front* zu verbessern, das heißt nicht an isolierten Stellen und einzelnen Zeitpunkten, sondern auf der ganzen zeitlichen Länge. Die Strategie jener Melioration, die als die integrale bezeichnet wurde, führte zur Trübung des Aktionsbildes; um dem vorzubeugen, brachte ich in jedem Jahrhundert eine Beobachtergruppe unter. Latton wiederum wurde von mir bevollmächtigt, eine geheime Chronizei zu organisieren, die den *Vandalismus in der Zeit* bekämpfen sollte.

Dieses wilde Benehmen, an das ich nicht einmal im Traum gedacht hatte, hängt mit der sogenannten Besen-Affäre zusammen. Scharen zügelloser Halbwüchsiger, die sich zum Teil aus unserem Hilfspersonal rekrutierten, Laboranten, Sekretärinnen und so weiter, hatten sie verübt. Eine Unmenge mittelalterlicher Märchen über Pakte mit dem Teufel, über Inkuben und Sukkuben, über Sabbate, Hexenprozesse und über die Versuchung Heiliger rührten von der »wilden« Chronomotion her, die von Jugendlichen ohne moralischen Halt betrieben wurde. Ein individuelles Chronozykel besteht aus einem Rohr mit Sattel und einem Auspufftrichter, daher kann man es, zumal bei ungenügender Beleuchtung, durchaus für einen Besen halten. Schamlose Weibsbilder unternahmen Fahrten, am liebsten nachts, um die Dorfbewohner des frühen Mittelalters zu schrecken. Nicht genug, daß sie ihnen im Tiefflug über die Köpfe sausten, sie wagten es, in das 13. oder 12. Jahrhundert mit einer drastisch enthüllenden Kleidung (topless) zu reisen – was Wunder also, daß man sie mangels besserer Bezeichnungen für nackte Hexen hielt, die rittlings auf Besen daherflitzten. Durch einen merkwürdigen Zufall half mir H. Bosch bei der Untersuchung und Aufdeckung der Schuldigen, als er bereits in der Verbannung war; er verlor beim Anblick des ersten besten Zeitfahrers nämlich nicht die Geistesgegenwart und porträtierte in seinem »Höllenzyklus« keine Teufel, sondern Dutzende illegaler Chronozyklisten mit ihren Gefährtinnen, was ihm um so leichter fiel, als er viele von ihnen persönlich kannte.

Ich erwog, zu wie vielen Opfern diese Ausschweifungen der wilden Chronofahrer geführt hatten, und schickte die Schuldigen siebenhundert Jahre zurück (»die Kontestatoren des 20. Jahrhunderts«). Unterdessen erklärte mir N. Betterpart, der oberste Chef der MOIRA, er sei nicht mehr Herr der Lage und verlange deshalb Unterstützung in Form von Havarieeinsatzbrigaden der Zeitspringer, weil die Front der Arbeiten sich auf über vierzig Jahrhunderte ausgedehnt habe. Wir engagierten also eine Menge neuer Mitarbeiter, die auf der Stelle dorthin geschickt wurden, von wo die Alarmzeichen kamen, obwohl es sich nicht um voll ausgebildete Leute handelte. Ihre Konzentration in mehreren Jahrhunderten führte zu ernsten Zwischenfällen, beispielsweise zur Völkerwanderung; und obschon wir versuchten, das Erscheinen dieser Landetrupps zu tarnen, verbreiteten sich im 20. Jahrhundert (etwa um die Mitte) Gerüchte über »fliegende Untertassen«, zumal die damals bereits gut entwickelte Technik der Massenmedien eine Zirkulation solcher Gerüchte begünstigte.

Das war jedoch noch gar nichts im Vergleich zu einer

neuen Affäre, als deren Urheber und Hauptfigur sich der Chef der MOIRA erwies. Ich erhielt Meldungen, daß seine Leute nicht so sehr die Fortschritte der Melioration beobachteten, als sich vielmehr aktiv in den historischen Prozeß einschalteten, und das nicht im Sinne Lattons und Totteles', sondern in Anlehnung an eine temporale Politik, wie Betterpart sie ungehindert betrieb. Bevor ich ihn seines Postens entheben konnte, verflüchtigte er sich, das heißt, er floh ins 18. Jahrhundert, weil er dort auf seine Chronizisten zählen konnte, und ehe ich mich's versah, war er schon Kaiser von Frankreich. Dieser widerliche Frevel schrie geradezu nach einer strengen Bestrafung; Latton riet mir, eine Reservebrigade nach Versailles zu werfen, aber das waren unakzeptable Ideen, denn eine solche Invasion hätte eine unerhörte Störung in der ganzen späteren Geschichte hervorgerufen – der Menschheit wäre bewußt geworden, daß sie unter Kuratel stand. Totteles, der vernünftiger war, arbeitete Pläne für eine »natürliche«, das heißt kryptochronische Bestrafung Napoleons aus; die Einfädelung einer antibonapartistischen Koalition begann. Feldzüge fanden statt, doch was nutzte das, wenn der ehemalige Chef der MOIRA sogleich Lunte roch und, ohne zu warten, selbst zum Angriff überging. Nicht umsonst war er ein Berufsstratege, die Theorie hatte er im kleinen Finger, also schlug er der Reihe nach alle Feinde, die Totteles ihm auf den Hals schickte; es schien, als würde man ihn in Rußland in die Klemme nehmen können, aber auch von dieser Expedition erholte er sich einigermaßen, indes halb Europa in Trümmern und in Asche lag. Erst als ich meine Herren Geschichtstäter beiseite drängte, vermochte ich mit Napoleon bei Waterloo fertig zu werden. Viel Ursache, mich dessen zu rühmen, hatte ich indes nicht!

Napoleon war von der Insel Elba geflohen, weil ich keine ordentliche Verbannung überwachen konnte, denn ich hatte viele andere dringende Probleme zu lösen. Diejenigen, die sich Ausschreitungen zuschulden kommen ließen, blieben nun nicht mehr passiv auf ihren Stühlen sitzen, sondern flüchteten selbst in die tiefe Vergangenheit, wobei sie die Mittel mitnahmen, die es ihnen leicht machten, sich mit Ruhm zu bedecken oder einen Glorienschein nie gekannten Ausmaßes zu erlangen (daher die Alchimisten, Cagliostro, Simon Magus und Dutzende andere). Mir kamen Informationen zu Ohren, die ich überhaupt nicht überprüfen konnte: Atlantis zum Beispiel sei gar nicht durch einen Querschläger der Operation GENESIS versunken, sondern Dr. Boloney habe das mit Vorbedacht getan, damit ich nicht dahinterkam, was er dort angestellt hatte. Mit einem Wort, alles, womit ich zu tun hatte, brach zusammen. Ich verlor den Glauben an den Erfolg, und schlimmer noch, ich wurde mißtrauisch. Ich wußte nicht mehr, was eine Folge der Optimalisierung war, das Ergebnis ihrer Einstellung, ein Unterschleif oder eine Willkür der säkularen Chronizisten.

Ich beschloß, vom anderen Ende an die Dinge heranzugehen. Ich begann die Große Allgemeine Geschichte in zwölf Bänden zu studieren, und wo mir nur etwas verdächtig erschien, dorthin schickte ich eine Flugkontrolle. So war es zum Beispiel mit Kardinal Richelieu; nachdem ich mich in der MOIRA erkundigt und mich vergewissert hatte, daß er nicht unser Agent sei, befahl ich Latton, einen intelligenten Kontrolleur dorthin zu senden. Er vertraute diese Mission einem gewissen Reichplatz an. Etwas machte mich stutzig – ich sah ins Wörterbuch und erstarrte, als ich mich davon überzeugte, daß Richelieu und Reichplatz dasselbe bedeuteten, aber es war schon zu spät, denn er war bereits in höhere gesellschaftliche Sphären vorgedrungen und wurde die graue Eminenz Ludwigs XIII. Ich ließ ihn ungeschoren, denn ich wußte bereits aus den napoleonischen Kriegen, wonach solche Versuche rochen.

Inzwischen reifte ein anderes Problem heran. In den einzelnen Jahrhunderten wimmelte es von Verbannten; die Chronizei konnte sie nicht alle im Auge behalten, wenn sie Gerüchte oder Aberglauben verbreiteten, um mir zuwiderzuhandeln, oder wenn sie versuchten, die Kontrolleure unverblümt zu kaufen. So begann ich damit, alle, die etwas auf dem Kerbholz hatten, an einen Ort und in eine Zeit, nämlich in die griechische Antike zu deportieren, und der Effekt war der, daß sich dort am raschesten eine hohe Kultur entwickelte; allein in Athen zum Beispiel gab es mehr Philosophen als im ganzen übrigen Europa. Das war bereits nach der Ausweisung Lattons und Totteles', denn beide hatten mein Vertrauen mißbraucht. Latton, einer der hartnäckigsten Radikalen, sabotierte meine Empfehlungen und betrieb seine eigene Politik (ihre Darlegung kann man in seiner »Republik« finden), die extrem antidemokratisch war, ach was, die auf Unterdrückung beruhte; so ist zum Beispiel das Reich der Mitte sein Werk, aber auch die Kastenstruktur Indiens, das Römische Reich Deutscher Nation und sogar der Umstand, daß die Japaner seit dem Jahr 1868 an die Göttlichkeit des Mikado glauben. Ob er es war, der eine gewisse Schicklgruber verheiratete, damit das sattsam bekannte Kind geboren wurde, das halb Europa in Rauch aufgehen ließ – darüber habe ich keine vollkommene Gewißheit, denn davon hatte mir Totteles erzählt, und der lebt mit Latton wie Hund und Katze.

Latton war der Projektant des Aztekenstaates, Totteles schickte ihm die Spanier auf den Hals. Im letzten Moment, als ich die Berichte der MOIRA bekam, befahl ich, die Expedition des Kolumbus zu verzögern und in Südamerika Pferde zu züchten, denn Cortez' Kavallerie hätte der Reiterei der Indianer nicht standgehalten. Die Kooperateure versagten jedoch, die Pferde krepierten bereits im Quartär, als es noch keine Indianer gab, und so gab es niemanden, der die Kampfwagen ziehen konnte, obwohl das Rad rechtzeitig geliefert worden war. Was Kolumbus betrifft, so hatte er im Jahre 1492 Erfolg, weil er dort genügend geschmiert hatte. So sah diese Optimalisierung aus! Man warf mir sogar vor, daß mir das Gedränge der Philosophen in Griechenland noch zu gering sei, ich hatte ja H. S. Totteles und P. Latton dorthin verbannt. Eine Lüge! Eben um meine Menschlichkeit zu beweisen, gestattete ich ihnen, sich Zeit und Ort der Verbannung auszusuchen; zwar brachte ich Plato nicht vollends dort unter, wohin es ihn drängte, sondern in Syrakus; ich wußte nämlich, daß er in dieser Stadt wegen der dort herrschenden Kriege seine über alles geliebte Idee vom »Staat der Philosophen« nicht verwirklichen konnte.

Harry S. Totteles war bekanntlich der Lehrer des jungen Alexander von Mazedonien. Er machte sich der Nachlässigkeit schuldig, was zu scheußlichen Folgen führte, denn er hatte immer die kleine Schwäche, große Enzyklopädien zusammenzustellen und sich mit dem Klassifizieren sowie mit der allgemeinen Methodologie der Theorie des Vollkommenen Projekts zu amüsieren, während sich hinter seinem Rücken die wildesten Dinge abspielten: Der Hauptbuchhalter flüchtete vor der Kontrolle, verabredete sich mit einem Froschmann und fischte mit ihm das Gold Montezumas aus dem Kanal, in den es während der Flucht von Cortez' Leuten versenkt worden war. Schließlich begannen sie im Jahre 1922 an der Börse zu spielen – Gestohlenes macht nicht fett –, und so kam es zu dem berühmten Börsenkrach im Jahre 1929. Ich glaube nicht, daß ich Aristoteles unrecht getan habe, denn er verdankt mir den Ruhm, der ihm angesichts seiner Verstöße im Projekt gewiß nicht gebührte. Deshalb wurde nunmehr getuschelt, ich hätte unter dem Vorwand von Verbannungen und Rotationen ein Nepotenkarussell eingeführt und für alte Kumpel luxuriöse Sinekuren in allen Jahrhunderten eingerichtet. Aber man sagte mir schon so viel Böses nach, daß mir ohnehin alles verübelt wurde, was ich tat.

Ich kann mich nicht auf Einzelheiten einlassen und werde mich deshalb nicht über die Anspielungen hinsichtlich meiner Person äußern, die in Platons und Aristoteles' Schriften enthalten sind. Natürlich empfanden sie als Verbannte keine Dankbarkeit, aber ich scherte mich wenig um Ressentiments, wenn die Geschicke der Menschheit auf dem Spiele standen. Anders war es mit Griechenland, dessen Niedergang mir sehr naheging. Es ist nicht wahr, daß ich ihn durch Aufmärsche von Philosophen herbeigeführt hätte; Latton tat es mit Rücksicht auf Sparta, weil er es nach dem Ebenbild seiner geliebten Utopie gestalten wollte, und so unterstützte denn nach seiner Absetzung niemand mehr die Spartaner, und sie erlagen der persischen Übermacht. Was konnte ich dagegen tun? Ein lokaler Protektionismus war inakzeptabel, denn wir sollten ja unseren Schutz auf die *gesamte* Menschheit ausdehnen, und hier untergrub schon das Problem der Ausweisungen die größten Pläne. In die Zukunft konnte ich niemanden verbannen, weil sie sich in acht nahmen, und da jeder der Verurteilten an die Azurküste wollte, gab ich nach. Eine Vielzahl von Personen mit höherer Bildung konzentrierte sich also rings um das Mittelmeer, und daher nahmen eben dort der Aufstieg der Zivilisation und später auch die Kultur des Westens ihren Anfang.

Was Spinoza betrifft, so muß ich durchaus einräumen, daß er ein grundanständiger Mensch war, aber er hat es zu den Kreuzzügen kommen lassen, das heißt, er selbst hat sie natürlich nicht ausgelöst. Mit Spinoza besetzte ich den freien Posten Lattons; er hatte einen lauteren Charakter, war aber zerstreut wie kaum einer; er unterschrieb, ohne hinzuschauen, was man ihm hinhielt, er gab Löwenherz eine unbeschränkte Vollmacht – jemand hatte dort im 13. Jahrhundert etwas ausgefressen –, und als die Suche begann, warf Löwenherz einen Chronobus mit Geheimpolizisten nach dem anderen dorthin, so daß der Gesuchte, ich weiß nicht mehr, wer es war, die Kreuzzüge auslöste, um sich in dem Durcheinander zu verstecken. Ich wußte nicht, was ich mit Spinoza machen sollte, das alte Griechenland strotzte nur so von Denkern, die ihm ähnlich waren, so schickte ich ihn zunächst kreuz und quer durch alle Jahrhunderte, damit er so in der Skala von vierzig Jahrhunderten pendelte, und daraus entstand die Legende vom »Ewigen Juden«. Nach jeder seiner Wanderungen durch unsere Zeit klagte er jedoch über die Mühen, so daß ich ihn schließlich nach Amsterdam lenkte, weil er das Basteln so liebte, und dort konnte er Diamanten schleifen.

Man hat mich manchmal gefragt, warum denn keiner der Verbannten bekannte, woher er kam. Nun, das wäre ihm übel bekommen. Jeder, der die Wahrheit gesagt hätte, wäre ins Irrenhaus gewandert. Hätte man vor dem 20. Jahrhundert einen Menschen etwa nicht für verrückt erklärt, der erzählte, man könne aus gewöhnlichem Wasser eine Bombe machen, die imstande sei, den ganzen Globus in Stücke zu reißen? Und vor dem 23. Jahrhundert kannte man keine Chronomotion. Außerdem hätten solche Bekenntnisse das Plagiat von Arbeiten vieler Verbannter entblößt. Es war ihnen verboten, die Zukunft vorauszusagen, aber sie plapperten dennoch manches aus. Im Mittelalter beachtete man das zum Glück nicht (ich denke da an die Hinweise über die Düsenjäger und die Tiefseetauchboote bei Bacon und an jene über die Computer in Lulls ARS MAGNA; schlimmer war es jedoch mit denjenigen, die unvorsichtigerweise ins 20. Jahrhundert verbannt worden waren – sie nannten sich »Futurologen« und begannen Dienstgeheimnisse zu verraten.

Zum Glück wandte A. Tylla, der neue Chef der MOIRA nach Napoleon, die sogenannte Taktik des Babelsystems an: Sechzehn Zeitingenieure, die zur Strafe nach Kleinasien verbannt worden waren, entschlossen sich, einen »Zeitzug« für die Flucht vorzubereiten, indem sie vorgaben, einen Turm errichten zu wollen; seine Bezeichnung war die kryptonyme Losung der Verschwörer (Bauunternehmen zur Beförderung der im Exil Lebenden). MOIRA, die diese Arbeiten schon in ziemlich vorgerücktem Stadium vorfand, schickte ihre eigenen Spezialisten als »neue Verbannte« aus, die in den Konstruktionsplan absichtlich solche Fehler einführten, daß das Werk beim ersten Probeversuch auseinanderbarst. Tylla wiederholte dieses Manöver der »Sprachenverwirrung«, indem er Diversionsgruppen ins 20. Jahrhundert warf; sie diskreditierten die Weissagerkandidaten, indem sie verschiedene Flunkereien – die sogenannte

Science Fiction – verbreiteten und einen unserer Geheimräte, einen gewissen McLuhan, in die Reihen der Futurologen einschleusten.

Zwar faßte ich mich an den Kopf, als ich die von MOIRA fabrizierten Faseleien las, die McLuhan als »Prognosen« verbreiten sollte, denn mir erschien es unmöglich, daß jemand, der sein Hirn am rechten Fleck hatte, auch nur eine Sekunde lang das dumme Zeug von einem »globalen Dorf«, zu dem die Welt angeblich tendierte, ernst nehmen konnte, und auch den anderen Unsinn, der da aufgetischt wurde. Doch es erwies sich, daß McLuhan erheblich mehr Furore machte als all die Leute, die die reine Wahrheit verrieten; er erlangte einen solchen Ruf, daß er schließlich, wie es scheint, selbst an die Absurditäten zu glauben begann, die wir ihn verbreiten hießen. Wir ließen ihn übrigens in Ruhe, denn das schadete uns nicht. Was Swift und seine Schrift »Gullivers Reisen« betrifft, in der ein Hinweis auf zwei kleine Marsmonde mit all ihren Bewegungselementen enthalten ist, die in jener Zeit niemand kennen konnte, so war das die Folge eines idiotischen Mißverständnisses. Die Orbitaldaten der Marsmonde stellten damals die Erkennungslosung einer Gruppe unserer Kontrolleure in Südengland dar, und einer von ihnen, ein Kurzsichtiger, hielt Swift in einer Schenke für einen neuen Agenten, mit dem er sich dort treffen sollte; er meldete den Irrtum nicht, denn er glaubte, Swift habe nichts von seinen Worten verstanden, indes konnten wir ein paar Jahre später (1726) in der ersten Ausgabe von »Gullivers Reisen« Angaben über jene beiden Marsmonde lesen; die Erkennungslosung wurde sofort geändert, aber der Passus mußte nun schon im Druck bleiben.

Derartige Lappalien fielen nicht sonderlich ins Gewicht, anders jedoch war es mit Plato bestellt. Stets packt mich Mitleid, wenn ich seine Erzählung von der Höhle lese, in der man mit dem Rücken zur Welt sitzt und an den Wänden kaum ihre Schatten erkennt. Ist es verwunderlich, daß er das

27. Jahrhundert für die einzige authentische Wirklichkeit ansah und daß ihm die primitive Zeit, in der ich ihn gefangenhielt, als eine »düstere Höhle« vorkam? Seine Doktrin über das Wissen, das nur ein »Sich-Erinnern« dessen darstelle, was man einst, »vor dem Leben«, bedeutend *besser* gewußt habe, ist eine noch deutlichere Anspielung.

Indessen brachen immer größere Sorgen über mich herein. Ich mußte Tylla verbannen, weil er Napoleon geholfen hatte, von der Insel Elba zu fliehen; ich wählte diesmal die Mongolei als Ort der Verbannung, denn er hatte in schrecklicher Wut gedroht, daß ich mich seiner noch erinnern werde. Ich konnte mir nicht vorstellen, was er inmitten dieser Einöden vollbringen könnte, und dennoch hielt er Wort. Als die Projektanten sahen, was geschah, überboten sie sich im Entwerfen immer absonderlicherer Pläne, sie wollten zum Beispiel mit ganzen Chronozügen den Völkern die notwendigen Warenmassen liefern – aber das hätte ja jeden Fortschritt gehemmt. Dann wieder wollten sie eine Million aufgeklärter Bürger aus unserer Gegenwart nehmen und sie im Paläolithikum landen lassen – ein vorzüglicher Gedanke, aber was sollte ich mit der Menschheit anfangen, die dort bereits in den Höhlen saß?

Die Lektüre dieser Pläne weckte mein Mißtrauen bei der Besichtigung des 20. Jahrhunderts. Hatte man da nicht Massenvernichtungsmittel untergeschoben? Angeblich wollten ein paar Radikale unseres Instituts die Zeit in einen Kreis zwängen, damit die Neuzeit irgendwann nach dem 21. Jahrhundert mit der Vorgeschichte zusammenwachsen konnte. Auf diese Weise sollte sich alles noch einmal, aber besser bewegen. Eine krankhafte Idee, phantastisch, wahnwitzig, aber ich sah schon gewisse Anzeichen der Vorbereitung. Das Zusammenwachsen erforderte ein vorheriges Zerstören der bereits bestehenden Zivilisation, eine »Rückkehr zur Natur«. So nahm denn auch seit der Mitte des 20. Jahrhunderts die Verwilderung zu, das Rauben und das Sprengen; die Jugend wurde von Jahr zu Jahr zottiger, die Erotik wurde vertierter, Horden Zerlumpter tauchten auf, die mit Gebrüll nicht mehr die Sonne, sondern irgendwelche Sterne oder Stars ehrten, es ertönten Rufe nach der Zerstörung der Technik, der Wissenschaft, und sogar die zu Wissenschaftlern erklärten Futurologen verkündeten – auf wessen Betreiben eigentlich? – eine nahende Katastrophe, einen Niedergang, das Ende; hier und da baute man sogar schon Höhlen, die man, wohl zur Tarnung, als Schutzräume bezeichnete.

Ich beschloß also, mich auf die folgenden Jahrhunderte zu konzentrieren, weil mir das Ganze nach Umkehrarbeit roch, das heißt nach einer Arbeit, die die Zeit zur Umkehr zwingt, eben im Sinne der Kreistheorie. Gerade in dieser Phase erhielt ich eine Einladung zu einer außerordentlichen Sitzung des Wissenschaftlichen Rates. Freunde sagten mir im Vertrauen, daß dort über mich Gericht gehalten werden solle, doch das hielt mich von der Erfüllung meiner Pflichten nicht ab. Meine letzte Tätigkeit war die Entscheidung in der Sache eines gewissen Adel, der in seiner Tätigkeit als Kontrollfunktionär ein Mädchen aus dem 12. Jahrhundert mitnahm, das er auf freiem Felde geraubt hatte – er überfiel sie vor den Augen der Menge und zerrte sie am hellichten Tage auf sein Chronozykel. Man hielt sie für heilig und betrachtete die Entführung als »Himmelfahrt«. Ich hätte ihn schon längst entfernen sollen, denn er war ein durch und durch brutales Individuum, und auch sein Äußeres war abstoßend – er ähnelte mit seinen tiefsitzenden Äuglein und dem schweren Kiefer einem Gorilla –, aber ich befürchtete, man könnte mich einer persönlichen Abneigung bezichtigen. Nun aber verbannte ich ihn, und das für alle Fälle ziemlich weit zurück – um 65 000 Jahre. Er wurde ein Höhlen-Casanova und zeugte die Neandertaler.

Erhobenen Hauptes ging ich zur Sitzung, ich fühlte mich in keiner Weise schuldig. Die Sitzung dauerte zehn Stunden; ich bekam ein Unmenge Anklagen zu hören. Man warf mir Willkür vor, Gängelung der Gelehrten, Geringschätzung der Expertenmeinungen, das Favorisieren Griechenlands, den Untergang Roms, die Sache mit Caesar (auch das war eine Verleumdung: ich hatte nirgendwohin einen Brutus geschickt), die Affäre mit Reichplatz, das heißt mit dem Kardinal Richelieu, den Mißbrauch im Referat der MOIRA und der geheimen Chronizei, die Päpste und Antipäpste und so weiter. (Im Grunde hatte Betterpart die »Finsternis des Mittelalters« hervorgerufen, der nach seiner geliebten Regel von der »starken Hand« zwischen das 8. und 13. Jahrhundert so viele Vertrauensleute eingeschleust hatte, daß es zu einer Bevormundung und zum Untergang der Kultur kam.)

Die Lektüre des in siebentausend Paragraphen formulierten Anklageaktes war im Grunde eine öffentliche Lesung in einem Geschichtsbuch. Was bekam ich nicht alles zu hören: wegen des A. Donnai, wegen des feurigen Strauches, wegen Sodom und Gomorrha, wegen der Wikinger, wegen der Räder der kleinasiatischen Kampfwagen, wegen des *Fehlens* von Rädern und Wagen in Südamerika, wegen der Kreuzzüge, wegen der Niedermetzelung der Albigenser, wegen Berthold Schwarz und seines Pulvers (wohin sollte ich ihn verbannen, ins Altertum, damit man sich schon dort kartätschte?) – und so weiter, immer weiter, ohne Ende. Nichts wollte jetzt dem ehrenwerten Rat mehr gefallen, weder die Reformation noch die Gegenreformation, und diejenigen, die mich vorher mit eben diesen Projekten bestürmt und mich ihrer rettenden Wirkung versichert hatten (Rosenbeißer hatte mich fast auf Knien um die Erlaubnis für die Reformation gebeten), saßen jetzt da und taten, als verstünden sie kein Sterbenswörtlein von alledem.

Als man mir das letzte Wort erteilte, erklärte ich, daß ich mich überhaupt nicht zu verteidigen gedenke, die künftige Geschichte würde ihr Urteil über uns fällen. Ich erlaubte mir allerdings, ich gebe es zu, gegen Ende meiner Rede eine spöttische Bemerkung. Ich sagte nämlich, der einzige Fortschritt, also das einzig Gute, das die Geschichte nach den

Arbeiten des Projekts aufweise, sei ausschließlich *mein* Verdienst. Es handele sich da nämlich um die positiven Folgen der massenhaften Verbannungen, die ich verfügt hatte. Mir verdanke die Menschheit Homer, Plato, Aristoteles, Bosković, Leonardo da Vinci, Bosch, Spinoza und ungezählte anonyme Persönlichkeiten, die ihr schöpferisches Bemühen in den Jahrhunderten unterstützt haben. Wie schlimm auch das Schicksal der Verbannten gewesen sein mag, sie hatten es verdient, und gleichzeitig sühnten sie durch mich ihre Schuld vor der Geschichte, denn sie unterstützten sie nach Kräften – aber erst *nach* der Entfernung aus ihren hohen Stellungen im Projekt! Wer dagegen nachprüfen wollte, was parallel dazu die *Fachleute* des Projekts getan haben, der mag auf den Mars, den Jupiter, die Venus, auf den massakrierten Mond schauen oder sich das Grab der Atlantis auf dem Grund des Atlantischen Ozeans ansehen, er mag die Opfer der beiden großen Eiszeiten, der Plagen und Epidemien, der Pest, der Kriege, der religiösen Fanatismen zählen – mit einem Wort, er soll sich die allgemeine Geschichte einmal näher betrachten, die nach der »Verbesserung« ein einziges Schlachtfeld der Meliorationspläne sei, auf dem *Chaos* und *Verwüstung* herrsche. Die Geschichte ist das Opfer des Instituts, der darin herrschenden Atmosphäre des Intrigantentums, der Unordnung, des Improvisierens, des ständigen Ränkespiels und fortwährender Inkompetenzen, und wenn das von mir abhinge, hätte ich all die Herren Geschichtstäter dorthin geschickt, wo die Brontosaurier überwintern.

Ich brauche wohl nicht zu erklären, daß meine Worte ziemlich sauer aufgenommen wurden. Obwohl dies das letzte Wort sein sollte, hatten sich noch ein paar würdige Zeitingerenten zu Wort gemeldet, so zum Beispiel I. G. Noranz, M. Tageule und Rosenbeißer selbst, der auf der Session zugegen war, denn seine ehrenwerten Kollegen hatten ihn schon aus Byzanz zurückgeholt. Da sie von vornherein das Ergebnis der Abstimmung kannten, die über meinen Direktorposten entscheiden sollte, hatten sie Julian Apostatas »Tod auf dem Schlachtfeld« (363) inszeniert, weil ihm soviel an der Anwesenheit bei diesem Schauspiel gelegen war. Bevor er sprach, bat ich in einer formalen Angelegenheit ums Wort, um zu fragen, seit wann denn byzantinische Kaiser das Recht besäßen, an den Beratungen des Instituts teilzunehmen, aber niemand geruhte, mir darauf auch nur zu antworten.

Rosenbeißer hatte sich besonders vorbereitet, er mußte bereits in Konstantinopel Material erhalten haben; niemand versuchte, diese groß eingefädelte Verschwörung auch nur vor mir zu verheimlichen. Rosenbeißer bezichtigte mich des Dilettantismus und der Vortäuschung von Kenntnissen auf dem Gebiet der Musik, die angesichts meines schlechten Gehörs zu erheblichen Entstellungen in der Entwicklung der theoretischen Physik geführt hätte. Das Ganze soll sich nach den Worten des Herrn Professors folgendermaßen zugetragen haben: Nachdem unser Hyperputer durch Fernsondieren die Intelligenz aller Kinder um die Wende des 19. zum 20. Jahrhundert untersucht hatte, entdeckte er kleine Bürschchen, die trotz ihres jugendlichen Alters fähig waren, das Prinzip der Gleichwertigkeit von Materie und Energie zu formulieren, was entscheidend für die Freisetzung der Macht des Atoms ist. Das waren unter anderem Pierre Solitaire, T. Adnokamenjak, Stanislaw Rasglas, John Onestone, Trofim Odinzew-Bulyshnikow, Aristides Monolapides und Giovanni Unapietra – neben dem kleinen Albert Einstein. Ich wagte den letzteren zu favorisieren, weil mir sein Geigenspiel so gefiel; nach Jahren kam es dadurch zum Bombenabwurf über Japan.

Rosenbeißer verdrehte die Tatsachen so schamlos, daß mir die Luft wegblieb. Das Geigenspiel hatte damit nichts zu tun. Der Verleumder wälzte seine eigene Schuld auf mich ab. Der Hyperputer, der prognostisch den weiteren Verlauf der Ereignisse modellierte, sagte eine Atombombe in Mussolinis Italien für die Relativitätstheorie Unapietras und eine Serie noch schlimmerer Kataklysmen für die übrigen Bürschchen voraus. Ich hatte mich für Einstein entschieden, weil er ein artiges Kind war, und dafür, daß es später zu den Atombomben kam, können weder ich noch er die Verantwortung tragen. Ich handelte entgegen den Ratschlägen Rosenbeißers, der empfahl, die Erde »prophylaktisch« von Kindern im Vorschulalter zu entblößen, damit die Atomenergie im sicheren 21. Jahrhundert entdeckt werden konnte, und er präsentierte mir sogar einen Chronizisten, der bereit war, diese Aktion auf sich zu nehmen. Natürlich verbannte ich diesen gefährlichen Menschen namens H. Errod sogleich nach Kleinasien, wo er sich ungeheuerliche Taten zuschulden kommen ließ; übrigens figurierten sie in einem der Anklagepunkte. Und was hätte ich denn mit ihm tun sollen? In *irgendeine* Zeit mußte ich ihn ja verbannen. Aber ich hätte mich auf eine Polemik mit solcherart präparierten Verleumdungen gar nicht einlassen sollen.

Als man durch Abstimmung über meine Entfernung aus dem Projekt entschieden hatte, befahl mir Rosenbeißer, unverzüglich in der Direktion zu erscheinen; ich fand ihn bereits in meinem Sessel sitzend vor – als den neuen Herrn Direktor. Was meint ihr, wen ich in seiner Umgebung erblickt habe? Aber natürlich: Goodlay, Gestirner, Astroianni, Starshite und die übrigen Pfuscher; Rosenbeißer hatte es bereits zuwege gebracht, sie aus all den Jahrhunderten, in denen sie saßen, zurückzuholen. Ihm selbst hatte der Aufenthalt in Byzanz sehr gut getan; während des Feldzuges gegen die Perser war er schlank geworden, sein Gesicht war sonnengebräunt, er hatte Münzen mitgebracht, auf denen sein eigenes Profil eingeprägt war, goldene Broschen, Siegelringe und eine Menge modischer Gegenstände, die er gerade seiner Clique zeigte, aber sogleich in der Schublade verschwinden ließ, als ich eintrat, und er blähte sich auf, thronte, redete durch die Zähne, ohne mich anzuschauen, jeder Zoll ein Kaiser. Das Triumphgefühl, das ihn erfüllte, mit Mühe unterdrückend, sagte er mir von oben herab, daß ich nach Hause zurückkehren könnte, wenn ich mich verpflichtete, gewisse Empfehlungen zu erfüllen. Ich sollte nämlich jenen Ijon Tichy, der die ganze Zeit über bei mir gewohnt hatte, dazu überreden, die Leitung des TEOPAGHIP zu übernehmen.

Mich durchfuhr ein Gedankenblitz. Erst in diesem Augenblick wurde mir klar, weshalb man *mich* auserwählt hatte – ich sollte zu mir selbst den Boten spielen! Die Prognose des Hyperputers blieb ja in Kraft, also eignete sich niemand besser für die Stellung des Direktors der Geschichtsausbesserung. Sie handelten nicht aus Edelmut – davon hatten sie nicht für einen Sechser –, sondern aus reiner Berechnung. In der Tat, I. Tichy, der mich zu dieser Unternehmung überredet hatte, war ja in der Vergangenheit verblieben und bewohnte mein Haus. Ich begriff außerdem, daß sich der Zeitkreis erst dann schließen würde, wenn ich – *nunmehr ich* – in die Bibliothek stürzen und beim Bremsen des Chronozykels alle Bücher von den Regalen stoßen würde. Jenen Tichy würde ich in der Küche mit der Bratpfanne in der Hand vorfinden und ihn durch mein unerwartetes Erscheinen überraschen, denn jetzt trat ich in der Rolle eines Sendboten der Zukunft auf, während er, der Hausbewohner, derjenige sein würde, zu dem ich mit der Mission kam. Das scheinbar Paradoxe der Situation war eine Folge der unvermeidlichen Relativität der Zeiten, die die Beherrschung der chronomotionalen Technologie mit sich bringt. Die Niederträchtigkeit des Plans, den der Hyperputer ausgeheckt hatte, beruhte darauf daß er einen doppelten Kreis in der Zeit geschaffen hatte: einen kleinen in einem großen. In dem kleinen Kreis hatte ich mich am Anfang mit meinem Doppelgänger gedreht, bis ich schließlich meine Zustimmung zu meiner Reise in die Zukunft gab. Aber dann blieb der große Kreis weiterhin offen; deshalb begriff ich damals nicht, woher *er* in diese zukünftige Epoche geraten war, aus der er, wie seinen Worten zu entnehmen war, ja kam.

In dem kleinen Kreis war ich immer noch der frühere und er der spätere I. Tichy. Erst jetzt sollten sich die Rollen umkehren, denn die Zeiten hatten sich umgestellt: Ich kam jetzt zu ihm als ein Sendbote aus der Zukunft – er, gegenwärtig schon der *frühere,* sollte das Steuer des Projekts nun in seine Hände nehmen. Kurzum: Wir sollten endgültig unsere Orte in der Zeit austauschen. Ich begriff nur nicht, warum er mir das damals in der Küche nicht verraten hatte, aber auch das erkannte ich sehr bald, denn Rosenbeißer verlangte von mir mein Ehrenwort, tiefes Schweigen über alles zu bewahren, was im Projekt geschah.

Wenn ich mich weigerte, das Geheimnis zu wahren, würde ich statt eines Chronozykels eine Pension erhalten und nirgendwohin verreisen. Was sollte ich also tun? Diese Betrüger wußten, daß ich mich nicht weigern würde. Ich hätte abgelehnt, wenn ein anderer Mensch für meinen Posten kandidiert hätte, aber wie konnte ich mir, als meinem Nachfolger, nicht vertrauen? Somit hatten sie in Gedanken an eine solche Möglichkeit ihren raffinierten Plan ausgeheckt!

Ohne alle Ehrungen, ohne Pomp, ohne ein gutes Wort des Dankes, ohne jegliche Abschiedsfeierlichkeit, im tiefen Schweigen der einstigen Mitarbeiter, die mir von früh bis spät lauter Honig um den Bart geschmiert und sich in der Bewunderung meiner geistigen Horizonte geradezu überboten hatten, während sie mir jetzt den Rücken zukehrten – schritt ich zur Starthalle. Eine gemeine Bosheit veranlaßte die ehemaligen Untergebenen, mir das klapprigste Chronozykel zu geben, das sie auftreiben konnten. Ich wußte nun auch schon, warum ich bestimmt nicht imstande sein würde zu bremsen und weshalb ich daher alle Bücherregale umstoßen würde! Aber auch dieser letzte Affront focht mich nicht an. Obwohl das Chronozykel an den Jahrhundertwenden (das sind die sogenannten säkularen Durchbrüche) scheußlich hin und her schleuderte, weil die Dämpfer nicht funktionierten, verließ ich das 27. Jahrhundert ohne Zorn oder Bitterkeit, nur an das eine denkend, wie es wohl meinen Nachfolger bei der Telechronischen Optimalisierung der allgemeinen Geschichte ergehen würde.

STANISLAW LEM

Einen tiefen, furchtsamen Blick warf er gegen Heinrich und sagte: »Ich werde öffnen; denn ich halte immer gesperrt.«

Und er drehte große Schlüssel in dem knarrenden Schlosse – aber es war lächerlich, zu schließen, wo nichts zu verschließen war; denn alle Mauern klafften, eine breite, sanfte Treppe führte zu Schutt, durch die Fenster wehte die Luft, kein Getäfel und Holz war mehr zu schauen, der Marmor der Gänge und Säle war erblindet, steinerne Stiegen hingen in der Luft, Mörtel rollte und rieselte allseits, ein buntes Lichterspiel flimmerte, und hellgrüne Pflanzen taumelten, wo ein Lüftchen zog oder ein Strahl hinküßte. Über eine jener hängenden, schief gesunkenen Stiegen mußte das Mädchen zu dem hohen Balkone gelangt sein.

Nachdem sie über Kalkhügel und Steinhaufen gegangen, durch Breschen und Türlöcher gekrochen, ohne das mindeste Merkwürdige getroffen zu haben, verlangten sie hinaus, und der Greis führte sie durch ein anderes Tor, das er ebenfalls sorgsam hinter sich verschloß, in den Garten des Hauses. Es war ein langes Viereck, zu dessen beiden Seiten Mauerwerk lief, nicht hoch über dem Boden zwei lichte, freundliche Säulengänge führend. Von hinten war das Viereck durch einen mächtig großen Marmorfels geschlossen.

Wenn ein Wald oder Garten auch eine Ruine sein könnte, so wäre es dieser gewesen. Eingesunkne Gartenbeete, blecherne Blumentäfelchen mitten im Grase, eine fröhliche Wildnis von Unkraut, ein verdorrter Obstbaum, ein anderer ein bloßer Pflock mit zwei grünen Wasserschößlingen, ein dritter mit herrlicher Frucht, eine zwecklose späte Gabe – die Pfirsichzweige an der Wand, einst die Liebe und der Stolz des Herrn, hingen seitwärts, unangebunden, unfruchtbar, wie schlechte Weidenruten – eine Ulme war emporgeschossen und streckte ihre Zweige lustig in den Säulengang hinein. Tausend Bienen und Käfer summten und arbeiteten in den üppigen Blüten des Unkrautes.

Mitten hindurch aber ging ein breiter, schöner Weg, als wäre täglich jemand darauf gewandelt, oder als wäre er gestern erst gemacht worden. Heinrich hatte auch bemerkt, daß in der Ruine von dem einen Tore bis zum anderen über die Schutthügel ordentlich ein getretener Weg laufe. Sie gingen den Garten entlang. Wie sie immer näher kamen, so stieg ihnen der rote Fels stets größer entgegen, und Heinrich bemerkte endlich, daß in denselben eine hohe Pforte gehauen war, mit einem eisernen Tore verschlossen, daran eiserne Schlösser hingen, mit dem gräflichen und den Gerichtssiegeln versiegelt. Es war dieser Felsen der sogenannte rote Stein, in dem die Lebenserzählungen aufbewahrt waren, und dessen Bedeutung Heinrich von Robert aus den Gerichtspapieren erfahren hatte.

Seitwärts dem roten Steine war der Kirchhof des Schlosses. Ein anderes Tor, nicht massiv, nicht versiegelt, sondern ein hohes, breites Eisengitter, führte hinein. Es war auch ein Garten, aber statt der Blümlein war nur ein dunkler hingehender Rasen, statt des Obeliskes ein weißes Kruzifix in Mitte von vier Linden, und statt des Gartenhauses eine Kapelle, von den Eichen überschattet, die draußen in dem Walde des Julian standen.

»Die Bücher, so in dem Gewölbe dieses roten Steines sind«, sagte Ruprecht, »reden nur zu den Leuten, die aus dem Blute unsrer Grafen stammen, und jeder Tropfen ist aufgeschrieben, der seit siebenhundert Jahren aus einem ihrer Herzen rann, und keiner darf die Schrift lesen, der nicht ein Kind desselben Geschlechtes ist. Ihr seht, daß die Tore des Steines versiegelt sind, Ihr könnt nicht hinein, aber zu dem andern habe ich die Schlüssel.«

Und er schloß das Gitter auf und führte sie durch eine heitere Allee von Linden auf den Kirchhof. Es war der stillste Ort, den Heinrich noch auf dem Berge gesehen hatte, fast zum Frieden und Schlummer ladend; denn von drei

Seiten war er durch den Eichenwald des Julian umgeben, so daß beinahe kein Lüftchen, ja kein Ton von außen zu dieser Insel dringen konnte: von der vierten Seite stand das alte Schloß und die Lindenallee, grau und grün gemischt – und von oben war die tiefe Bläue des Himmels und das niederfließende Gold der Sonne. Auch war jene wimmelnde Bevölkerung von Kreuzen und Zeichen nicht da, womit sonst so gerne die Erhabenheit eines Totengartens zerstört wird, und womit der Mensch seine armen Flitter auch in dieses ernste Reich hinüber trägt, sondern auf dem gleichen Rasen waren nur einige unbedeutende Merkmale, die Ruhestelle treuer Diener des Hauses bezeichnend, und in der Mitte stand ein hohes Kreuz von weißem Marmor, als Zeichen des allgemeinen Friedens und der allgemeinen Gleichheit. Viele Mitglieder des Geschlechtes ruhten ohne Grabmerkmal, wie sie es verordnet, unter der allgemeinen einfachen Decke des Rasens; andere aber lagen mit Wappen, Zeichen, Zierden und Prunk in der weitläufigen Gruft hinter der Kapelle. Heinrich und Robert stiegen in diese Gruft hinunter; Ruprecht, der sie ihnen aufgeschlossen hatte, blieb oben auf einem Marmorwürfel sitzen, der aussah wie ein unfertiger Grabstein. Die Gruft hatte nichts anderes, als eben Grüfte zu haben pflegen: Särge, Wappen, Vergänglichkeit – alles bedeckt mit Pomp und Moder, nur ein einziger Sarg stand da, ganz einfach von Eichenholz gezimmert, ohne das geringste Zeichen, ja sogar ohne Namen. Sie stiegen nach einiger Betrachtung wieder hinauf, und wie sie aus dem dunklen Tore der Kapelle ins Freie traten, hörten sie ein plötzliches Rauschen, und sahen noch das Wegflattern des Gewandes und den Sprung des Hundes. Das wilde, scheue Kind, Pia, war in ihrer Abwesenheit bei Ruprecht gewesen und hatte bei ihrer Ankunft die Flucht ergriffen; sie sahen nur noch, wie sie hinter einen Holunderbusch, der an der Kirchhofmauer stand, verschwand, aber dort stehen blieb, und durch eine Öffnung ihr schönes Gesichtchen herausbog und halb dreist und halb geschreckt mit den übernatürlich glänzenden schwarzen Augen die Fremden anstarrte – aber wie sich Robert nur regte, so zuckte sie weg und wurde erst viel später wieder gesehen, wie sie mit Hüon auf einer roten Felskuppe stand. Von da an sah man sie bis gegen Abend nicht wieder. Heinrich konnte sich eines unheimlichen Gedankens nicht erwehren, wenn er sich diese zwei Wesen als die einzigen Bewohner des Berges dachte; den märchenhaft alten, blödsinnigen Mann und das verwahrloste, zartgliedrige Wesen, das in seiner Gesellschaft zu einem Wüstenvogel aufwachsen muß, der entsetzt aufflattert, wenn ihm die schöne Bildung eines Menschenantlitzes sichtbar wird. »Sie ist stille und gut«, sagte Ruprecht, nachdem er die Kirchtüre gesperrt und den Schlüssel wieder zu den anderen genestelt hatte, »sie saß die ganze Zeit, als Ihr in dem Gewölbe unten waret, hier auf dem weißen Steine und atmete ihr Laufen aus, und von dem Händchen quoll ein Blutstropfen, weil Ihr sie an den alten Mauern so erschreckt habt, und sie fragte, wer Ihr seid, und warum ich Euch denn nicht erschlüge, wie den Wolf, der auch im Winter in die Fichtenallee gekommen ist und mit Hüon spielen wollte. – – Sie wußte nicht, auf welchem traurigen Steine sie saß und die Worte von den Menschen und Wölfen redete. – – Sehet, dieses Ding da sollte, als er ihren Tod erfuhr, nach dem Vorbilde gemeißelt werden, worunter Chelion liegt; aber als Ihr das große Pergament brachtet, Herr Syndikus, und von seinem Begräbnisse erzähltet, da raffte der Werkmeister den Hammer und Meißel zusammen und ging fort, daß nun der eichene Sarg ohne Namen unten stehen muß, und der Grabstein ohne Bedeutung hier oben liegen. Auch der Konterfeier ging fort und ließ die schönen, grünen, seidnen Vorhänge hängen – und sie hängen noch dort; denn das Grüne hat er sehr geliebt – – und Ihr müsset sie beide züchtigen, Erlaucht, die ungetreuen Knechte. Ach alles, alles ist nicht fertig geworden.«

ADALBERT STIFTER

Vor dem *White Hart Inn* zu Spilsby kam die Kutsche an, und John fragte nach Post.

Kein Brief von Dr. Brown, keine Arbeit! Nur Eleanor Porden hatte geschrieben, einen langen Brief, denn sie schrieb gern. John verschob das Lesen auf einen besseren Tag.

In Spilsby hatte sich viel verändert. Und der alte Ayscough wartete nicht mehr auf Kutschen und Reisende. John fand seinen Grabstein neben dem Turm von St. James.

Den Schäfer hatten sie vor wenigen Monaten als Brandstifter verurteilt und nach Botany Bay deportiert. Er hatte die drei großen Gutsscheunen angezündet. Warum tat er das aber? Schade um ihn.

Und Tom Barker war, als er zu Fuß durch die Wälder ging, von Wegelagerern beraubt und erschlagen worden. Er hatte sich wohl verteidigt. Wer erschlug schon gerne einen Apotheker?

Die Familie Lound wohnte nicht mehr in Ing Ming. Bei Nacht, so hieß es, seien sie über die Gemeindegrenze fortgegangen. Ihr Ziel sei Sheffield gewesen, die Kohlenstadt, wo die Dampfpumpen nickten. Da gebe es jetzt Arbeit.

Von Sherard hatte keiner etwas gehört.

John ging wieder nach Bolingbroke und dachte grimmig: Ich kann warten!

Gegen den Betrag von einem Pfund, zehn Schillingen und Sixpence trat er der Ersten Lesegesellschaft von Horncastle bei. Es war eine Menge Geld, aber dort waren fast achthundert Bücher auszuleihen, und John wollte seine Wartezeit nutzen. Mit Cooks Reisebeschreibungen bestieg er die Kutsche nach Louth. Er wollte mit Dr. Orme ausführlich über den Nordpol sprechen.

Aber Dr. Orme war tot. Im vorigen Jahr war er aus guter Gesundheit heraus plötzlich umgefallen. In der Kirche fand John eine Tafel, die alle seine akademischen und kirchlichen

Titel aufzählte. Es waren viele, man hatte immer nur die Anfangsbuchstaben einmeißeln können.

Am Gebrochenen Genick wohnte längst der Nachfolger. Dieser übergab John ein in dünnes Leder eingeschlagenes, vielfach verschnürtes und versiegeltes Paket mit der Aufschrift: »John Franklin, Leutnant der Royal Navy, zu eigenen Händen«. Der Schulmeister vermutete: »Es wird eine Bibel sein.« Er bot John an, sich zu setzen und nachzusehen, aber der lehnte ab. Er ging lieber wieder auf den Friedhof, denn er wollte für sich sein, wenn er Dr. Ormes Zeilen las.

In dem Paket lagen zwei Handschriften. Die eine hieß:

»Die Entstehung des Individuums
durch Geschwindigkeit
oder:
Beobachtungen zu dem aparten Zeitmaß, welches
GOTT
jedem einzelnen Menschen eingepflanzt,
dargestellt an einem hervorragenden Exemplar.«

Die andere Schrift trug den Titel:

»Abhandlung über nützliche Vorkehrungen,
welche geeignet sind, dem trägen Auge
Bewegungen vorzuspiegeln,
anwendbar zur Erbauung und Belehrung und
zur Verkündigung der Botschaft des
HERRN.«

Im Begleitbrief stand nur: »Lieber John, bitte lies die beiden Hefte durch und schicke sie mir dann zurück. Ich möchte gern Deine Meinung hören.« Gruß, Unterschrift – das war alles.

Zum Weinen war da nichts. Es klang so munter und kurz – dieser Briefschreiber hatte nicht mit dem Tod gerechnet. John sah gleich in die Schriften hinein, so als warte Dr. Orme wirklich auf eine rasche Antwort.

Das erste Manuskript beschrieb ihn, John, ohne seinen Namen zu nennen. Er hieß da »der Schüler F.«. Ihm wurde etwas beklommen zumute, und er wußte nicht, warum. Er wandte sich sofort der zweiten Schrift zu, zumal sie farbige Skizzen enthielt. Auch schienen ihm bei den »Nützlichen Vorkehrungen« die Sätze viel kürzer zu sein als bei der »Entstehung des Individuums«.

John verbarg die Schriften vor seiner Schwester und den anderen, die im Haus wohnten. Er wollte nicht, daß jemand Dr. Ormes Gedanken studierte, bevor er selbst sie kannte.

Zum Lesen ging er hinaus an den Fluß. In Bolingbroke stand die Ruine eines Schlosses, in dem früher einmal ein König geboren worden war. Auf der Sockelmauer des zusammengestürzten Torhauses saß John den ganzen Tag. Am Fluß weideten Kühe und eine Ziege. Ab und zu kamen Stechfliegen. John ließ sie stechen und las weiter.

Die wichtigste der nützlichen Vorkehrungen, von denen bei Dr. Orme die Rede war, hieß Bilderwälzer. Das war ein Apparat, in den ein großes Buch eingespannt war. Mit Hilfe eines starken Mechanismus wurden die Seiten in blitzschneller Folge umgeblättert. Auf jeder Seite war ein Bild aufgemalt, das sich von dem vorigen jeweils nur durch geringfügige Veränderungen unterschied. So entstand, wenn innerhalb weniger Sekunden sämtliche Buchseiten zu sehen waren, die Illusion eines einzigen, und zwar bewegten Bildes. Dr. Orme behauptete, die Sinnestäuschung trete nicht nur bei langsamen, sondern bei allen Menschen ein. Er mußte es wissen, er hatte es zweifellos an der schnellen Haushälterin ausprobiert. John nahm sich vor, mit ihr darüber zu sprechen. Wo waren überhaupt die Geräte? Verkauft, zerlegt oder in einer Dachkammer am Gebrochenen Genick? John fühlte, wie ihn die neue Idee gefangennahm. Morgen wollte er gleich wieder nach Louth fahren. Dr. Orme schrieb auch, wie er seine Erfindung nutzbar machen wollte. Mit einer Laterna magica wollte er das vom Wälzer hergestellte Bild optisch übertragen und auf die Wandfläche eines dunklen Raumes weiterleiten. So konnte eine Anzahl von Menschen in bequemer Haltung eine ganze Geschichte in bewegten Bildern erleben. Auch ohne Worte würden sie begreifen, wie ein Vorgang aus dem anderen folgte. Sie hatten am Ereignis teil, ohne in Gefahr geraten oder Fehler machen zu können.

Johns Kopf war ganz von Dr. Ormes Erfindungsgeist angesteckt, zumal einige Probleme noch nicht gelöst waren.

So war für längere Geschichten eine schier riesenhafte Seitenzahl nötig. Es mußten ohnehin mehrere Künstler viele Monate lang an einem solchen Wälzbuch malen. Ferner lag in dem großen Seitenumfang auch eine technische Schwierigkeit. Man mußte es bewerkstelligen, mehrere Wälzer so einzuspannen, daß ohne Verzögerung immer der nächste einsetzte, wenn der vorige zu Ende ging. Ein drittes Hindernis war die optische Übertragung. Dr. Orme zweifelte, ob es Lichtquellen gäbe, die stark genug leuchteten.

Hierin sah John kein Problem. Die neuen Leuchttürme konnten mit ihren silbernen Hohlspiegeln meilenweit strahlen – so etwas mußte sich auch im Saal verwenden lassen. Das wirkliche Hindernis schienen ihm die Künstler zu sein. Er konnte sich nicht vorstellen, daß ein William Westall es fertigbringen würde, tausendmal die gleiche Landschaft zu zeichnen, immer um ein geringes verschoben. Er würde jedes Bild mit anderen Ahnungen und Stimmungen malen. Die Künstler waren ganz deutlich der schwächste Punkt!

Dr. Orme schlug vor, erhabene Augenblicke der englischen Geschichte darzustellen, aber möglichst nichts Kriegerisches, sondern vor allem Bilder vom friedlichen und geordneten Staatsleben »wie in einem bewegten Panorama«. Er dachte an Bilder von Versöhnung und gemeinsamem Gebet, von der glücklichen Heimkehr eines Schiffes, an Beispiele von Edelmut und zärtlichem Betragen, die zur Nachahmung reizten. Göttliche Wunder hingegen schloß er gleich aus. Die Speisung der Fünftausend oder die Heilung der Aussätzigen seien kein Thema, denn das hieße Gott nachäffen.

Es war dunkel geworden. John dachte über die Speisung der Fünftausend nach, packte die Hefte ein und wanderte zurück. Er verirrte sich beinahe, so tief grübelte er über das

Gelesene nach. Jetzt hätte er gern mit Sherard Lound darüber gesprochen.

Kurz nach dem Einschlafen schreckte er noch einmal hoch.

»Druckmaschinen!« murmelte er, »besondere Druckmaschinen, die tausendmal das gleiche drucken und doch für die Veränderungen sorgen!« Aber woher das Geld nehmen?

Damit schlief er ein.

In Louth wußten weder die Haushälterin noch der Schulmeister über Dr. Ormes Experimente Bescheid. Es gab auch keine Geräte mehr. Was sich an Metall- und Holzteilen, Kurbeln und Schrauben angefunden hatte, war an mehrere Handwerker verkauft worden. Und in den nachgelassenen Schriften war nichts weiter aufgetaucht, was auf den Bilderwälzer hinwies. Nachdenklich fuhr John wieder zurück. Eine Idee, die er aus Geldmangel nicht verwirklichen konnte, war ein schlechter Zeitvertreib. Außerdem konnte ihn so etwas unter Umständen vom Nordpol abhalten, und das kam nicht in Frage.

Aber er wollte in der Wartezeit nicht tatenlos sein. Irgend etwas Ehrenhaftes mußte sich finden lassen, möglichst etwas, das auch Geld einbrachte.

Die Dorfbewohner und die Gutsbesitzer behandelten ihn jetzt aufmerksamer – das machten seine Statur und die Narbe auf der Stirn. Wenn er jemanden bat, das Gesagte zu wiederholen, dann wurde er nicht mehr verspottet und stehengelassen, sondern hörte erst eine Entschuldigung und dann die Wiederholung.

Für einen erwachsenen Mann war das Land direkt angenehm.

Einen Versuch wollte John aber noch machen. Ein möglicher Förderer des Bilderwälzers war unter den Mitgliedern der Lesegesellschaft der Apotheker Beesley, ein zartgesichtiger Kräutersammler, wohlhabend und von leidenschaftlichem Wesen. Seine Liebe galt der englischen Geschichte. Er hörte sich Johns Bericht über die Erfindung genau an.

»Ein guter Einfall! Ich bin neugierig, ob er funktioniert.«

Irgend etwas schien ihn aber zu stören. »Sagen Sie, Mr. Franklin, wie kommt Dr. Orme auf Geschichtsbilder? Den Geist der Zeit kann man mit Bildern nicht fassen.«

John befürchtete schon jetzt, daß Mr. Beesley recht hatte.

»Geschichte, ernsthaft betrieben, gehört zum Ungewissen. Und ein Bild ist etwas Gewisses.«

Behauptungen, die einen Gegensatz aufstellten, klangen im ersten Moment immer richtig, jedenfalls für Johns Ohren. Aber er wollte nicht klein beigeben. Darum sprach er eindringlich von der Besserung des Menschen durch gute Beispiele.

»Den Menschen bessern! Das können nur dreierlei Dinge: das Studium der Vergangenheit, die gesunde Lebensweise in der Natur und bei Krankheiten die Arznei. Alles andere bessert nicht, es ist nur Politik oder Zerstreuung.«

John wurde klar, daß er diesem Apotheker nicht imponieren konnte. Ob er ihm vom Nordpol erzählen sollte? Aber er sah die Art der Antwort voraus. Daher sprach er nur ein wenig über sich selbst. Beesley freute sich und wurde väterlich.

»Bei der Beschäftigung mit Geschichte ist Langsamkeit ein Vorzug. Der Forscher verzögert die rasenden Vorgänge von damals, bis sein Verstand sie fassen kann. Dann aber weist er dem schnellsten König nach, wie er im Gefecht hätte handeln sollen.«

John war verdutzt. Der Apotheker scherzte doch hoffentlich nicht? Überhaupt hatte er etwas Undurchsichtiges und Entrücktes.

Aber schon bald änderte sich das. Er wurde plötzlich so eifrig, daß John ihn wieder für einen ehrlichen Mann halten konnte.

»Keine drei Meilen von hier! Engländer gegen Engländer! Und noch heute kommen aus dem Feld von Winceby ihre Knochen zutage, wenn gepflügt wird. Es wachsen dort andere Blumen als irgendwo sonst. Das meine ich, Mr.

Franklin, dieses Gefühl! Zu wissen, was im Lauf der Jahrhunderte auf einem Fleck Erde geschehen kann. Das weitet den Blick und die ganze Person.«

John wußte jetzt, was den Apotheker wirklich bewegte, und er hatte Respekt davor.

»Weite des Horizonts«, erklärte Beesley, »ist das Höchste, was ein Mensch erreichen kann.«

John versuchte das von der sphärischen Trigonometrie her zu bedenken, aber Beesley war längst weiter:

»Ich arbeite an einer Geschichte von Lincolnshire mit Berücksichtigung der edlen Familien«, fuhr er fort, »da gibt es Stammbäume zu verfolgen, Chroniken zu lesen, Besitzverzeichnisse zu prüfen und sich in hohe Häupter einzufühlen. Helfen Sie mit!«

Beesleys Kinn hüpfte beim Sprechen auf und ab wie eine gefangene Maus, das störte beim Zuhören. John zögerte.

»Geschichte ist der Umgang mit Größe und Dauer. Sie läßt uns über die Zeit erhaben sein.«

»Nun bin ich aber Seemann«, wandte John ein.

»Und wo ist Ihr Schiff?«

John dachte nach. Es gab so weniges, bei dem Langsamkeit eine Tugend war. Sich über die Zeit zu erheben – das lockte. Aber verdienen konnte er damit nichts.

[...]

Zweifel, nichts als Zweifel. Auf See gab es das nicht.

Er liebte Flora nur halbherzig, er wußte es. Es reichte, um ihr beizuwohnen. Ihre Idee war dauerhaft, das schuf Ruhe. Aber jetzt begann Flora Reed sich zu ändern. Hielt die Idee das aus? Wieviel war die Menschenpflicht wert, wenn sie nur eine Klammer war? Oder war er es, John, der sich änderte? Alles war »halb« hier an Land, er selbst auch.

John tauchte aus dem Netz der Menschheitsregeln wieder auf. Sie waren wie ein Element, in dem er sich nur mit angehaltenem Atem bewegen konnte. Zum Luftschöpfen mußte er heraus, auch wenn er noch so lange den Atem anhalten konnte.

Er fing an, Flora zu ärgern. Er sagte etwa: »Der Mensch muß sich über die Zeit erheben können.«

»Was ist denn mit Sonne und Gegenwart?« spöttelte sie. Jetzt hatte sie dieses dünne Lächeln, das John nicht einmal bei sich selbst mochte. Er und Flora hatten in der Liebe einen Ausweg gesucht, ohne es zu wissen. Jetzt wußten sie es, und es war keiner.

John wurde immer ketzerischer. »Ist es denn bewiesen, daß man Elend immer direkt begreifen kann?« fragte er. Oder: »Wieso gibt es nur ein Elend? Ich behaupte, es gibt viele, uns sie haben nichts miteinander zu tun.« Er machte Flora manchmal so traurig, daß sie nur wenig antworten wollte. Er war es dann auch.

Das Gebot, sich stets mit dem Menschheitswichtigen zu beschäftigen, ergriff notwendig immer mehr Gedanken und Handlungen. John ahnte, daß er sich, einfach aus Pflicht zur Gleichheit, eines Tages selbst für austauschbar halten würde. Von der Kriegsmarine her wußte er aber ganz genau, wie es war, wenn Eigenes unwichtig wurde. Es blieb dann nur der Ausweg in die Schnelligkeit. »Besser« war einer dann nur noch, wenn er das gleiche schneller tat. Und diese Möglichkeit hatte er nicht.

Längst hatte er mit Flora darüber zu sprechen versucht. Aber sie kannte die Kriegsmarine nicht.

Es mußte etwas geschehen.

Am frühen Morgen ging er aus dem Haus. Er nahm die Straße nach Enderby, wandte sich dann nach Osten, erreichte Hundleby und Spilsby und hielt aufs Meer zu, diesmal ohne durch Hecken zu kriechen. In Ashby strich ein magerer Junge einen Zaun. In Scremby grüßte ihn ein Alter und ließ darüber die Pfeife ausgehen: Zu Fuß gingen nur Arme und Dicke so weit übers Land.

Von Gunby Hall her hörte John die Schüsse einer Jagdgesellschaft durch die Wälder. Der Landadel jagte Füchse, schoß Fasanen und dachte sich verschärfte Gesetze gegen Wilddiebstahl aus. John las das Land jetzt anders und mißbilligte viel. Etwa daß man Zwölfjährige, wenn sie bloß ein kleines Stück Fleisch gestohlen hatten, nach Van Diemen's Land brachte, wo keiner sie kannte. Er übernachtete in Ingoldmells, saß dann einen Tag lang auf dem Deich und studierte die Sandarbeit des Meeres, als sähe er sie zum ersten Mal. Aus dem Rauschen der Dünung meinte er ein Gewirr von Stimmen zu hören, wie wenn Schiffe unterwegs wären. Da wurde kommandiert, gesungen, gewitzelt, geflucht. Spieren knarrten, und Taljenblöcke zwitscherten. »Ausfahren«, hieß es, »Belegen«, hieß es, »an die Marsfallen. Hol steif. Heiß Marssegel.«

Er brauchte die Bewegungen des Meeres, und das Segeln war ihm wichtiger als das Atmen.

So träumte und dachte er. Er sah auch Bilder: Flußbiegungen, Boote, wilde Tiere, gefährliche Augenblicke. Jetzt erschienen Eisberge, Schollen knirschten unter dem Kiel, dann öffnete sich eine weite, glitzernde Durchfahrt. Der Eisgürtel verschwand, und der Polarsommer tat sich auf und mit ihm das Land, wo die Zeit nicht drängte. Das war seine Heimat, nicht Lincolnshire, nicht England. Die ganze übrige Welt konnte zu dieser Heimat nur ein erstes Stück sein – etwas zum Hindurchwandern.

Er ging zurück nach Ingoldmells und nahm die Postkutsche nach Bolingbroke. Durchs Fenster sah er, wie die Hecken und Feldwege vorbeizuckten, und dachte sich: Ihre Bewegung täuscht. Sie sind es, die hier gefangen liegen, während nur ich und die fernen Berge wirklich auf der Reise sind.

Dann fiel ihm Leutnant Pasley ein. Der hatte jetzt ein eigenes Schiff. Und Walker kommandierte einen Vierundsiebziger. Um die Kanonen beneidete er sie nicht, aber ums Fahren.

Kapitän mußte er werden! Den Pol finden! Danach würde er sich wieder um das Land kümmern, danach!

Die englische Geschichte war Beesleys Sache, das Elend der Welt die von Flora, und die Erfindung von Geräten gehörte zu Dr. Orme und seinen Nachfolgern, aber nicht zu John. Und was Dr. Orme über den Schüler F. geschrieben hatte, das wollte er erst lesen, wenn er zweiundachtzig Grad nördlicher Breite erreicht hatte.

Der Entschluß stand fest: er wollte es bei den Walfängern versuchen. Er saß Flora gegenüber, streichelte ratlos ihre Knie und begann eine wohlüberlegte Erklärung über die Menschenpflicht: »Wenn ich dem Herd des Nachbarn Feuer bringen will, was nützt es, daß ich die Richtung weiß und tüchtig marschiere. Meine Fackel muß auch richtig brennen. Was nützt es, wenn eine Bewegung zwar stimmt, aber zu früh kommt?«

»Laß nur«, meinte Flora, »mit Beispielen hast du es nicht so. Ich bin nicht dieser Nachbar.«

Sie sah ihn so unverwandt an wie beim ersten Mal, aber ihr Blick war dunkel. John merkte, daß er im Augenblick so dumm war wie sein Vorgänger, der Prediger. Lag es vielleicht an Flora? »Es kann doch sein, daß die Sache mit dem Eismeer Unsinn ist und daß ich bald zurückkomme...« John merkte, daß er log.

Sie schwieg. Dieses Schweigen. Eine Tyrannin war sie geworden.

»Vielleicht siehst du mich bald wieder. Ich komme zurück und werde Redakteur.« Das Lügen wurde ihm immer lästiger.

»Und die Fackel brennt dann?«

»Möglich. Ach nein, es ist Unsinn. Ich weiß das alles nicht.«

Flora putzte sich die Nase.

»Du bist kein Redakteur. Gott segne dich!«

Sie küßte ihn. Dann ging er. Himmel, was war er froh, daß er sie los war! Vor Freude fühlte er nicht einmal Mitleid.

Als er nach Hause kam, um sich von Vater und Schwester zu verabschieden, stand vor der Tür eine fremde Kutsche. Aus ihr stieg ein Gentleman namens Roget, Peter Mark Roget. Er überbrachte Grüße von Dr. Brown aus London.

»Ich habe übrigens diese Schrift über den Bilderwälzer gelesen. Es ist schade, daß der Autor schon gestorben ist. Ich interessiere mich für optische Phänomene sehr, Sie sollten einmal mein Kaleidoskop sehen. Ich hoffe, wir können uns demnächst unterhalten.«

»Nein«, antwortete John. »Ich habe mich entschieden. Es gibt viele wichtige Ideen, aber ich folge meinem eigenen Kopf.«

Mr. Rogets Miene bekam mit einem Mal etwas Spähendes.

»Sie werden in England bleiben?«

»Nein. Ich werde wieder zur See fahren. Irgendwann will ich sogar den Nordpol erreichen. Das gelingt mir aber nicht, wenn ich in England bleibe.«

»Dann nehme ich allerdings an, daß wir uns doch bald unterhalten werden.« Mr. Roget begann sich sichtlich zu amüsieren. »Der Präsident der Royal Society hat mich zu Ihnen geschickt, Sir Joseph Banks – er ist zur Zeit drüben auf seinem Landsitz in Revesby. Wollen Sie mich vielleicht zu ihm begleiten?«

John schwieg verdutzt und begann zu ahnen.

»Er kennt Sie, er hat gelesen, was Sie über den Kompaß von Flinders geschrieben haben. Er und Sir John Barrow, der erste Sekretär der Admiralität...«

»Worum geht es?« fragte John heiser.

Mr. Roget zögerte.

»Eigentlich wollte Sir Joseph Ihnen das selbst sagen. Sie – werden in Deptford ein Schiff übernehmen und zum Nordpol fahren!«

Ein einfacher junger Mensch reiste im Hochsommer von Hamburg, seiner Vaterstadt, nach Davos-Platz im Graubündischen. Er fuhr auf Besuch für drei Wochen.

Von Hamburg bis dorthinauf, das ist aber eine weite Reise; zu weit eigentlich im Verhältnis zu einem so kurzen Aufenthalt. Es geht durch mehrerer Herren Länder, bergauf und bergab, von der süddeutschen Hochebene hinunter zum Gestade des Schwäbischen Meeres und zu Schiff über seine springenden Wellen hin, dahin über Schlünde, die früher für unergründlich galten.

Von da an verzettelt sich die Reise, die so lange großzügig, in direkten Linien vonstatten ging. Es gibt Aufenthalte und Umständlichkeiten. Beim Orte Rorschach, auf schweizerischem Gebiet, vertraut man sich wieder der Eisenbahn, gelangt aber vorderhand nur bis Landquart, einer kleinen Alpenstation, wo man den Zug zu wechseln gezwungen ist. Es ist eine Schmalspurbahn, die man nach längerem Herumstehen in windiger und wenig reizvoller Gegend besteigt, und in dem Augenblick, wo die kleine, aber offenbar ungewöhnlich zugkräftige Maschine sich in Bewegung setzt, beginnt der eigentlich abenteuerliche Teil der Fahrt, ein jäher und zäher Aufstieg, der nicht enden zu wollen scheint. Denn Station Landquart liegt vergleichsweise noch in mäßiger Höhe; jetzt aber geht es auf wilder, drangvoller Felsenstraße allen Ernstes ins Hochgebirge.

Hans Castorp – dies der Name des jungen Mannes – befand sich allein mit seiner krokodilsledernen Handtasche, einem Geschenk seines Onkel und Pflegevaters, Konsul Tienappel, um auch diesen Namen hier gleich zu nennen –, seinem Wintermantel, der an einem Haken schaukelte, und seiner Plaidrolle in einem kleinen, grau gepolsterten Abteil; er saß bei niedergelassenem Fenster, und da der Nachmittag sich mehr und mehr verkühlte, so hatte er, Familiensöhnchen und Zärtling, den Kragen seines modisch weiten, auf

Seide gearbeiteten Sommerüberziehers aufgeschlagen. Neben ihm auf der Bank lag ein broschiertes Buch namens »Ocean steamships«, worin er zu Anfang der Reise bisweilen studiert hatte; jetzt aber lag es vernachlässigt da, indes der hereinstreichende Atem der schwer keuchenden Lokomotive seinen Umschlag mit Kohlenpartikeln verunreinigte.

Zwei Reisetage entfernen den Menschen – und gar den jungen, im Leben noch wenig fest wurzelnden Menschen – seiner Alltagswelt, all dem, was er seine Pflichten, Interessen, Sorgen, Aussichten nannte, viel mehr, als er sich auf der Droschkenfahrt zum Bahnhof wohl träumen ließ. Der Raum, der sich drehend und fliehend zwischen ihn und seine Pflanzstätte wälzt, bewährt Kräfte, die man gewöhnlich der Zeit vorbehalten glaubt; von Stunde zu Stunde stellt er innere Veränderungen her, die den von ihr bewirkten sehr ähnlich sind, aber sie in gewisser Weise übertreffen. Gleich ihr erzeugt er Vergessen; er tut es aber, indem er die Person des Menschen aus ihren Beziehungen löst und ihn in einen freien und ursprünglichen Zustand versetzt – ja, selbst aus dem Pedanten und Pfahlbürger macht er im Handumdrehen etwas wie einen Vagabunden. Zeit, sagt man, ist Lethe; aber auch Fernluft ist so ein Trank, und sollte sie weniger gründlich wirken, so tut sie es dafür desto rascher.

Dergleichen erfuhr auch Hans Castorp. Er hatte nicht beabsichtigt, diese Reise sonderlich wichtig zu nehmen, sich innerlich auf sie einzulassen. Seine Meinung vielmehr war gewesen, sie rasch abzutun, weil sie abgetan werden mußte, ganz als derselbe zurückzukehren, als der er abgefahren war, und sein Leben genau dort wiederaufzunehmen, wo er es für einen Augenblick hatte liegenlassen müssen. Noch gestern war er völlig in dem gewohnten Gedankenkreise befangen gewesen, hatte sich mit dem jüngst Zurückliegenden, seinem Examen, und dem unmittelbar Bevorstehenden, seinem Eintritt in die Praxis bei Tunder & Wilms (Schiffswerft, Maschinenfabrik und Kesselschmiede), beschäftigt und über die nächsten drei Wochen mit soviel Ungeduld hinweggeblickt, als seine Gemütsart nur immer zuließ. Jetzt aber war ihm doch, als ob die Umstände seine volle Aufmerksamkeit erforderten und als ob es nicht angehe, sie auf die leichte Achsel zu nehmen. Dieses Emporgehobenwerden in Regionen, wo er noch nie geatmet und wo, wie er wußte, völlig ungewohnte, eigentümlich dünne und spärliche Lebensbedingungen herrschten – es fing an, ihn zu erregen, ihn mit einer gewissen Ängstlichkeit zu erfüllen. Heimat und Ordnung lagen nicht nur weit zurück, sie lagen hauptsächlich klaftertief unter ihm, und noch immer stieg er darüber hinaus. Schwebend zwischen ihnen und dem Unbekannten, fragte er sich, wie es ihm dort oben ergehen werde. Vielleicht war es unklug und unzuträglich, daß er, geboren und gewohnt, nur ein paar Meter über dem Meeresspiegel zu atmen, sich plötzlich in diese extremen Gegenden befördern ließ, ohne wenigstens einige Tage an einem Platze von mittlerer Lage verweilt zu haben? Er wünschte, am Ziel zu sein, denn einmal oben, dachte er, würde man leben wie überall und nicht so wie jetzt im Klimmen daran erinnert sein, in welchen unangemessenen Sphären man sich befand. Er sah hinaus: der Zug wand sich gebogen auf schmalem Paß; man sah die vorderen Wagen, sah die Maschine, die in ihrer Mühe braune, grüne und schwarze Rauchmassen ausstieß, die verflatterten. Wasser rauschten in der Tiefe zur Rechten; links strebten dunkle Fichten zwischen Felsblökken gegen einen steingrauen Himmel empor. Stockfinstere Tunnel kamen, und wenn es wieder Tag wurde, taten weitläufige Abgründe mit Ortschaften in der Tiefe sich auf. Sie schlossen sich, neue Engpässe folgten, mit Schneeresten in ihren Schründen und Spalten. Es gab Aufenthalte an armseligen Bahnhofshäuschen, Kopfstationen, die der Zug in entgegengesetzter Richtung verließ, was verwirrend wirkte, da man nicht mehr wußte, wie man fuhr und sich der Himmelsgegenden nicht länger entsann. Großartige Fernblicke in die heilig-phantasmagorisch sich türmende Gipfelwelt des Hochgebirges, in das man hinan- und hineinstrebte, eröffneten sich und gingen dem ehrfürchtigen Auge durch Pfadbiegungen wieder verloren. Hans Castorp bedachte, daß er die Zone der Laubbäume unter sich gelassen habe, auch die der Singvögel wohl, wenn ihm recht war, und dieser Gedanke des Aufhörens und der Verarmung bewirkte, daß er, angewandelt von einem leichten Schwindel und Übelbefinden, für zwei Sekunden die Augen mit der Hand bedeckte.

[. . .]

Im Grunde hat es eine merkwürdige Bewandtnis mit diesem Sicheinleben an fremdem Orte, dieser – sei es auch – mühseligen Anpassung und Umgewöhnung, welcher man sich beinahe um ihrer selbst willen und in der bestimmten Absicht unterzieht, sie, kaum daß sie vollendet ist, oder doch bald danach, wieder aufzugeben und zum vorigen Zustande zurückzukehren. Man schaltet dergleichen als Unterbrechung und Zwischenspiel in den Hauptzusammenhang des Lebens ein, und zwar zum Zweck der »Erholung«, das heißt: der erneuernden, umwälzenden Übung des Organismus, welcher Gefahr lief und schon im Begriffe war, im ungegliederten Einerlei der Lebensführung sich zu verwöhnen, zu erschlaffen und abzustumpfen. Worauf beruht dann aber diese Erschlaffung und Abstumpfung bei zu langer nicht aufgehobener Regel? Es ist nicht so sehr körperlich-geistige Ermüdung und Abnutzung durch die Anforderungen des Lebens, worauf sie beruht (denn für diese wäre ja einfache Ruhe das wiederherstellende Heilmittel); es ist vielmehr etwas Seelisches, es ist das Erlebnis der Zeit – welches bei ununterbrochenem Gleichmaß abhanden zu kommen droht und mit dem Lebensgefühle selbst so nahe verwandt und verbunden ist, daß das eine nicht geschwächt werden kann, ohne daß auch das andere eine kümmerliche Beeinträchtigung erführe. Über das Wesen der Langenweile sind vielfach irrige Vorstellungen verbreitet. Man glaubt im ganzen, daß Interessantheit und Neuheit des Gehaltes die Zeit »vertreibe«, das heißt: verkürze, während Monotonie und Leere ihren Gang beschwere und hemme. Das ist nicht unbedingt zutreffend. Leere und Monotonie mögen zwar den Augenblick und die Stunde dehnen und »langweilig« machen, aber die großen und größten Zeitmassen verkürzen und verflüchtigen sie sogar bis zur Nichtigkeit. Umgekehrt ist ein reicher und interessanter Gehalt wohl imstande, die Stunde und selbst noch den Tag zu verkürzen und zu beschwingen, ins Große gerechnet jedoch verleiht er dem Zeitgange Breite, Gewicht und Solidität, so daß ereignisreiche Jahre viel langsamer vergehen als jene armen, leeren, leichten, die der Wind vor sich her bläst und die verfliegen. Was man Langeweile nennt, ist also eigentlich vielmehr eine krankhafte Kurzweiligkeit der Zeit infolge von Monotonie: große Zeiträume schrumpfen bei ununterbrochener Gleichförmigkeit auf eine das Herz zu Tode erschreckende Weise zusammen; wenn ein Tag wie alle ist, so sind sie alle wie einer; und bei vollkommener Einförmigkeit würde das längste Leben als ganz kurz erlebt werden und unversehens verflogen sein. Gewöhnung ist ein Einschlafen oder doch ein Mattwerden des Zeitsinnes, und wenn die Jugendjahre langsam erlebt werden, das spätere Leben aber immer hurtiger abläuft und hineilt, so muß auch das auf Gewöhnung beruhen. Wir wissen wohl, daß die Einschaltung von Um- und Neugewöhnungen das einzige Mittel ist, unser Leben zu halten, unseren Zeitsinn aufzufrischen, eine Verjüngung, Verstärkung, Verlangsamung unseres Zeiterlebnisses und damit die Erneuerung unseres Lebensgefühls überhaupt zu erzielen. Dies ist der Zweck des Orts- und Luftwechsels, der Badereise, die Erholsamkeit der Abwechslung und der Episode. Die ersten Tage an einem neuen Aufenthalt haben jugendlichen, das heißt starken und breiten Gang – es sind etwa sechs bis acht. Dann, in dem Maße, wie man »sich einlebt«, macht sich allmähliche Verkürzung bemerkbar: wer am Leben hängt oder, besser gesagt, sich ans Leben hängen möchte, mag mit Grauen gewahren, wie die Tage wieder leicht zu werden und zu *huschen* beginnen; und die letzte Woche, etwa von vieren, hat unheimliche Rapidität und Flüchtigkeit. Freilich wirkt die Erfrischung des Zeitsinnes dann über die Einschaltung hinaus, macht sich, wenn man zur Regel zurückgekehrt ist, aufs neue geltend: die ersten Tage zu Hause werden ebenfalls, nach der Abwechslung, wieder neu, breit und jugendlich erlebt, aber nur einige wenige: denn in die Regel lebt man sich rascher wieder ein als in ihre Aufhebung, und wenn der Zeitsinn durch Alter schon müde ist oder – ein Zeichen von ursprünglicher Lebensschwäche – nie stark entwickelt war, so schläft er sehr rasch wieder ein, und schon nach vierundzwanzig Stunden ist es, als sei man nie weg gewesen und als sei die Reise der Traum einer Nacht.

Diese Bemerkungen werden nur deshalb hier eingefügt, weil der junge Hans Castorp ähnliches im Sinne hatte, als er nach einigen Tagen zu seinem Vetter sagte (und ihn dabei mit rotgeäderten Augen ansah):

»Komisch ist und bleibt es, wie die Zeit einem lang wird zu Anfang, an einem fremden Ort. Das heißt... Selbstverständlich kann keine Rede davon sein, daß ich mich langweile, im Gegenteil, ich kann wohl sagen, ich amüsiere mich königlich. Aber wenn ich mich umsehe, retrospektiv also, versteh mich recht, kommt es mir vor, als ob ich schon wer weiß wie lange hier oben wäre, und bis dahin zurück, wo ich ankam und nicht gleich verstand, daß ich da war, und du noch sagtest: ›Steige nur aus!‹ – erinnerst du dich? –, das scheint mir eine ganze Ewigkeit. Mit Messen und überhaupt mit dem Verstand hat das ja absolut nichts zu tun, es ist eine reine Gefühlssache. Natürlich wäre es albern, zu sagen: ›Ich glaube schon zwei Monate hier zu sein‹ – das wäre ja Nonsens. Sondern ich kann eben nur sagen: ›Sehr lange.‹«

[. . .]

Es war nachmittags um drei Uhr. Bald nach Tische hatte er sich aufgemacht, um einen Teil der Großen Liegekur und die Vespermahlzeit zu schwänzen und vor Dunkelwerden zurück zu sein. Wohligkeit erfüllte ihn bei dem Gedanken, daß mehrere Stunden zum Schweifen im Freien und Großartigen vor ihm lagen. Er hatte etwas Schokolade in der Tasche seiner Breeches und eine kleine Flasche mit Portwein in der Westentasche.

Der Stand der Sonne war kaum zu erkennen, so dicht umnebelt war sie. Hinten, in der Gegend des Talausganges, des Gebirgswinkels, den man nicht sah, dunkelte das Gewölk, das Gedünste tiefer und schien sich vorzuschieben. Es sah nach Schnee aus, mehr Schnee, um dringendem Bedarf abzuhelfen – nach einem ordentlichen Gestöber. Und wirklich fielen die kleinen, lautlosen Flocken über der Halde schon reichlicher.

Hans Castorp trat vor, um ein paar davon auf seinen Ärmel fallen zu lassen und sie mit den Kenneraugen des Liebhaberforschers zu betrachten. Sie schienen formlose Fetzchen, aber er hatte mehr als einmal ihresgleichen unter seiner guten Linse gehabt und wußte wohl, aus was für zierlichst genauen kleinen Kostbarkeiten sie sich zusammensetzten, Kleinodien, Ordenssternen, Brillantagraffen, wie der getreueste Juwelier sie nicht reicher und minuziöser hätte herstellen können – ja, es hatte mit all diesem leichten, lockeren Puderweiß, das in Massen den Wald beschwerte, das Gebreite bedeckte, und über das seine Fußbretter ihn trugen, denn doch eine andere Bewandtnis als mit dem heimischen Meersande, an den es erinnerte: das waren bekanntlich nicht Steinkörner, woraus es bestand, es waren Myriaden im Erstarren zu ebenmäßiger Vielfalt kristallisch zusammengeschossener Wasserteilchen – Teilchen eben der anorganischen Substanz, die auch das Lebensplasma, den Pflanzen-, den Menschenleib quellen machte –, und unter den Myriaden von Zaubersternchen in ihrer untersichtigen, dem Menschenauge nicht zugedachten, heimlichen Kleinpracht war nicht eines dem anderen gleich; eine endlose Erfindungslust in der Abwandlung und allerfeinsten Ausgestaltung eines und immer desselben Grundschemas, des gleichseitig-gleichwinkligen Sechsecks, herrschte da; aber in sich selbst war jedes der kalten Erzeugnisse von unbedingtem Ebenmaß und eisiger Regelmäßigkeit, ja, dies war das Unheimliche, Widerorganische und Lebensfeindliche daran; sie waren zu regelmäßig, die zum Leben geordnete Substanz war es niemals in diesem Grade, dem Leben schauderte vor der genauen Richtigkeit, es empfand sie als tödlich, als das Geheimnis des Todes selbst, und Hans Castorp glaubte zu verstehen, warum Tempelbaumeister der Vorzeit absichtlich und insgeheim kleine Abweichungen von der Symmetrie in ihren Säulenordnungen angebracht hatten.

Er stieß sich ab, schlürfte auf seinen Kufen fort, fuhr am Waldrand den dicken Schneebelag der Schräge ins Neblige hinunter und trieb sich, steigend und gleitend, ziellos und gemächlich, weiter in dem toten Gelände umher, das mit seinen leeren, welligen Gebreiten, seiner Trockenvegetation, die aus einzelnen, dunkel hervorstechenden Latschenbüschen bestand, und seiner Horizontbegrenzung von weichen Erhebungen so auffallend einer Dünenlandschaft glich. Hans Castorp nickte zufrieden mit dem Kopf, wenn er stand und sich an dieser Ähnlichkeit weidete; und auch den Brand seiner Miene, die Neigung zum Gliederzittern, die eigentümliche und trunkene Mischung von Aufregung und Müdigkeit, die er spürte, duldete er mit Sympathie, da dies alles ihn an nah verwandte Wirkungen der ebenfalls aufpeitschenden und zugleich mit schlafbringenden Stoffen gesättigten Seeluft vertraulich erinnerte. Er empfand mit Genugtuung seine beschwingte Unabhängigkeit, sein freies Schweifen. Vor ihm lag kein Weg, an den er gebunden war, hinter ihm keiner, der ihn so zurückleiten würde, wie er gekommen war. Es hatte anfangs Stangen, eingepflanzte Stöcke, Schneezeichen gegeben, aber absichtlich hatte er sich bald von ihrer Bevormundung freigemacht, da sie ihn an den Mann mit dem Hörnchen erinnerten und seinem inneren Verhältnis zur großen Winterwildnis nicht angemessen schienen.

Hinter verschneiten Felshügeln, zwischen denen er sich, bald rechts, bald links lenkend, hindurchschob, lag eine Schräge, dann eine Ebene, dann großes Gebirge, dessen weich gepolsterte Schluchten und Pässe so zugänglich und lockend schienen. Ja, die Lockung der Fernen und Höhen, der immer neu sich auftuenden Einsamkeiten war stark in Hans Castorps Gemüt, und auf die Gefahr, sich zu verspäten, strebte er tiefer ins wilde Schweigen, ins Nichtgeheure, für nichts Gutstehende hinein – ungeachtet, daß überdies die Spannung und Beklommenheit seines Inneren zur wirklichen Furcht wurde angesichts der vorzeitig zunehmenden Himmelsdunkelheit, die sich wie graue Schleier auf die Gegend herabsenkte. Diese Furcht machte ihm bewußt, daß er es heimlich bisher geradezu angelegt hatte, sich um die Orientierung zu bringen und zu vergessen, in welcher Richtung Tal und Ortschaft lagen, was ihm denn auch in erwünschter Vollständigkeit gelungen war. Übrigens durfte er sich sagen, daß, wenn er sofort umkehrte und immer bergab fuhr, das Tal, wenn auch möglicherweise fern vom »Berghof«, rasch erreicht sein werde – zu rasch; er würde zu früh kommen, würde seine Zeit nicht ausgenützt haben, während er allerdings, wenn das Schneeunwetter ihn überraschte, den Heimweg wohl vorderhand überhaupt nicht finden würde. Darum aber vorzeitig flüchtig zu werden, weigerte er sich – die Furcht, seine aufrichtige Furcht vor den Elementen mochte ihn beklemmen wie sie wollte. Das war kaum sportsmännisch gehandelt; denn der Sportsmann läßt sich mit den Elementen nur ein, solange er sich ihr Herr und Meister weiß, übt Vorsicht und ist der Klügere, der nachgibt. Was aber in Hans Castorps Seele vorging, war nur mit einem Wort zu bezeichnen: Herausforderung. Und soviel Tadel das Wort umschließt, auch wenn – oder besonders wenn – das ihm entsprechende frevelhafte Gefühl mit soviel aufrichtiger Furcht verbunden ist, so ist doch bei einigem menschlichen Nachdenken ungefähr zu begreifen, daß in den Seelengründen eines jungen Menschen und Mannes, der jahrelang gelebt hat wie dieser hier, manches sich ansammelt, oder, wie Hans Castorp, der Ingenieur, gesagt haben würde, »akkumuliert«, was eines Tages als ein elementares »Ach was!« oder ein »Komm denn an!« von erbitterter Ungeduld, kurz eben als Herausforderung und Verweigerung kluger Vorsicht sich entlädt. Und so fuhr er denn zu auf seinen langen Pantoffeln, glitt noch den Abhang hinunter und schob sich über die folgende Halde, auf der in einiger Entfernung ein Holzhäuschen, Heuschober oder Almhütte mit steinbeschwertem Dache, stand, dem nächsten Berge zu, dessen Rücken borstig von Tannen war und hinter dem Hochgipfel sich nebelhaft türmten. Die mit einzelnen Baumgruppen besetzte Wand vor ihm war schroff, aber schräg rechtshin mochte man sie in mäßiger Steigung halb umgehen und hinter sie kommen, um zu sehen, was da weiter sein werde, und an dieses Forschergeschäft machte sich Hans Castorp, nachdem er vor dem Feld mit der Sennhütte noch in eine ziemlich tiefe, von rechts nach links abfallende Schlucht hinabgefahren war.

Er hatte eben wieder angefangen zu steigen, als denn also, wie zu erwarten gestanden, Schneefall und Sturm losgingen, daß es eine Art hatte – der Schneesturm, mit einem Worte, war da, der lange gedroht hatte, wenn man von »Drohung« sprechen kann in Hinsicht auf blinde und unwissende Elemente, die es nicht darauf abgesehen haben, uns zu vernichten, was vergleichsweise anheimelnd wäre, sondern denen es auf die ungeheuerste Weise gleichgültig ist, wenn das nebenbei mit unterläuft. ›Hallo!‹ dachte Hans Castorp und blieb stehen, als der erste Windstoß in das dichte Gestöber fuhr und ihn traf. ›Das ist eine Sorte von Anhauch. Die geht ins Mark.‹ Und wirklich war dieser Wind von ganz gehässiger Art: die furchtbare Kälte, die tatsächlich herrschte, gegen zwanzig Grad unter Null, war nur dann nicht zu spüren und mutete milde an, wenn die feuchtigkeitslose

Luft still und unbewegt war wie gewöhnlich; sobald sie sich aber windig regte, schnitt das wie mit Messern ins Fleisch, und wenn es zuging wie jetzt – denn der erste fegende Windlauf war nur ein Vorläufer gewesen –, so hätten sieben Pelze nicht hingereicht, das Gebein vor eisigem Todesschrecken zu schützen, und Hans Castorp trug nicht sieben Pelze, sondern nur eine wollene Weste, die ihm sonst auch vollkommen genügt hatte und ihm bei geringstem Sonnenschein sogar lästig gewesen war. Übrigens bekam er den Wind etwas seitlich von hinten, so daß es sich wenig empfahl, umzukehren und ihn von vorn zu empfangen; und da diese Überlegung sich mit seinem Trotz und mit dem gründlichen »Ach was!« seiner Seele mischte, so strebte der tolle Junge immer noch weiter, zwischen einzeln stehenden Tannen hin, um hinter den in Angriff genommenen Berg zu kommen.

Dabei jedoch war gar kein Vergnügen, denn man sah nichts vor Flockentanz, der scheinbar ohne zu fallen in dichtestem Wirbelgedränge allen Raum erfüllte; die dreinfahrenden Eisböen machten die Ohren mit scharfem Schmerze brennen, lähmten die Glieder und ließen die Hände ertauben, so daß man nicht mehr wußte, ob man den Pickelstock noch hielt oder nicht. Der Schnee wehte ihm hinten in den Kragen und schmolz ihm den Rücken hinunter, legte sich ihm auf die Schultern und bedeckte seine rechte Flanke; es war ihm, als solle er hier zum Schneemann erstarren, seinen Stock steif in der Hand; und all diese Unzuträglichkeit ergab sich bei vergleichsweise günstigen Umständen: wendete er sich, so würde es schlimmer sein; und doch hatte der Heimweg sich zu einem Stück Arbeit gestaltet, das in Angriff zu nehmen er wohl nicht zögern sollte.

So blieb er denn stehen, zuckte zornig mit den Achseln und stellte seine Bretter herum. Der Gegenwind verschlug ihm sofort den Atem, so daß er der unbequemen Prozedur der Umstellung sich nochmals unterzog, um zu Luft zu kommen und mit besserer Fassung dem gleichgültigen Feinde die Stirn zu bieten. Bei gesenktem Kopfe und vorsichtig geregeltem Atemhaushalt gelang ihm denn auch, in umgekehrter Richtung sich in Bewegung zu setzen – überrascht, trotz böser Erwartungen, von den Schwierigkeiten des Vorwärtskommens, die namentlich aus seiner Blindheit und seiner Atemknappheit erwuchsen. Jeden Augenblick war er zum Haltmachen gezwungen, erstens, um hinter dem Sturme Luft zu schöpfen, und dann auch, weil er, geneigten Kopfes aufwärts blinzelnd, nichts sah vor weißer Verfinsterung und sich vor dem Anrennen an Bäume, dem Geworfenwerden durch Hindernisse hüten mußte. Die Flocken flogen ihm massenweise ins Gesicht und schmolzen dort, so daß es erstarrte. Sie flogen ihm in den Mund, wo sie mit schwach wässerigem Geschmack zergingen, flogen gegen seine Lider, die sich krampfhaft schlossen, überschwemmten die Augen und verhinderten jede Ausschau – die übrigens nutzlos gewesen wäre, da die dichte Verschleierung des Blickfeldes und die Blendung durch all das Weiß den Gesichtssinn ohnedies fast völlig ausschalteten. Es war das Nichts, das weiße, wirbelnde Nichts, worein er blickte, wenn er sich zwang, zu sehen. Und nur zuweilen tauchten gespenstische Schatten der Erscheinungswelt darin auf: ein Latschenbusch, eine Fichtengruppe, die schwache Silhouette des Schobers auch, an dem er kürzlich vorübergekommen.

Er ließ ihn liegen, suchte über die Halde hin, wo der Schuppen stand, seinen Rückweg. Aber ein Weg war ja nicht vorhanden; eine Richtung zu halten, die ungefähre Richtung nach Hause, ins Tal, war weit mehr Glücks- als Verstandessache, da man allenfalls die Hand vor Augen, aber nicht einmal bis zu den Spitzen seiner Schneeschuhe sah; und hätte man auch besser gesehen, so wären doch immer noch ausgiebige Vorkehrungen getroffen gewesen, ein Vorwärtskommen aufs äußerste zu erschweren: das Gesicht voll Schnee, den Sturm als Widersacher, der die Atmung zerstörte, sie abschnitt, das Aufnehmen von Luft wie den Aushauch verhinderte und jeden Augenblick zu schnappender Abkehr zwang – da sollte dieser und jener vorwärtskommen, Hans Castorp oder ein anderer, Stärkerer – man blieb stehen, schnappte, drückte sich blinzelnd das Wasser aus den Wimpern, klopfte den Harnisch von Schnee herunter, der sich einem auf die Frontseite gelegt hatte, und empfand es als unvernünftige Zumutung, unter solchen Umständen vorwärtszukommen.

Hans Castorp kam dennoch vorwärts, das heißt: er kam von der Stelle. Allein ob das ein zweckmäßiges Fortkommen, ein Fortkommen in rechter Richtung war, und ob es nicht weniger falsch gewesen wäre, zu bleiben, wo man war (was aber auch nicht tunlich schien), das stand dahin, es sprach sogar die theoretische Wahrscheinlichkeit dagegen, und praktisch genommen, schien es Hans Castorp bald, als sei mit dem Grund und Boden nicht alles in Ordnung, als habe er nicht den richtigen unter den Füßen, das heißt die flache Halde, die er von der Schlucht aufsteigend mit großer Mühe wiedergewonnen und die es vor allem wieder zurückzulegen galt. Die Ebene war zu kurz gewesen, er stieg schon wieder. Offenbar hatte der Sturm, der von Südwest, aus der Gegend des Talausgangs kam, mit seinem wütenden Gegendrucke ihn abgedrängt. Es war ein falsches Fortkommen, schon längere Zeit, mit dem er sich abmattete. Blindlings, umhüllt von wirbelnder, weißer Nacht, arbeitete er sich nur tiefer ins Gleichgültig-Bedrohliche hinein.

»Na, so was!« sagte er zwischen den Zähnen und machte halt. Pathetischer drückte er sich nicht aus, obgleich es ihm einen Augenblick war, als griffe eine eiskalte Hand nach seinem Herzen, so daß es aufzuckte und dann mit so raschen Schlägen gegen seine Rippen pochte wie damals, als Rhadamanthys die feuchte Stelle bei ihm entdeckte. Denn er sah ein, daß er kein Recht hatte auf große Worte und Gebärden, da Herausforderung sein Teil gewesen und alle Bedenklichkeiten der Lage auf seine eigenste Rechnung kamen. »Nicht schlecht«, sagte er und fühlte, daß seine Gesichtszüge, die Ausdrucksmuskeln seiner Miene, der Seele nicht mehr gehorchten und gar nichts wiederzugeben vermochten, weder Furcht noch Wut, noch Verachtung, denn sie waren erstarrt. »Was nun? Hier schräg hinunter und fortan hübsch der Nase nach, immer genau gegen den Wind. Das ist zwar leichter gesagt als getan«, fuhr er keuchend und abgerissen, aber tatsächlich halblaut sprechend fort, indem er sich wieder in Bewegung setzte; »aber geschehen muß etwas, ich kann mich nicht hinsetzen und warten, denn dann werde ich zugedeckt von hexagonaler Regelmäßigkeit, und Settembrini, wenn er mit seinem Hörnchen kommt, um nach mir zu sehen, findet mich hier mit Glasaugen hocken, eine Schneemütze schief auf dem Kopf . . .« Er nahm wahr, daß er mit sich selber sprach, und zwar etwas sonderbar. Darum verwies er es sich, tat es aber wiederum halblaut und ausdrücklich, obgleich seine Lippen so lahm waren, daß er auf ihre Benutzung verzichtete und ohne die Konsonanten sprach, die mit ihrer Hilfe gebildet werden, was ihn selbst an eine frühere Lebenslage erinnerte, in der es ebenso gewesen war. »Schweig still und sieh, daß du fortkommst«, sagte er und fügte hinzu: »Mir scheint, du faselst und bist nicht ganz klar im Kopf. Das ist schlimm in gewisser Hinsicht.«

Allein, daß es schlimm war, unter dem Gesichtspunkt seines Davonkommens, war eine reine Feststellung der kontrollierenden Vernunft, gewissermaßen einer fremden, unbeteiligten, wenn auch besorgten Person. Für sein natürliches Teil war er sehr geneigt, sich der Unklarheit zu überlassen, die mit zunehmender Müdigkeit Besitz von ihm ergreifen wollte, nahm jedoch von dieser Geneigtheit Notiz und hielt sich gedanklich darüber auf. ›Das ist die modifizierte Erlebnisart von einem, der im Gebirge in einen Schneesturm gerät und nicht mehr heimfindet‹, dachte er arbeitend und redete abgerissene Brocken davon atemlos vor sich hin, indem er deutlichere Ausdrücke aus Diskretion vermied. ›Wer nachher davon hört, stellt es sich gräßlich vor, vergißt aber, daß die Krankheit – und meine Lage ist ja gewissermaßen eine Krankheit – sich ihren Mann schon so zurichtet, daß sie miteinander auskommen können. Da gibt es sensorische Herabminderungen, Gnadennarkosen, Erleichterungsmaßnahmen der Natur, jawohl... Man muß jedoch dagegen kämpfen, denn sie haben ein doppeltes Gesicht, sind zweideutig im höchsten Grad; bei ihrer Würdigung kommt alles auf den Gesichtspunkt an. Sie sind gutgemeint und eine Wohltat, sofern man eben nicht heimkommen soll, sind aber sehr schlimm gemeint und äußerst bekämpfenswert, sofern von Heimkommen überhaupt noch die Rede ist, wie bei mir, der ich nicht daran denke, in diesem meinem stürmisch schlagenden Herzen nicht daran denke, mich hier von blödsinnig regelmäßiger Kristallometrie zudecken zu lassen ...‹

Wirklich war er schon stark mitgenommen und bekämpfte die beginnende Unklarheit seines Sensoriums auf unklare und fieberhafte Art. Er erschrak nicht so, wie er gesunderweise hätte erschrecken sollen, als er gewahrte, daß er schon wieder von der ebenen Bahn abgekommen war: diesmal offenbar nach der anderen Seite, dorthin, wo die Halde sich senkte. Denn er fuhr ab, bei schrägem Gegenwinde, und obgleich er das vorderhand nicht hätte tun dürfen, war es für den Augenblick das Bequemste. ›Schon recht‹, dachte er. ›Weiter unten werde ich wieder Richtung nehmen.‹ Und das tat er oder glaubte es zu tun, oder glaubte es auch selber nicht recht, oder, noch bedenklicher, es fing an, ihm gleichgültig zu werden, ob er es tat oder nicht. So wirkten die zweideutigen Ausfälle, die er nur matt bekämpfte. Jene Mischung aus Müdigkeit und Aufregung, die den vertrauten Dauerzustand eines Gastes bildete, dessen Akklimatisation in der Gewöhnung darin bestand, daß er sich nicht gewöhnte, hatte sich in ihren beiden Bestandteilen so weit verstärkt, daß von einem besonnenen Verhalten gegen die Ausfälle nicht mehr die Rede sein konnte. Benommen und taumelig, zitterte er vor Trunkenheit und Exzitation, sehr ähnlich wie nach einem Kolloquium mit Naphta und Settembrini, nur ungleich stärker; und so mochte es kommen, daß er seine Trägheit im Bekämpfen der narkotischen Ausfälle mit betrunkenen Reminiszenzen an solche Erörterungen beschönigte – trotz seiner verächterischen Empörung gegen das Zugedecktwerden durch hexagonale Regelmäßigkeit etwas in sich hineinfaselte, des Sinnes oder Unsinnes: das Pflichtgefühl, das ihn anhalten wolle, die verdächtigen Herabminderungen zu bekämpfen, sei nichts als bloße Ethik, das heiße schäbige Lebensbürgerlichkeit und irreligiöse Philisterei. Wunsch und Versuchung, sich niederzulegen und zu ruhen, beschlichen in der Gestalt seinen Sinn, daß er sich sagte, es sei wie bei einem Sandsturm in der Wüste, der die Araber veranlasse, sich aufs Gesicht zu werfen und den Burnus über den Kopf zu ziehen. Nur eben den Umstand, daß er keinen Burnus habe und daß man eine wollene Weste nicht recht über den Kopf ziehen könne, empfand er als Einwand gegen ein solches Verhalten, obgleich er kein Kind war und aus mancherlei Überlieferung ziemlich genau Bescheid wußte, wie man erfriert.

Nach mäßig rascher Abfahrt und einiger Ebenheit ging es nun wieder aufwärts, und zwar recht steil. Das brauchte nicht falsch zu sein, denn zwischendurch mußte es bei dem Wege ins Tal auch wieder einmal aufwärts gehen, und was den Wind betraf, so hatte er sich wohl launisch gedreht, denn Hans Castorp hatte ihn neuerdings im Rücken und fand das dankenswert, an und für sich. Beugte ihn übrigens der Sturm oder übte die vom dämmerigen Gestöber verschleierte weiche weiße Schrägfläche vor ihm eine Anziehung auf seinen Körper aus, so daß er sich ihr zuneigte? Nur um ein Hinlehnen würde es sich handeln, wenn man sich ihr überließ, und die Versuchung dazu war groß – ganz so groß, wie es im Buche stand und als typisch-gefährlich gekennzeichnet war, was jedoch der lebendig-gegenwärtigen Macht der Versuchung durchaus keinen Abbruch tat. Sie behauptete individuelle Rechte, wollte sich ins allgemein

Bekannte nicht einordnen lassen, sich nicht darin wiedererkennen, erklärte sich als einmalig und unvergleichbar in ihrer Dringlichkeit – ohne freilich leugnen zu können, daß sie eine Zuflüsterung von bestimmter Seite war, die Eingebung eines Wesens in spanischem Schwarz mit schneeweißer, gefältelter Tellerkrause, an dessen Idee und prinzipielle Vorstellung sich allerlei Düsteres, scharf Jesuitisches und Menschenfeindliches knüpfte, allerlei Folter- und Prügelknechtschaft, Herrn Settembrini ein Greuel, als welcher sich aber demgegenüber auch nur lächerlich machte, mit seiner Drehorgel und seiner ragione...

Doch hielt Hans Castorp sich redlich und widerstand der Lockung, sich hinzulehnen. Er sah nichts, aber er kämpfte und kam von der Stelle – zweckmäßig oder nicht, aber er tat das Seine und regte sich, den lastenden Banden zum Trotz, in die der Froststurm immer schwerer seine Glieder schlug. Da ihm der Aufstieg zu steil wurde, lenkte er seitlich, ohne sich viel Rechenschaft davon zu geben, und fuhr eine Weile so an der Schräge hin. Die verkrampften Lider zu trennen und auszuspähen, war eine Anstrengung, deren erprobte Nutzlosigkeit wenig dazu ermutigte, sie auf sich zu nehmen. Dennoch sah er zuweilen etwas: Fichten, die zusammentraten, einen Bach oder Graben, dessen Schwärze sich zwischen überhängenden Schneerändern vom Gelände abzeichnete; und als es zur Abwechslung wieder einmal bergab mit ihm ging, übrigens gegen den Sturm, gewahrte er vor sich in einiger Ferne, frei schwebend gleichsam im fegenden Schleiergewirr, den Schatten einer menschlichen Baulichkeit.

Willkommener, tröstlicher Anblick! Rüstig hatte er es geschafft, trotz aller Widrigkeiten, daß nun sogar schon menschliche Baulichkeiten erschienen, zum Zeichen, das bewohnte Tal sei nahe. Vielleicht waren Menschen dort; vielleicht konnte man bei ihnen eintreten, um unter Dach und Fach das Ende des Wetters abzuwarten und nötigenfalls Begleitung und Führung zu haben, wenn unterdessen die natürliche Dunkelheit sollte eingefallen sein. Er hielt auf das chimärische, oft ganz im Wetterdunkel verschwindende Etwas zu, hatte noch einen kräfteverzehrenden Aufstieg gegen den Wind zu überwinden, um es zu erreichen, und überzeugte sich, angekommen, mit Empörung, Staunen, Schrecken und Schwindelgefühl, daß es die bekannte Hütte, der Heuschober mit steinbeschwertem Dache war, den er auf allerlei Umwegen und mit redlichster Anspannung zurückerobert hatte.

Das war des Teufels. Schwere Verwünschungen lösten sich, unter Auslassung der Labiallaute, von Hans Castorps erstarrten Lippen. Er stocherte sich zu seiner Orientierung um die Hütte herum und stellte fest, daß er sie von hinten wieder erreicht und also ein gute Stunde lang – seiner Schätzung nach – den reinsten und nichtsnutzigsten Unsinn getrieben hatte. Aber so ging es, so stand es im Buche. Man lief im Kreise herum, plagte sich ab, die Vorstellung der Förderlichkeit im Herzen, und beschrieb dabei irgendeinen weiten, albernen Bogen, der in sich selber zurückführte wie der vexatorische Jahreslauf. So irrte man herum, so fand man nicht heim. Hans Castorp erkannte das überlieferte Phänomen mit einer gewissen Befriedigung, wenn auch mit Schrecken, und schlug sich auf den Schenkel vor Grimm und Staunen, weil sich das Allgemeine in seinem eigentümlichen, individuellen und gegenwärtigen Fall so pünktlich ereignet hatte.

Der einsame Schuppen war unzugänglich, die Tür verschlossen, man konnte nirgends hinein. Aber Hans Castorp beschloß dennoch, vorderhand hierzubleiben, denn das vorstehende Dach gewährte die Illusion einer gewissen Wirtlichkeit, und die Hütte selbst, an ihrer dem Gebirge zugekehrten Seite, die Hans Castorp aufsuchte, bot wirklich einigen Schutz gegen den Sturm, wenn man sich mit der Schulter gegen die aus Baumstämmen gezimmerte Wand lehnte, da es mit dem Rücken, der langen Schneeschuhe wegen, nicht füglich gehen wollte. Schräg angelehnt stand er, nachdem er den Skistock neben sich in den Schnee gestoßen, die Hände in den Taschen, den Kragen seiner Wolljacke hochgestellt, das äußere Bein als Gegenstütze benutzend, und ließ den taumeligen Schädel mit geschlossenen Augen an der Bohlenwand ruhen, indem er nur dann und wann, der Schulter entlang, über die Schlucht hin zur jenseitigen Bergwand hinüberblinzelte, die manchmal matt im Geschleier sichtbar wurde.

Seine Lage war vergleichsweise behaglich. ›So kann ich notfalls die ganze Nacht stehen‹, dachte er, ›wenn ich von Zeit zu Zeit das Bein wechsle, mich sozusagen auf die andere Seite lege und mir zwischendurch natürlich etwas Bewegung mache, was unerläßlich ist. Wenn auch außen verklammt, habe ich doch innerlich Wärme gesammelt bei der Bewegung, die ich gemacht, und so war die Exkursion doch nicht ganz nutzlos, wenn ich auch umgekommen bin und von der Hütte zur Hütte geschweift... ›Umgekommen‹, was ist denn das für ein Ausdruck? Man braucht ihn gar nicht, er ist nicht üblich für das, was mir zugestoßen, ganz willkürlich setze ich ihn dafür ein, weil ich nicht so ganz klar im Kopfe bin; und doch ist es in seiner Art ein richtiges Wort, wie mir scheint... Nur gut, daß ich es aushalten kann, denn das Treiben, das Schneetreiben, das Unfugtreiben, kann gut und gern bis morgen früh währen, und wenn es auch nur bis zum Dunkelwerden währt, so ist das schlimm genug, denn bei Nacht ist die Gefahr des Umkommens, des im Kreise Herumkommens, ebenso groß wie beim Schneesturm... Es müßte sogar schon Abend sein, ungefähr sechs – soviel Zeit, wie ich beim Umkommen vertrödelt habe. Wie spät es es denn?‹ Und er sah nach der Uhr, obgleich es den starren Fingern nicht leichtfiel, sie ohne Gefühl aus den Kleidern zu graben – nach seiner goldenen Springdeckeluhr mit Monogramm, die lebhaft und pflichttreu hier in der wüsten Einsamkeit tickte, ähnlich seinem Herzen, dem rührenden Menschenherzen in der organischen Wärme seiner Brustkammer...

Es war halb fünf. Was Teufel, soviel war es ja beinahe

schon gewesen, als das Wetter losgegangen war. Sollte er glauben, daß sein Herumirren kaum eine Viertelstunde gedauert hatte? ›Die Zeit ist mir lang geworden‹, dachte er. ›Das Umkommen ist langweilig, wie es scheint. Aber um fünf oder halb sechs wird es regelrecht dunkel, das bleibt bestehen. Wird es vorher aufhören, rechtzeitig genug, daß ich vor weiterem Umkommen bewahrt bleibe? Darauf könnte ich einen Schluck Portwein nehmen, zu meiner Stärkung.‹

Dies dilettantische Getränk hatte er zu sich gesteckt, einzig und allein, weil es auf »Berghof« in flachen Fläschchen bereitgehalten und Ausflüglern verkauft wurde, wobei selbstverständlich nicht an solche gedacht war, die sich unerlaubterweise bei Schnee und Frost im Gebirge verirrten und unter solchen Umständen die Nacht erwarteten. Bei minder herabgesetzten Sinnen hätte er sich sagen müssen, daß es, unter dem Gesichtspunkt des Heimkommens, beinahe das Falscheste war, was er hätte zu sich nehmen können; und das sagte er sich auch, nachdem er einige Schlucke genommen, die sofort eine Wirkung zeitigten, ganz ähnlich derjenigen des Kulmbacher Bieres am Abend seines ersten Tages hier oben, als er durch liederlich unbeherrschte Reden von Fischsaucen und dergleichen mehr bei Settembrini angestoßen hatte – bei Herrn Lodovico, dem Pädagogen, der sogar die Tollen, die sich gehenließen, mit seinem Blick zur Vernunft anhielt und dessen wohllautendes Hörnchen Hans Castorp eben durch die Lüfte vernahm, zum Zeichen, der rednerische Erzieher nähere sich in großen Märschen, um den Schmerzenszögling, das Sorgenkind des Lebens, aus seiner tollen Lage zu befreien und heimzuführen... Was selbstverständlich lauter Unsinn war und nur von dem Kulmbacher herrührte, das er aus Versehen getrunken. Denn erstens hatte Herr Settembrini gar kein Hörnchen, sondern nur seine Drehorgel, die auf einem Stelzbein auf dem Pflaster stand und zu deren geläufigem Spiel er humanistische Augen an den Häusern emporsandte; und zweitens wußte und merkte er gar nichts von dem, was vorging, da er sich nicht mehr im Sanatorium »Berghof«, sondern bei Damenschneider Lukacek in seinem Speicherstübchen mit der Wasserflasche, oberhalb von Naphtas seidener Zelle, befand – hatte auch gar kein Recht und keine Möglichkeit zum Einschreiten, so wenig wie dermaleinst in der Faschingsnacht, als Hans Castorp sich in ebenso toller und schlimmer Lage befunden, indem er der kranken Clawdia Chauchat son crayon, seinen Bleistift, Pribislav Hippes Bleistift zurückgegeben hatte... Wie war das übrigens mit der »Lage«? Um sich in einer Lage zu befinden, mußte er liegen und nicht stehen, damit das Wort seinen gerechten und ordentlichen Sinn, statt eines bloß metaphorischen, gewänne. Horizontal, das war die Lage, die einem langjährigen Mitgliede derer hier oben zukam. War er denn nicht daran gewöhnt, bei Schnee und Frost im Freien zu liegen, nachts sowohl wie am Tage? Und er machte Anstalt, sich niedersinken zu lassen, als ihn die Einsicht durchfuhr, ihn sozusagen beim Kragen nahm und aufrecht hielt, daß auch dieses sein Gedankengeschwätz von der »Lage« nur auf Rechnung des Kulmbacher Bieres zu setzen war, nur seiner unpersönlichen, als typisch gefährlich im Buche stehenden Lust zum Liegen und Schlafen entsprang, die ihn mit Sophismen und Wortspielen betören wollte.

›Da ist ein Mißgriff begangen worden‹, erkannte er. ›Der Portwein war nicht das Rechte, die wenigen Schlucke haben mir den Kopf ganz übertrieben schwer gemacht, er fällt mir ja auf die Brust, und meine Gedanken sind unklares Zeug und fade Witzeleien, denen ich nicht trauen darf – nicht nur die ursprünglichen, die mir zuerst einfallen, sondern auch die zweiten, die ich mir kritischerweise über die ersten mache, das ist das Unglück. ›Son crayon!‹ Das heißt ›ihr‹ crayon, und nicht seines, in diesem Fall, und man sagt nur ›son‹, weil ›crayon‹ ein Maskulinum ist, alles übrige ist Witzelei. Daß ich mich überhaupt dabei aufhalte! Während zum Beispiel die Tatsache viel vordringlicher ist, daß mein linkes Bein, gegen das ich mich stütze, auffallend an das hölzerne Stelzbein von Settembrinis Drehorgel erinnert, das er immer mit dem Knie vor sich her stößt, über das Pflaster hin, wenn er näher unter das Fenster tritt und den Sammethut hinhält, damit das Mägdlein droben ihm etwas hineinwirft. Und dabei zieht es mich unpersönlicherweise förmlich mit Händen, daß ich mich in den Schnee lege. Dagegen hilft nur Bewegung. Ich muß mir Bewegung machen, zur Strafe für das Kulmbacher und um das Holzbein zu schmeidigen.‹

Er stieß sich mit der Schulter ab. Aber sowie er sich von dem Schuppen löste, einen Schritt nur vorwärts tat, hieb der Wind wie mit Sensen auf ihn ein und trieb ihn an die schützende Wand zurück. Zweifellos war sie der ihm gewiesene Aufenthalt, mit dem er sich vorläufig abzufinden hatte, wobei es ihm freistand, sich zur Abwechslung mit der linken Schulter anzulehnen und sich auf das rechte Bein zu stützen, unter einigem Schlenkern des linken, zu dessen Belebung. ›Bei einem derartigen Wetter verläßt man das Haus nicht‹, dachte er. ›Mäßige Abwechslung ist zulässig, aber keine Neuerungssucht und kein Anbinden mit der Windsbraut. Halte dich still und laß immerhin deinen Kopf hängen, da er nun einmal so schwer ist. Die Wand ist gut, Holzbalken, es scheint eine gewisse Wärme davon auszugehen, soweit hier von Wärme die Rede sein kann, diskrete Eigenwärme des Holzes, möglicherweise mehr Stimmungssache, subjektiv . . . Ah, die vielen Bäume! Ah, das lebendige Klima der Lebendigen! Wie es duftet! . . .‹

Es war ein Park, der unter ihm lag, unter dem Balkon, auf dem er wohl stand – ein weiter, üppig grünender Park von Laubbäumen, von Ulmen, Platanen, Buchen, Ahorn, Birken, leicht abgestuft in der Färbung ihres vollen, frischen, schimmernden Blätterschmucks und sacht mit den Wipfeln rauschend. Es wehte eine köstliche, feuchte, vom Atem der Bäume balsamierte Luft. Ein warmer Regenschauer zog vorüber, aber der Regen war durchleuchtet. Man sah bis hoch zum Himmel hinauf die Luft mit blankem Wassergeriesel erfüllt. Wie schön! Oh, Heimatodem, Duft und Fülle des Tieflandes, lang entbehrt! Die Luft war voller Vogellaut, voll zierlich-innigem und süßem Flöten, Zwitschern, Girren, Schlagen und Schluchzen, ohne daß eines der Tierchen sichtbar gewesen wäre. Hans Castorp lächelte, dankbar atmend. Inzwischen aber ließ alles sich noch schöner an. Ein Regenbogen spannte sich seitwärts über die Landschaft, voll ausgebildet und stark, die reinste Herrlichkeit, feucht schimmernd mit allen seinen Farben, die satt wie Öl ins dichte, blanke Grün herniederflossen. Das war ja wie Musik, wie lauter Harfenklang, mit Flöten untermischt und Geigen. Das Blau und Violett besonders strömten wunderbar. Alles ging zauberisch verschwimmend darin unter, verwandelte, entfaltete sich neu und immer schöner. Es war, wie einmal, manches Jahr war das schon her, als Hans Castorp einen weltberühmten Sänger hatte hören dürfen, einen italienischen Tenor, aus dessen Kehle gnadenvolle Kunst und Kräfte sich über die Herzen der Menschen ergossen hatten. Er hatte einen hohen Ton gehalten, der schön gewesen war gleich am Anfang. Allein allmählich, von Augenblick zu Augenblick, hatte der leidenschaftliche Wohllaut sich geöffnet, sich schwellend aufgetan, sich immer strahlender erhellt. Schleier auf Schleier, den vorher niemand wahrgenommen, war gleichsam davon abgesunken – ein letzter noch, der nun denn doch, so glaubte man, das äußerste und reinste Licht enthüllt hatte, und dann ein aller- und dann ein unwahrscheinlich aberletzter, befreiend einen solchen Überschwang von Glanz und tränenschimmernder Herrlichkeit, daß dumpfe Laute des Entzückens, die fast wie Ein- und Widerspruch geklungen, sich aus der Menge gelöst hatten und ihn selbst, den jungen Hans Castorp, ein Schluchzen angekommen war. So jetzt mit seiner Landschaft, die sich wandelte, sich öffnete in wachsender Verklärung. Bläue schwamm... Die blanken Regenschleier sanken: da lag das Meer – ein Meer, das Südmeer war das, tief-tiefblau, von Silberlichtern blitzend, eine wunderschöne Bucht, dunstig offen an einer Seite, zur Hälfte von immer matter blauenden Bergzügen weit umfaßt, mit Inseln zwischenein, von denen Palmen ragten oder auf denen man kleine, weiße Häuser aus Zypressenhainen leuchten sah. Oh, oh, genug, ganz unverdient, was war denn das für eine Seligkeit von Licht, von tiefer Himmelsreinheit, von sonniger Wasserfrische! Hans Castorp hatte das nie gesehen, nichts dergleichen. Er hatte auf Ferienreisen vom Süden kaum genippt, kannte die rauhe, die blasse See und hing daran mit kindlichen, schwerfälligen Gefühlen, hatte aber das Mittelmeer, Neapel, Sizilien etwa oder Griechenland, niemals erreicht. Dennoch *erinnerte* er sich. Ja, das war eigentümlicherweise ein Wiedererkennen, das er feierte. »Ach, ja, so ist es!« rief es in ihm – als hätte er das blaue Sonnenglück, das sich da vor ihm breitete, insgeheim und vor sich selbst verschwiegen, von je im Herzen getragen: Und dieses »Je« war weit, unendlich weit, so wie das offene Meer zur Linken, dort, wo der Himmel zart veilchenfarben darauf niederging.

Der Horizont lag hoch, die Weite schien zu steigen, was daher kam, daß Hans den Golf von oben sah, aus einiger Höhe: Die Berge griffen um, als Vorgebirge, buschwaldig, in die See tretend, zogen sie sich von der Mitte der Aussicht im Halbkreis bis dorthin, wo er saß, und weiter; es war Bergküste, wo er auf sonnerwärmten steinernen Stufen kauerte; vor ihm fiel das Gestade, moosig-steinig, in Treppenblöcken, mit Gestrüpp, zu einem ebenen Ufer ab, wo zwischen Schilf das Steingeröll blauende Buchten, kleine Häfen, Vorseen bildete. Und dieses sonnige Gebiet, und diese zugänglichen Küstenhöhen, und diese lachenden Felsenbecken, wie auch das Meer hinaus bis zu den Inseln, wo Boote hin und wider fuhren, war weit und breit bevölkert: Menschen, Sonnen- und Meereskinder, regten sich und ruhten überall, verständig-heitere, schöne junge Menschheit, so angenehm zu schauen – Hans Castorps ganzes Herz öffnete sich weit, ja schmerzlich weit und liebend ihrem Anblick.

Jünglinge tummelten Pferde, liefen, die Hand am Halfter, neben ihrem wiehernden, kopfwerfenden Trabe her, zerrten die Bockenden an langem Zügel oder trieben sie, sattellos reitend, mit bloßen Fersen die Flanken der Gäule schlagend, ins Meer hinein, wobei die Muskeln ihrer Rücken unter der goldbraunen Haut in der Sonne spielten und die Rufe, die sie tauschten oder an ihre Tiere richteten, aus irgendeinem Grunde bezaubernd klangen. An einer wie ein Bergsee die Ufer spiegelnden Bucht, die weit ins Land trat, war Tanz von Mädchen. Eine, von deren zum Knoten hochgenommenem Nackenhaar besonderer Liebreiz ausging, saß, die Füße in einer Bodenvertiefung, und blies auf einer Hirtenflöte, die Augen über ihr Fingerspiel hinweg gerichtet auf die Gefährtinnen, die, lang- und weitgewandet, einzeln, die Arme lächelnd ausgebreitet, und zu Paaren, die Schläfen lieblich aneinandergelehnt, im Tanze schritten, während im Rücken der Flötenden, der weiß und lang und zart und seitlich gerundet war, infolge der Stellung der Arme, andere Schwestern saßen oder umschlungen standen, zuschauend in ruhigem Gespräch. Weiterhin übte sich Jungmannschaft im Bogenschießen. Es war glücklich und freundschaftlich zu sehen, wie Ältere noch Ungeschickte, Lockige im Spannen der Sehne, im Anlegen unterwiesen, mit ihnen zielten und die vom Rückschlag Taumelnden lachend stützten, wenn der Pfeil schwirrend hinausging. Andere angelten. Sie lagen bäuchlings auf Uferfelsenplatten, mit einem Bein wippend, und hielten die Schnur ins Meer, den Kopf gemächlich plaudernd dem Nachbarn zugewandt, der, in schrägem Sitz den Körper reckend, seinen Köder recht weit hinauswarf. Wieder andere waren beschäftigt, ein hochbordiges Boot mit Mast und Segelstange unter Zerren, Schieben und Stemmen ins Meer zu fördern. Kinder spielten und jauchzten zwischen den Wellenbrechern. Ein junges Weib, lang hingestreckt, hintüber blickend, zog mit der einen Hand das blumige Gewand zwischen den Brüsten hoch, indem sie mit der andren verlangend in die Luft nach einer Frucht mit

Blättern griff, die der Schmalhüftige, zu ihren Häupten aufrecht, ihr mit gestrecktem Arme spielend vorenthielt. Man lehnte in Felsennischen, man zögerte am Rande des Bades, indem man kreuzweise mit den Händen die eigenen Schultern hielt und mit der Zehenspitze die Kühle des Wassers prüfte. Paare ergingen sich das Ufer entlang, und am Ohr des Mädchens war dessen Mund, der sie vertraulich führte. Langzottige Ziegen sprangen von Platte zu Platte, überwacht von einem jungen Hirten, der, eine Hand in der Hüfte, mit der andern auf seinen langen Stab gestützt, einen kleinen Hut mit hinten aufgeschlagener Krempe auf braunen Locken, am erhöhten Orte stand.

›Das ist ja reizend!‹ dachte Hans Castorp von ganzem Herzen. ›Das ist ja überaus erfreulich und gewinnend! Wie hübsch, gesund und klug und glücklich sie sind! Ja, nicht nur wohlgestalt – auch klug und liebenswürdig von innen heraus. Das ist es, was mich so rührt und ganz verliebt macht: der Geist und Sinn, so möcht ich sagen, der ihrem Wesen zugrunde liegt, in dem sie miteinander sind und leben!‹ Er meinte damit die große Freundlichkeit und gleichmäßig verteilte höfliche Rücksicht, mit der die Sonnenleute verkehrten: eine leichte und unter Lächeln verborgene Ehrerbietung, die sie einander, unmerklich fast und doch kraft einer deutlich durch alle waltenden Sinnesbildung und eingefleischten Idee, auf Schritt und Tritt erwiesen; ein Würde und Strenge sogar, doch ganz ins Heitere gelöst und einzig als ein unaussprechlicher geistiger Einfluß undüsteren Ernstes, verständiger Frömmigkeit ihr Tun und Lassen bestimmend – wenn auch nicht ohne alles Zeremoniell. Denn dort auf einem runden, bemoosten Steine saß in braunem Kleide, das von der einen Schulter gelöst war, eine junge Mutter und stillte ihr Kind. Und jeder, der vorbeikam, grüßte sie auf eine besondere Art, in welcher sich alles versammelte, was in dem allgemeinen Verhalten der Menschen sich so ausdrucksvoll verschwieg: die Jünglinge, indem sie, sich gegen die Mütterliche wendend, leicht, rasch und formell die Arme über der Brust kreuzten und lächelnd den Kopf neigten, die Mädchen durch das nicht allzu genaue Andeuten einer Kniebeugung, ähnlich dem Kirchenbesucher, der im Vorübergehn vorm Hochaltar sich leichthin erniedrigt. Doch nickten sie mehrmals lebhaft, lustig und herzlich ihr mit dem Kopfe dabei zu – und diese Mischung von förmlicher Devotion und heiterer Freundschaft, dazu die langsame Milde, mit der die Mutter von ihrem Würmchen, dem sie das Trinken mit in die Brust gedrücktem Zeigefinger bequem machte, aufblickte und den Reverenz Erweisenden mit einem Lächeln dankte, durchdrang Hans Castorp gänzlich mit Entzücken. Er wurde des Schauens nicht satt und fragte sich dennoch beklommen, ob ihm das Schauen denn auch erlaubt sei, ob das Belauschen dieses sonnig-gesitteten Glückes ihn, den Unzugehörigen, der sich unedel und häßlich und plump gestiefelt vorkam, nicht höchlichst strafbar mache.

Es schien unbedenklich. Ein schöner Knabe, dessen volles, seitlich über den Kopf gelegtes Haar vorn über der Stirn vorstand und in die Schläfe fiel, hielt sich, gerade unter seinem Sitz, mit auf der Brust verschränkten Armen von den Genossen abseits – nicht traurig oder trotzig, sondern eben nur gelassen abseits. Und dieser sah ihn, wandte den Blick zu ihm hinauf, und seine Augen gingen zwischen dem Späher und den Bildern des Strandes, sein Lauschen belauschend, hin und her. Plötzlich aber blickte er über ihn hinaus, sah hinter ihn ins Weite, und augenblicklich verschwand aus seinem schönen, streng geschnittenen, halbkindlichen Gesicht das allen gemeinsame Lächeln höflich geschwisterlicher Rücksicht – ja, ohne daß seine Brauen sich verfinstert hätten, erstand in seiner Miene ein Ernst, ganz wie aus Stein, ausdruckslos, unergründlich, eine Todesverschlossenheit, vor der den kaum beruhigten Hans Castorp der blasse Schrecken ankam, nicht ohne eine Beitat von unbestimmter Ahnung ihres Sinnes.

Auch er sah rückwärts… Mächtige Säulen, ohne Sockel,

aus zylindrischen Blöcken getürmt, in deren Fugen Moos sproßte, ragten hinter ihm – die Säulen eines Tempeltors, auf dessen in der Mitte offenem Stufenunterbau er saß. Schweren Herzens stand er auf, stieg seitlich die Stufen hinab und ging in den tiefen Torweg hinein, hindurch, auf einer mit Fliesen belegten Straße fort, die ihn alsbald vor neue Propyläen führte. Er durchschritt auch sie, und nun lag vor ihm der Tempel, massig, graugrünlich verwittert anzusehen, mit steilem Treppensockel und breiter Stirn, die auf den Kapitälen solcher gewaltiger und fast gedrungener, nach oben sich verjüngender Säulen lag, aus deren Gefüge manchmal ein gekehlter Rundblock, verschoben, seitlich austrat. Mit Mühe, auch unter Gebrauch der Hände und seufzend, denn immer beengter wurde es ihm ums Herz, erkletterte Hans Castorp die hohen Stufen und gewann den Hallenwald der Säulen. Der war sehr tief, er ging darin umher wie zwischen den Stämmen des Buchenwaldes am blassen Meer, indem er absichtlich die Mitte vermied und auszuweichen suchte. Doch schweifte er wieder zu ihr zurück und fand sich, wo die Säulenreihen auseinandertraten, vor einer Statuengruppe, zwei steinernen Frauenfiguren auf einem Sockel, Mutter und Tochter, wie es schien: die eine, sitzend, älter, würdiger, recht milde und göttlich, doch mit klagenden Brauen über den sternlos leeren Augen, in faltenreicher Tunika und Oberkleid, den gewellten Matronenscheitel mit einem Schleier bedeckt; die andere, stehend, von jener mütterlich umschlungen, mit rundem Jungfrauengesicht, Arme und Hände in die Falten ihres Übergewandes geschlungen und darin verborgen.

In der Betrachtung des Standbildes wurde Hans Castorps Herz aus dunklen Gründen noch schwerer, angst- und ahnungsvoller. Er getraute sich kaum und war doch genötigt, die Gestalten zu umgehen und hinter ihnen die nächste doppelte Säulenreihe zurückzulegen: Da stand ihm die metallene Tür der Tempelkammer offen, und die Knie wollten dem Armen brechen vor dem, was er mit Starren erblickte. Zwei graue Weiber, halbnackt, zottelhaarig, mit hängenden Hexenbrüsten und fingerlangen Zitzen, hantierten dort drinnen zwischen flackernden Feuerpfannen aufs gräßlichste. Über einem Becken zerissen sie ein kleines Kind, zerrissen es in wilder Stille mit den Händen – Hans Castorp sah zartes blondes Haar mit Blut verschmiert – und verschlangen die Stücke, die die spröden Knöchlein ihnen im Maule knackten und das Blut von ihren wüsten Lippen troff. Grausende Eiseskälte hielt Hans Castorp in Bann. Er wollte die Hände vor die Augen schlagen und konnte nicht. Er wollte fliehen und konnte nicht. Da hatten sie ihn schon gesehen bei ihrem greulichen Geschäft, sie schüttelten die blutigen Fäuste nach ihm und schimpften stimmlos, aber mit letzter Gemeinheit, unflätig, und zwar im Volksdialekt von Hans Castorps Heimat. Es wurde ihm so übel, so übel wie noch nie. Verzweifelt wollte er sich von der Stelle reißen – und so, wie er dabei an der Säule in seinem Rücken seitlich hingestürzt, so fand er sich, das scheußliche Flüsterkeifen noch im Ohr, von kaltem Grausen noch ganz umklammert an seinem Schuppen im Schnee, auf einem Arme liegend, mit angelehntem Kopf, die Beine mit den Skihölzern von sich gestreckt.

Es war jedoch kein rechtes und eigentliches Erwachen; er blinzelte nur, erleichtert, die Greuelweiber los zu sein, doch war es ihm sonst wenig deutlich, noch auch sehr wichtig, ob er an einer Tempelsäule liege oder an einem Schober, und er träumte gewissermaßen fort – nicht mehr in Bildern, sondern gedankenweise, aber darum nicht weniger gewagt und kraus.

›Dacht ich's doch, daß das geträumt war‹, faselte er in sich hinein. ›Ganz reizend und fürchterlich geträumt. Ich wußte es im Grunde die ganze Zeit, und alles hab ich mir selbst gemacht – den Laubpark und die liebe Feuchtigkeit und dann das Weitere, Schönes wie Scheußliches, ich wußte es beinahe im voraus. Wie kann man aber so was wissen und sich machen, sich so beglücken und ängstigen? Woher hab ich den schönen Inselgolf und dann den Tempelbezirk, wohin die Augen des einen Angenehmen, der für sich stand, mich wiesen? Man träumt nicht nur aus eigener Seele, möcht ich sagen, man träumt anonym und gemeinsam, wenn auch auf eigene Art. Die große Seele, von der du nur ein Teilchen, träumt wohl mal durch dich, auf deine Art, von Dingen, die sie heimlich immer träumt – von ihrer Jugend, ihrer Hoffnung, ihrem Glück und Frieden... und ihrem Blutmahl. Da liege ich an meiner Säule und habe im Leibe noch die wirklichen Reste meines Traums, das eisige Grauen vor dem Blutmahl und auch die Herzensfreude noch von vorher, die Freude an dem Glück und an der frommen Gesittung der weißen Menschheit. Es kommt mir zu, behaupte ich, ich habe verbriefte Rechte, hier zu liegen und dergleichen zu träumen. Ich habe viel erfahren bei denen hier oben von Durchgängerei und Vernunft. Ich bin mit Naphta und Settembrini im hochgefährlichen Gebirge umgekommen. Ich weiß alles vom Menschen. Ich habe sein Fleisch und Blut erkannt, ich habe der kranken Clawdia Pribslav Hippes Bleistift zurückgegeben. Wer aber den Körper, das Leben erkennt, erkennt den Tod. Nur ist das nicht das Ganze – ein Anfang vielmehr lediglich, wenn man es pädagogisch nimmt. Man muß die andere Hälfte dazu halten, das Gegenteil. Denn alles Interesse für Tod und Krankheit ist nichts als eine Art von Ausdruck für das am Leben, wie ja die humanistische Fakultät der Medizin beweist, die immer so höflich auf lateinisch zum Leben und seiner Krankheit redet und nur eine Abschattung ist des einen großen und dringlichsten Anliegens, das ich mir nun mit aller Sympathie bei seinem Namen nenne: Es ist das Sorgenkind des Lebens, es ist der Mensch und ist sein Stand und Staat... Ich verstehe mich nicht wenig auf ihn, habe viel gelernt bei denen hier oben, bin hoch vom Flachlande hinaufgetrieben, so daß mir Armem fast der Atem ausging; doch hab ich nun vom Fuße meiner Säule einen nicht schlechten Überblick... Mir träumte vom Stande des Menschen und seiner höflich-verständigen und ehrerbietigen Gemeinschaft, hinter der im Tempel das gräßliche Blutmahl sich abspielt. Waren sie so höflich und reizend zueinander, die Sonnenleute, im stillen Hinblick auf eben dies Gräßliche? Das wäre eine feine und recht galante Folgerung, die sie da zögen! Ich will es mit ihnen halten in meiner Seele und nicht mit Naphta – übrigens auch nicht mit Settembrini, sie sind beide Schwätzer. Der eine ist wollüstig und boshaft, und der andere bläst immer nur auf dem Vernunfthörnchen und bildet sich ein, sogar die Tollen ernüchtern zu können, das ist ja abgeschmackt. Es ist Philisterei und bloße Ethik, irreligiös, soviel ist ausgemacht. Doch will ich's auch mit des kleinen Naphta Teil nicht halten, mit seiner Religion, die nur ein guazzabuglio von Gott und Teufel, Gut und Böse ist, eben recht, damit das Einzelwesen sich kopfüber hineinstürze, zwecks mystischen Unterganges im allgemeinen. Die beiden Pädagogen! Ihr Streit und ihre Gegensätze sind selber nur ein guazzabuglio und ein verworrener Schlachtenlärm, wovon sich niemand betäuben läßt, der nur ein bißchen frei im Kopfe ist und fromm im Herzen. Mit ihrer aristokratischen Frage! Mit ihrer Vornehmheit! Tod oder Leben – Krankheit, Gesundheit – Geist und Natur. Sind das wohl Widersprüche? Ich frage: sind das Fragen? Nein, es sind keine Fragen, und auch die Frage nach ihrer Vornehmheit ist keine. Die Durchgängerei des Todes ist im Leben, es wäre nicht Leben ohne sie, und in der Mitte ist des Homo Dei Stand – inmitten zwischen Durchgängerei und Vernunft – wie auch sein Staat ist zwischen mystischer Gemeinschaft und windigem Einzeltum. Das sehe ich von meiner Säule aus. In diesem Stande soll er fein galant und freundlich ehrerbietig mit sich selber verkehren – denn er allein ist vornehm, und nicht die Gegensätze. Der Mensch ist Herr der Gegensätze, sie sind durch ihn, und also ist er vornehmer als sie. Vornehmer als sie. Vornehmer als der Tod, zu vornehm für diesen – das ist die Freiheit seines Kopfes. Vornehmer als das Leben, zu vornehm für dieses – das ist die

Frömmigkeit in seinem Herzen. Da habe ich einen Reim gemacht, ein Traumgedicht vom Menschen. Ich will dran denken. Ich will gut sein. Ich will dem Tode keine Herrschaft einräumen über meine Gedanken! Denn darin besteht die Güte und Menschenliebe, und in nichts anderem. Der Tod ist eine große Macht. Man nimmt den Hut ab und wiegt sich vorwärts auf Zehenspitzen in seiner Nähe. Er trägt die Würdenkrause des Gewesenen, und selber kleidet man sich streng und schwarz zu seinen Ehren. Vernunft steht albern vor ihm da, denn sie ist nichts als Tugend, er aber Freiheit, Durchgängerei, Unform und Lust. Lust, sagt mein Traum, nicht Liebe. Tod und Liebe – das ist ein schlechter Reim, ein abgeschmackter, ein falscher Reim! Die Liebe steht dem Tode entgegen, nur sie, nicht die Vernunft, ist stärker als er. Nur sie, nicht die Vernunft, gibt gütige Gedanken. Auch Form ist nur aus Liebe und Güte: Form und Gesittung verständig-freundlicher Gemeinschaft und schönen Menschenstaats – in stillem Hinblick auf das Blutmahl. Oh, so ist es deutlich geträumt und gut regiert! Ich will dran denken. Ich will dem Tode Treue halten in meinem Herzen, doch mich hell erinnern, daß Treue zum Tode und Gewesenen nur Bosheit und finstere Wollust und Menschenfeindschaft ist, bestimmt sie unser Denken und Regieren. *Der Mensch soll um der Güte und Liebe willen dem Tode keine Herrschaft einräumen über seine Gedanken.* Und damit wach ich auf... Denn damit habe ich zu Ende geträumt und recht zum Ziele. Schon längst hab ich nach diesem Wort gesucht: am Orte, wo Hippe mir erschien, in meiner Loge und überall. Ins Schneegebirge hat mich das Suchen danach auch getrieben. Nun habe ich es. Mein Traum hat es mir deutlichst eingegeben, daß ich's für immer weiß. Ja, ich bin hoch entzückt und ganz erwärmt davon. Mein Herz schlägt stark und weiß warum. Es schlägt nicht bloß aus körperlichen Gründen, nicht so, wie einer Leiche noch die Nägel wachsen; menschlicherweise schlägt es und recht von glücklichen Gemütes wegen. Das ist ein

Trank, mein Traumwort – besser als Portwein und Ale, es strömt mir durch die Adern wie Lieb und Leben, daß ich mich aus meinem Schlaf und Traume reiße, von denen ich natürlich sehr wohl weiß, daß sie meinem jungen Leben im höchsten Grade gefährlich sind… Auf, auf! Die Augen auf! Es sind deine Glieder, die Beine da im Schnee! Zusammenziehn und auf! Sieh, da – gut Wetter!‹

Sie hielt gewaltig schwer, die Befreiung aus den Banden, die ihn umstrickten und niederhalten wollten; allein der Antrieb, den er sich zu schaffen gewußt, war stärker. Hans Castorp warf sich auf den Ellenbogen, zog mannhaft die Knie an, riß, stützte und turnte sich empor. Er stampfte mit den Brettern den Schnee, schlug sich die Arme um die Rippen und schüttelte die Schultern, indem er erregte und angestrengte Blicke dahin und dorthin und hinauf zum Himmel sandte, wo blasses Blau sich zwischen schleierdünnen, graublauen Wolken zeigte, die sachte zogen und die schmale Sichel des Mondes enthüllten. Leichte Dämmerung. Kein Sturm, kein Schneefall. Die Bergwand drüben mit dem tannenrauhen Rücken war voll und klar zu sehen, lag in Frieden. Schatten reichte bis halb hinauf; die obere Hälfte war aufs zarteste rosa belichtet. Was gab es denn, und wie verhielt es sich mit der Welt? War Morgen? Und hatte er die Nacht hindurch im Schnee gelegen, ohne zu erfrieren, wie es im Buche stand? Kein Glied war abgestorben, keines zerbrach ihm klirrend, während er stampfte, sich schüttelte und schlug, worin er nicht säumig war, indem er zu gleicher Zeit die Sachlage gedanklich zu ergründen suchte. Ohren, Fingerspitzen und Zehen waren wohl taub, allein nicht mehr, als schon sooft beim nächtlich-winterlichen Liegen in der Loge. Es gelang, die Uhr hervorzugraben. Sie ging. Sie war nicht stehengeblieben, wie sie zu tun pflegte, wenn er sie abends aufzuziehen vergaß. Sie zeigte noch nicht fünf – bei weitem nicht. Es fehlten zwölf, dreizehn Minuten daran. Erstaunlich! konnte es denn sein, daß er nur zehn Minuten oder etwas länger hier im Schnee gelegen und so vieles an

Glücks- und Schreckensbildern und waghalsigen Gedanken sich vorgefabelt hatte, indessen das hexagonale Unwesen sich so schnell verzog, wie es gekommen? Dann hatte er anerkennenswertes Glück gehabt, unter dem Gesichtspunkt des Heimkommens. Denn zweimal hatte sein Träumen und Fabeln eine Wendung genommen, daß er belebt emporgefahren war: einmal vor Grauen und das zweitemal vor Freude. Es schien, das Leben hatte es gutgemeint mit seinem hochverirrten Sorgenkinde...

Mochte dem nun aber wie immer sein und mochte er Morgen um sich haben oder Nachmittag (ganz ohne Zweifel war es noch immer frühabendlicher Nachmittag): auf jeden Fall lag nichts in den Umständen oder in seinem persönlichen Zustande, was ihn gehindert hätte, nach Hause zu laufen, und das tat denn Hans Castorp – großzügig, sozusagen in der Luftlinie, fuhr er zu Tal, wo, als er eintraf, schon Lichter brannten, obgleich die Reste von schneebewahrtem Tageslicht ihm unterwegs vollauf genügt hatten. Den Brehmenbühl, am Rande des Mattenwaldes, kam er herunter und war halb sechs in »Dorf«, wo er sein Sportgerät beim Krämer unterstellte, in Herrn Settembrinis Speicherklause Rast machte und ihm Bericht gab, wie er sich nun auch einmal vom Schneesturm habe betreffen lassen. Der Humanist war höchlich erschrocken. Er warf die Hand über den Kopf, schalt weidlich über solchen gefährlichen Leichtsinn und entflammte stehenden Fußes die puffende Spiritusmaschine, dem recht Erschöpften Kaffee zu machen, dessen Stärke nicht hinderte, daß Hans Castorp noch bei ihm im Stuhle in Schlaf fiel.

Die hochzivilisierte Atmosphäre des »Berghofs« umschmeichelte ihn eine Stunde später. Beim Diner griff er gewaltig zu. Was er geträumt, war im Verbleichen begriffen. Was er gedacht, verstand er schon diesen Abend nicht mehr so recht.

THOMAS MANN

Am See

Ich ging eines Abends nach dem Abendessen rasch noch zum See hinaus, der, ich weiß nicht mehr deutlich von was für einer regnerischen Melancholie dunkel umhüllt war. Ich setzte mich auf eine Bank, die unter den freien Zweigen eines Weidenbaumes stand, und indem ich mich so einem unbestimmten Sinnen überließ, wollte ich mir einbilden, daß ich nirgends sei, eine Philosophie, die mich in ein sonderbares reizendes Behagen setzte. Herrlich war das Bild der Trauer am regnerischen See, in dessen warmes graues Wasser es sorgfältig und gleichsam vorsichtig regnete. Der alte Vater mit seinen weißen Haaren stand in Gedanken vor mir, was mich zum nichtsbedeutenden, schüchternen Knaben machte, und das Gemälde der Mutter verband sich mit dem leisen, lieblichen Plätschern der zarten Wellen. Mit dem weiten See, der mich anschaute wie ich ihn, sah ich die Kindheit, die auch mich anschaute wie mit klaren, schönen, guten Augen. Bald vergaß ich ganz, wo ich war; bald wußte ich es wieder. Einige stille Leute spazierten behutsam am Ufer auf und ab, zwei junge Fabrikmädchen setzten sich auf die Nachbarbank und fingen an, miteinander zu plaudern, und im Wasser draußen, im lieben See draußen, wo das holde, heitere Weinen sanft sich verbreitete, fuhren in Booten oder Nachen noch Liebhaber der Schiffahrt, Regenschirme über den Köpfen aufgespannt, ein Anblick, der mich phantasieren ließ, ich sei in China oder in Japan oder sonst in einem träumerischen, poetischen Land. Es regnete so süß, so weich auf das Wasser und es war so dunkel. Alle Gedanken schlummerten, und wieder waren alle Gedanken wach. Ein Dampfschiff fuhr in den See hinaus; seine goldenen Lichter schimmerten wunderbar im blanken, silberdunkeln Wasser, das das schöne Schiff trug, als habe es Freude an der märchenhaften Erscheinung. Die Nacht kam bald darauf und mit ihr das freundliche

Gebot, aufzustehen von der Bank unter den Bäumen, vom Ufer wegzugehen und den Heimweg anzutreten.

ROBERT WALSER

II

AUS DER HAND
FRISST DER HERBST MIR
SEIN BLATT:
WIR SIND FREUNDE

Corona

Aus der Hand frißt der Herbst mir sein Blatt: wir sind Freunde.
Wir schälen die Zeit aus den Nüssen und lehren sie gehn:
die Zeit kehrt zurück in die Schale.

Im Spiegel ist Sonntag,
im Traum wird geschlafen,
der Mund redet wahr.

Mein Aug steigt hinab zum Geschlecht der Geliebten:
wir sehen uns an,
wir sagen uns Dunkles,
wir lieben einander wie Mohn und Gedächtnis,
wir schlafen wie Wein in den Muscheln,
wie das Meer im Blutstrahl des Mondes.

Wir stehen umschlungen im Fenster, sie sehen uns zu von der Straße:
es ist Zeit, daß man weiß!
Es ist Zeit, daß der Stein sich zu blühen bequemt,
daß der Unrast ein Herz schlägt.
Es ist Zeit, daß es Zeit wird.

Es ist Zeit.

PAUL CELAN

Psalm 90

Herr, du bist unsre Zuflucht für und für. Ehe denn die Berge wurden und die Erde und die Welt geschaffen wurden, bist du, Gott, von Ewigkeit zu Ewigkeit.

Der du die Menschen lässest sterben und sprichst: Kommt wieder, Menschenkinder!

Denn tausend Jahre sind vor dir wie der Tag, der gestern vergangen ist, und wie eine Nachtwache.

Du lässest sie dahinfahren wie einen Strom, sie sind wie ein Schlaf, wie ein Gras, das am Morgen noch sproßt, das am Morgen blüht und sproßt und des Abends welkt und verdorrt.

Das macht dein Zorn, daß wir so vergehen, und dein Grimm, daß wir so plötzlich dahin müssen.

Denn unsre Missetaten stellst du vor dich, unsre unerkannte Sünde ins Licht vor deinem Angesicht.

Darum fahren alle unsre Tage dahin durch deinen Zorn, wir bringen unsre Jahre zu wie ein Geschwätz.

Unser Leben währet siebzig Jahre, und wenn's hoch kommt, so sind's achtzig Jahre, und was daran köstlich scheint, ist doch nur vergebliche Mühe; denn es fähret schnell dahin, als flögen wir davon.

Wer glaubt's aber, daß du so sehr zürnest, und wer fürchtet sich vor dir in deinem Grimm?

Lehre uns bedenken, daß wir sterben müssen, auf daß wir klug werden.

HERR, kehre dich doch endlich wieder zu uns und sei deinen Knechten gnädig! Fülle uns frühe mit deiner Gnade, so wollen wir rühmen und fröhlich sein unser Leben lang.

Erfreue uns nun wieder, nachdem du uns so lange plagest, nachdem wir so lange Unglück leiden.

Zeige deinen Knechten deine Werke und deine Herrlichkeit ihren Kindern.

Und der Herr, unser Gott, sei uns freundlich und fördere

das Werk unsrer Hände bei uns. Ja, das Werk unsrer Hände wollest du fördern!

BUCH DER PSALMEN

OCTAVIO O Gott der Gerechtigkeit! Ich hebe meine Hand auf!
Ich bin an dieser ungeheuren Tat
Nicht schuldig.

BUTTLER Eure Hand ist rein. Ihr habt
Die meinige dazu gebraucht.

OCTAVIO Ruchloser!
So mußtest du des Herrn Befehl mißbrauchen,
Und blutig grauenvollen Meuchelmord
Auf deines Kaisers heilgen Namen wälzen?

BUTTLER *(gelassen)*
Ich hab des Kaisers Urteil nur vollstreckt.

OCTAVIO O Fluch der Könige, der ihren Worten
Das fürchterliche Leben gibt, dem schnell
Vergänglichen Gedanken gleich die Tat,
Die fest unwiderrufliche, ankettet!
Mußt es so rasch gehorcht sein? Konntest du
Dem Gnädigen nicht Zeit zur Gnade gönnen?
Des Menschen Engel ist die Zeit – die rasche
Vollstreckung an das Urteil anzuheften,
Ziemt nur dem unveränderlichen Gott!

BUTTLER Was scheltet Ihr mich?
Was ist mein Verbrechen?
Ich habe eine gute Tat getan,
Ich hab das Reich von einem furchtbarn Feinde
Befreit, und mache Anspruch auf Belohnung.
Der einzge Unterschied ist zwischen *Eurem*
Und *meinem* Tun: Ihr habt den Pfeil geschärft,
Ich hab ihn abgedrückt. Ihr sätet Blut,
Und steht bestürzt, daß Blut ist aufgegangen.
Ich wußte immer, was ich tat, und so
Erschreckt und überrascht mich kein Erfolg.
Habt Ihr sonst einen Auftrag mir zu geben?
Denn stehnden Fußes reis ich ab nach Wien,

Mein blutend Schwert vor meines Kaisers Thron
Zu legen und den Beifall mir zu holen,
Den der geschwinde, pünktliche Gehorsam
Von dem gerechten Richter fordern darf.

FRIEDRICH SCHILLER

An Chronos

Wir wollen nicht aus deinem Haus gehen
Wir wollen den Ofen nicht einreißen
Wir wollen den Topf auf den Ofen setzen.
Haus, Ofen und Topf kann bleiben
Und du sollst verschwinden wie der Rauch im Himmel
Den niemand zurückhält.

Wenn du dich an uns halten willst, werden wir weggehen
Wenn deine Frau weint, werden wir unsere Hüte ins
Gesicht ziehen
Aber wenn sie dich holen, werden wir auf dich deuten
Und werden sagen: Das muß er sein.

Wir wissen nicht, was kommt, und haben nichts Besseres
Aber dich wollen wir nicht mehr.
Vor du nicht weg bist
Laßt uns verhängen die Fenster, daß es nicht morgen wird.

Die Städte dürfen sich ändern
Aber du darfst dich nicht ändern.
Den Steinen wollen wir zureden
Aber dich wollen wir töten
Du mußt nicht leben.
Was immer wir an Lügen glauben müssen:
Du darfst nicht gewesen sein.

(So sprechen wir mit unsern Vätern.)

BERTOLT BRECHT

Zwölf Nächte

Zwölf Nächte nahen weiß verhüllt,
aus Urnen stäubt der Schnee.
Die geisterhafte Asche füllt
den nebelgrauen See.

Die Elster flattert schwarz und weiß
im schattenlosen Wind.
Zerfetzte Kiefern knarrn im Eis,
das Land liegt maulwurfsblind.

Nicht ruhn bei Münzen, Ring und Krug
die Toten unterm Stein.
Der Mond weht wie ein weißer Spuk.
Die Öde hüllt sie ein.

Die Dämmerung von Stimmen hallt,
die nie ein Ohr erlauscht.
Die Toten gehn, wo überm Wald
die kalte Asche rauscht.

Und gräbst du durch das Eis der Nacht,
wie es der Spruch gewollt,
dein Spaten schürft und hebt im Schacht
der Fäulnis fahles Gold.

Du findest nur den Schmerz der Zeit,
die Erde feucht von Blut.
Und unterm Schutt, zum Biß bereit,
der Schlangen nackte Brut.

Zertritt ihr Haupt und scheu den Biß.
Horch in den Wind, bleib stumm.
Noch herrscht der Glanz der Finsternis,
noch geht der Würger um.

Doch nicht erstickt der Nacht Gewalt
der Seele stilles Licht.
Weht auch der Hauch der Asche kalt,
die Finsternis zerbricht.

PETER HUCHEL

L'ange du Meridien
Chartres

Im Sturm, der um die starke Kathedrale
wie ein Verneiner stürzt der denkt und denkt,
fühlt man sich zärtlicher mit einem Male
von deinem Lächeln zu dir hingelenkt:

lächelnder Engel, fühlende Figur,
mit einem Mund, gemacht aus hundert Munden:
gewahrst du gar nicht, wie dir unsre Stunden
abgleiten von der vollen Sonnenuhr,

auf der des Tages ganze Zahl zugleich,
gleich wirklich, steht in tiefem Gleichgewichte,
als wären alle Stunden reif und reich.

Was weißt du, Steinerner, von unserm Sein?
und hältst du mit noch seligerm Gesichte
vielleicht die Tafel in die Nacht hinein?

RAINER MARIA RILKE

Bei einem Fluß ist es nicht möglich
zweimal hineinzusteigen in denselben –
auch nicht ein sterbliches Wesen zweimal
zu berühren und zu fassen im gleichen Zustand –
es zerfließt und wieder strömt es zusammen
und kommt her
und geht fort.

HERAKLIT

Wie Schmetterlinge in ein flammend Feuer,
in voller Hast zum Untergang eilen;
so eilen auch zum Untergang die Menschen
in voller Hast hinein
in deinen Rachen.

BHAGAVADGITA

Konfuzius sprach:
Mit fünfzehn wandte
ich mich dem Lernen zu,
mit dreißig hatte ich festen Grund.
Mit vierzig hatte ich keine Zweifel.
Mit fünfzig kannte ich den Willen des Himmels.
Mit sechzig war ich bereit, auf ihn zu hören.
Mit siebzig konnte ich den Wünschen
meines Herzens folgen,
ohne gegen das Rechte zu verstoßen.

KONFUZIUS

Die zwei größten Tyrannen der Erde:
der Zufall und die Zeit.

JOHANN GOTTFRIED HERDER

Resignation

Eine Phantasie

Auch ich war in Arkadien geboren,
Auch mir hat die Natur
An meiner Wiege Freude zugeschworen,
Auch ich war in Arkadien geboren,
Doch Tränen gab der kurze Lenz mir nur.

Des Lebens Mai blüht einmal und nicht wieder,
Mir hat er abgeblüht.
Der stille Gott – o weinet meine Brüder –
Der stille Gott taucht meine Fackel nieder,
Und die Erscheinung flieht.

Da steh ich schon auf deiner Schauerbrücke,
Ehrwürdge Geistermutter – Ewigkeit.
Empfange meinen Vollmachtbrief zum Glücke,
Ich bring ihn unerbrochen dir zurücke,
Mein Lauf ist aus. Ich weiß von keiner Seligkeit.

Vor deinem Thron erheb ich meine Klage,
Verhüllte Richterin.
Auf jenem Stern ging eine frohe Sage,
Du thronest hier mit des Gerichtes Waage
Und nennest dich Vergelterin.

Hier – spricht man – warten Schrecken auf den Bösen
Und Freuden auf den Redlichen.
Des Herzens Krümmen werdest du entblößen,
Der Vorsicht Rätsel werdest du mir lösen
Und Rechnung halten mit dem Leidenden.

Hier öffne sich die Heimat dem Verbannten,
Hier endige des Dulders Dornenbahn.

Ein Götterkind, das sie mir *Wahrheit* nannten,
Die meisten flohen, wenige nur kannten,
Hielt meines Lebens raschen Zügel an.

›Ich zahle dir in einem andern Leben,
Gib deine Jugend mir,
Nichts kann ich dir als diese Weisung geben.‹
Ich nahm die Weisung auf das andre Leben,
Und meiner Jugend Freuden gab ich ihr.

›Gib mir das Weib, so teuer deinem Herzen,
Gib deine Laura mir.
Jenseits der Gräber wuchern deine Schmerzen.‹ –
Ich riß sie blutend aus dem wunden Herzen
Und weinte laut und gab sie ihr.

›Du siehst die Zeit nach jenen Ufern fliegen,
Die blühende Natur
Bleibt hinter ihr – ein welker Leichnam – liegen.
Wenn Erd und Himmel trümmernd auseinanderfliegen,
Daran erkenne den erfüllten Schwur.‹

»Die Schuldverschreibung lautet an die Toten«,
Hohnlächelte die Welt,
»Die Lügnerin, gedungen von Despoten,
Hat für die Wahrheit Schatten dir geboten,
Du bist nicht mehr, wenn dieser Schein verfällt.«

Frech witzelte das Schlangenheer der Spötter:
»Vor einem Wahn, den nur Verjährung weiht,
Erzitterst du? Was sollen deine Götter,
Des kranken Weltplans schlau erdachte Retter,
Die Menschenwitz des Menschen Notdurft leiht?

Ein Gaukelspiel, ohnmächtigen Gewürmen
Von mächtigem gegönnt,

Schreckfeuer angesteckt auf hohen Türmen,
Die Phantasie des Träumers zu bestürmen,
Wo des Gesetzes Fackel dunkel brennt.

Was heißt die Zukunft, die uns Gräber decken?
Die Ewigkeit, mit der du eitel prangst?
Ehrwürdig nur, weil schlaue Hüllen sie verstecken,
Der Riesenschatten unsrer eignen Schrecken
Im hohlen Spiegel der Gewissensangst;

Ein Lügenbild lebendiger Gestalten,
Die Mumie der Zeit,
Vom Balsamgeist der Hoffnung in den kalten
Behausungen des Grabes hingehalten,
Das nennt dein Fieberwahn – Unsterblichkeit?

Für Hoffnungen – Verwesung straft sie Lügen –
Gabst du *gewisse* Güter hin?
Sechstausend Jahre hat der Tod geschwiegen,
Kam je ein Leichnam aus der Gruft gestiegen,
Der Meldung tat von der Vergelterin?«

Ich sah die Zeit nach deinen Ufern fliegen,
Die blühende Natur
Blieb hinter ihr, ein welker Leichnam, liegen.
Kein Toter kam aus seiner Gruft gestiegen,
Und fest vertraut ich auf den Götterschwur.

All meine Freuden hab ich dir geschlachtet,
Jetzt werf ich mich vor deinen Richterthron.
Der Menge Spott hab ich beherzt verachtet,
Nur *deine* Güte hab ich groß geachtet,
Vergelterin, ich fordre meinen Lohn.

›Mit gleicher Liebe lieb ich meine Kinder!‹
Rief unsichtbar ein Genius.

›Zwei Blumen‹, rief er, ›hört es, Menschenkinder –
Zwei Blumen blühen für den weisen Finder,
Sie heißen *Hoffnung* und *Genuß*.

Wer dieser Blumen *Eine* brach, begehre
Die andre Schwester nicht.
Genieße, wer nicht glauben kann. Die Lehre
Ist ewig wie die Welt. Wer glauben kann, entbehre.
Die Weltgeschichte ist das Weltgericht.

Du hast *gehofft*, dein Lohn ist abgetragen,
Dein *Glaube* war dein zugewognes Glück.
Du konntest deine Weisen fragen,
Was man von der Minute ausgeschlagen,
Gibt keine Ewigkeit zurück.‹

FRIEDRICH SCHILLER

Es kommen härtere Tage.
Die auf Widerruf gestundete Zeit
wird sichtbar am Horizont.
Bald mußt du den Schuh schnüren
und die Hunde zurückjagen
in die Marschhöfe.

INGEBORG BACHMANN

Herr, bedenkt, wie schnell die Stunde gleitet,
Wie das kurze Leben
Flieht und man den Tod im Nacken hat;
Noch verweilt ihr, denkt ans Weiterschweben!
Nackt und ungeleitet
Kommt die Seele an den fremden Pfad.
Hier auf Erden hat
Jeder Haß und Rachsucht abzulegen:
Heitrer Lebensbahn ein böser Wind.
Wer Verderben sinnt
Gegen Brüder, mag auf bessern Wegen
Kopf und Hände regen,
Auf gepriesne Art
Edles Wissen zu erringen hoffen:
Frohe Lebensfahrt
Gäb' es, und den Weg zum Himmel offen.

Gib wohl acht, Kanzone,
Deine Meinung höflich vorzutragen,
Denn zu stolzen Leuten geht die Fahrt,
Deren Sinn und Art
Voll ist schlechten Brauchs aus alten Tagen:
Wahres nie zu sagen.
Wende dich zuvor
An die Edlen, bösen Treibens müde,
Sprich: Wer leiht sein Ohr?
Rufen will ich: Friede, Friede, Friede.

PETRARCA

Vanitas! Vanitatum Vanitas!

Die Herrlichkeit der Erden
Muß Rauch und Aschen werden,
Kein Fels, kein Erz kann stehn.
Dies was uns kann ergetzen,
Was wir für ewig schätzen,
Wird als ein leichter Traum vergehn.

Was sind doch alle Sachen,
Die uns ein Herze machen,
Als schlechte Nichtigkeit?
Was ist der Menschen Leben,
Der immer um muß schweben,
Als eine Phantasie der Zeit.

ANDREAS GRYPHIUS

Die Zeit geht nicht, sie stehet still,
Wir ziehen durch sie hin;
Sie ist ein Karawanserei,
Wir sind die Pilger drin.

Ein Etwas, form- und farbenlos,
Das nur Gestalt gewinnt,
Wo ihr drin auf und nieder taucht,
Bis wieder ihr zerrinnt.

Es blitzt ein Tropfen Morgentau
Im Strahl des Sonnenlichts –
Ein Tag kann eine Perle sein
Und hundert Jahre – Nichts!

Es ist ein weißes Pergament
Die Zeit, und jeder schreibt
Mit seinem besten Blut darauf,
Bis ihn der Strom vertreibt.

An dich, du wunderbare Welt,
Du Schönheit ohne End,
Schreib ich 'nen kurzen Liebesbrief
Auf dieses Pergament.

Froh bin ich, daß ich aufgetaucht
In deinem runden Kranz;
Zum Dank trüb ich die Quelle nicht
Und lobe deinen Glanz!

GOTTFRIED KELLER

Wir können nicht leugnen, daß über unsre Häupter eine gefährliche Weltepoche hereingebrochen ist. Unglücks haben die Menschen zu allen Zeiten genug gehabt; der Fluch des gegenwärtigen Geschlechts ist aber, sich auch ohne alles besondre Leid unselig zu fühlen. Ein ödes Wanken und Schwanken, ein lächerliches Sicherstellen und Zerstreutsein, ein Haschen, man weiß nicht, wonach? eine Furcht vor Schrecknissen, die um so unheimlicher sind, als sie keine Gestalt haben! Es ist, als ob die Menschheit, in ihrem Schifflein auf einem übergewaltigen Meere umhergeworfen, an einer moralischen Seekrankheit leide, deren Ende kaum abzusehn ist.

Man muß noch zum Teil einer andern Periode angehört haben, um den Gegensatz der beiden Zeiten, deren jüngste die Revolution in ihrem Anfangspunkte bezeichnet, ganz empfinden zu können. Unsre Tagesschwätzer sehen mit großer Verachtung auf jenen Zustand Deutschlands, wie er gegen das letzte Viertel des vorigen Jahrhunderts sich gebildet hatte, und noch eine Reihe von Jahren nachwirkte, herab. Er kommt ihnen schal und dürftig vor; aber sie irren sich. Freilich wußten und trieben die Menschen damals nicht so vielerlei als jetzt; die Kreise, in denen sie sich bewegten, waren kleiner, aber man war mehr in seinem Kreise zu Hause, man trieb die Sache um der Sache willen, und, daß ich bei der Schutzrede für die Beschränkung mit einem recht beschränkten Sprüchlein argumentiere: der Schuster blieb bei seinem Leisten. Jetzt ist jedem Schuster der Leisten zu gering, woher es auch rührt, daß kein Schuh mehr uns bequem sitzen will.

Wir sind, um in *einem* Worte das ganze Elend auszusprechen, Epigonen, und tragen an der Last, die jeder Erb- und Nachgeborenschaft anzukleben pflegt. Die große Bewegung im Reiche des Geistes, welche unsre Väter von ihren Hütten und Hüttchen aus unternahmen, hat uns eine Menge von Schätzen zugeführt, welche nun auf allen Markttischen ausliegen. Ohne sonderliche Anstrengung vermag auch die geringe Fähigkeit wenigstens die Scheidemünze jeder Kunst und Wissenschaft zu erwerben. Aber es geht mit geborgten Ideen, wie mit geborgtem Gelde, wer mit fremdem Gute leichtfertig wirtschaftet, wird immer ärmer. Aus dieser Bereitwilligkeit der himmlischen Göttin gegen jeden Dummkopf ist eine ganz eigentümliche Verderbnis des Worts entstanden. Man hat dieses Palladium der Menschheit, dieses Taufzeugnis unsres göttlichen Ursprungs, zur Lüge gemacht, man hat seine Jungfräulichkeit entehrt. Für den windigsten Schein, für die hohlsten Meinungen, für das leerste Herz findet man überall mit leichter Mühe die geistreichsten, gehaltvollsten, kräftigsten Redensarten. Das alte schlichte: *Überzeugung*, ist deshalb auch aus der Mode gekommen, und man beliebt, von Ansichten zu reden. Aber auch damit sagt man noch meistenteils eine Unwahrheit, denn in der Regel hat man nicht einmal die Dinge angesehn, von denen man redet, und womit beschäftigt zu sein, man vorgibt.

»Wie wahr! Wie haben Sie so ganz recht!« rief Hermann, den Redner unterbrechend, aus. Die Gedanken, welche Wilhelmi vortrug, hatten ihn in die höchste Bewegung versetzt.

Jener fuhr fort: »Ich muß Ihnen gestehn, daß mich die Betrachtung der allgemeinen Schwätzerei oft der Verzweiflung nahe gebracht hat. Wenn ich rings um mich nichts als das lose lockre Plaudern vernahm, wenn ich Kunstvereine mit pomphafter Ankündigung von Leuten stiften sah, die kalt an den Werken des Raffael vorübergehn würden, zeigte man ihnen diese, ohne den Namen des Meisters zu nennen; wenn ich hörte, da habe wieder einmal einer, vom innern Drange getrieben, das katholische Glaubensbekenntnis abgelegt, von dem ich recht wohl wußte, daß es mit dem religiösen Bedürfnisse bei ihm betrübt stand, daß er nur ein leichter nachgiebiger Weltcharakter war, wenn die Schneeflocken des politischen kalten Brandes mir aus dem Munde solcher entgegenstäubten, von denen ich voraussehen konnte, sie würden nicht der kleinsten Aufopfrung für ein Gemeinwesen fähig sein, dann, mein junger Freund, hatte ich Momente, in denen ich mir hätte das Leben nehmen können! Ich betastete mich und fragte: ›Bist du nicht auch ein Schemen, der Nachhall eines andern selbständigen Geistes?‹ Ich grub in die letzten Tiefen meiner Seele, und suchte nach der Affektation, die, das wußte ich wohl, in irgendeinem verborgnen Winkel bei mir ebenfalls lauern mußte. Ich sah ja alles verfälscht, vom armseligen Journalisten und seinem Handlanger an, die beide mit entwendetem Tiefsinn und geraubtem Scharfblick nur ihr trostloses Leben fristen, und ihre winzige Persönlichkeit bemerkbar machen wollen, bis hinauf zum Fürsten, dem ein faselnder Minister allerhand unregentenhafte Kostbarkeiten vor dem Volke in den Mund legt. Sollte ich denn allein eine Ausnahme machen?«

»Sie sind eine!« rief Hermann begeistert, Wilhelmin feurig die Hand drückend. »Wir leben in einer erbärmlichen Welt, und man möchte mit Feuer und Schwert darein wüten!«

»Da würden wir nebenher auch verzehrt. Nein, bei uns müssen wir beginnen, und mit unsrem Selbst den ersten Baustein zum Tempel der neuen Andacht tragen. Lege den Gehalt einer Gesinnung auch in das kleinste Tun! Sprich nichts, als was du wirklich gedacht hast! Sei wahr in jedem Atemzuge! Nach diesen drei Vorschriften lassen Sie uns jeden Moment unsres Daseins prüfen, und wenn wir selbst auf solche Weise streng gegen uns sind, dann haben wir die Befugnis, unerbittlich gegen andre zu sein. Antworten Sie mir! Sind Sie durchdrungen von dem, was ich äußerte? Haben Sie den Mut, mit mir auf der neuen dornigen Bahn zu wandeln?«

KARL LEBERECHT IMMERMANN

Am letzten Tage des Jahres

Das Jahr geht um,
Der Faden rollt sich sausend ab.
Ein Stündchen noch, das letzte heut,
Und stäubend rieselt in sein Grab,
Was einstens war lebend'ge Zeit.
Ich harre stumm.

's ist tiefe Nacht!
Ob wohl ein Auge offen noch?
In diesen Mauern rüttelt dein
Verrinnen, Zeit! Mir schaudert; doch
Es will die letzte Stunde sein
Einsam durchwacht.

Geschehen all,
Was ich begangen und gedacht,
Was mir aus Haupt und Herzen stieg,
Das steht nun, eine ernste Macht,
Am Himmelstor. O halber Sieg!
O schwerer Fall!

Wie reißt der Wind
Am Fensterkreuze! Ja, es will
Auf Sturmesfittiche das Jahr
Zerstäuben, nicht ein Schatten still
Verhauchen unterm Sternenklar.
Du Sündenkind!

War nicht ein hohl
Und heimlich Sausen jeden Tag
In deiner wüsten Brust Verlies,
Wo langsam Stein an Stein zerbrach,
Wenn es den kalten Odem stieß
Vom starren Pol?

Mein Lämpchen will
Verlöschen, und begierig saugt
Der Docht den letzten Tropfen Öl.
Ist so mein Leben auch verraucht?
Eröffnet sich des Grabes Höhl'
Mir schwarz und still?

Wohl in dem Kreis,
Den dieses Jahres Lauf umzieht,
Mein Leben bricht. Ich wußt' es lang,
Und dennoch hat dies Herz geglüht
In eitler Leidenschaften Drang.
Mir bricht der Schweiß

Der tiefsten Angst
Auf Stirn und Hand. Wie? dämmert feucht
Ein Stern dort durch die Wolken nicht?
Wär' es der Liebe Stern vielleicht,
Dir zürnend mit dem trüben Licht.
Daß du so bangst?

Horch, Welch Gesumm?
Und wieder? Sterbemelodie!
Die Glocke regt den ehrnen Mund.
O Herr, ich falle auf das Knie:
Sei gnädig meiner letzten Stund'!
Das Jahr ist um!

ANNETTE VON DROSTE-HÜLSHOFF

Der Abend

Schweigt der Menschen laute Lust:
Rauscht die Erde wie in Träumen
Wunderbar mit allen Bäumen,
Was dem Herzen kaum bewußt,
Alte Zeiten, linde Trauer,
Und es schweifen leise Schauer
Wetterleuchtend durch die Brust.

JOSEPH VON EICHENDORFF

Komm in den totgesagten park und schau:
Der schimmer ferner lächelnder gestade ·
Der reinen wolken unverhofftes blau
Erhellt die weiher und die bunten pfade.

Dort nimm das tiefe gelb · das weiche grau
Von birken und von buchs · der wind ist lau ·
Die späten rosen welkten noch nicht ganz ·
Erlese küsse sie und flicht den kranz ·

Vergiss auch diese letzten astern nicht ·
Den purpur um die ranken wilder reben ·
Und auch was übrig blieb von grünem leben
Verwinde leicht im herbstlichen gesicht.

STEFAN GEORGE

Die Vorstellung des Todes genügt, um den Geist vollauf zu beschäftigen. Es erfordert eine ebenso große, ja titanische Anstrengung, das Bild des Todes dauernd festzuhalten, wie es zu verdrängen. Denn jede Fiber unseres Wesens ruft, wenn man den Tod einmal nahe gefühlt hat, noch schreckerfüllt sein Bild wieder hervor, während gleichzeitig jedes unserer Moleküle es durch den Akt der Erhaltung und Erneuerung des Lebens zurückweist. Der Gedanke an den Tod ist wie eine Eigenschaft, eine Krankheit des Organismus. Er kann durch den einfachen Willen weder hervorgerufen, noch zurückgedrängt werden.

Lange Zeit lebte Emilio ganz von diesem Gedanken erfüllt. Das Frühjahr war vorüber, und er hatte es nur an den Blumen wahrgenommen, die auf dem Grab seiner Schwester blühten. In diesen Gedanken mengten sich keinerlei Gewissensbisse. Der Tod ist der Tod; seine Schrekken waren jetzt nicht mehr durch die Umstände bedingt, die ihn begleitet hatten. Die große Missetat des Todes war vorbei, und Emilio fühlte, wie damit auch die Erinnerung an seine eigenen Irrtümer und Missetaten ausgelöscht worden war.

In dieser Zeit lebte er so einsam wie möglich. Er ging sogar Balli aus dem Weg, der nach seinem so menschlichen Verhalten am Krankenlager Amalias bereits die kurz währende Bewunderung vergaß, die die Verstorbene in ihm erweckt hatte. Emilio konnte es nicht verzeihen, daß er ihm in dieser Hinsicht so wenig ähnlich war. Dies war aber auch das einzige, was er ihm vorwarf.

Als sich seine seelische Erschütterung zu legen begann, vermeinte er, den Schwerpunkt seines Lebens zu verlieren. Er eilte auf den Friedhof. Er litt unsägliche Qualen auf dieser staubigen Straße, vor allem unter der Gluthitze. Am Grab nahm er die Haltung eines Menschen an, der sich geistigen Betrachtungen hingibt. Aber er war zu keinerlei Betrachtungen fähig. Was er vor allem empfand, war das Brennen seiner von der Sonne ausgesogenen, von Staub und Schweiß verklebten Haut. Wieder daheim, wusch er sich, und als sein Gesicht wieder kühl war, entschwand ihm jede Erinnerung an seinen Friedhofsgang. Er fühlte sich allein, unendlich allein. Er ging mit der unbestimmten Absicht aus, sich irgendeinem Menschen anzuschließen. Auf dem Treppenflur, wo er einst Hilfe gesucht und gefunden hatte, entsann er sich plötzlich, daß sich unweit von hier ein Mensch befand, der ihn unterweisen könnte, wie man die Erinnerung festhält: Frau Elena. Während er die Stiegen emporging, sagte er sich, daß er Amalia keineswegs vergessen habe, im Gegenteil, er erinnerte sich ihrer nur zu gut; was er nicht wiederfinden konnte, war die Erschütterung, die ihr Tod in ihm hervorgerufen hatte. Statt sie vor sich zu sehen, wie sie röchelnd ihren letzten Kampf bestand, erschien sie ihm nun in seinem Geist wieder traurig, müde, mit einem vorwurfsvollen Blick in ihren grauen Augen, weil er sie allein ließ. Er sah sie vor sich, wie sie, um all ihre Hoffnungen betrogen, die Tasse zurückstellte, die sie für Balli vorbereitet hatte, er sah die Gesten, mit denen sie dies tat, hörte ihre Worte, ihr Schluchzen, in dem sich Zorn und Verzweiflung vereinten. Es waren Erinnerungen an seine eigene Schuld, und es galt, sie durch den Gedanken an Amalias Tod zu überdecken. Frau Elena würde ihm helfen, diesen Gedanken neu zu erwecken. Amalia selbst hatte ja für sein Leben nur eine geringe Bedeutung gehabt. Er konnte sich nicht erinnern, daß sie je den Wunsch gezeigt hätte, sich ihm aufzuschließen, als er, um sich vor Angiolina zu retten, den Versuch machte, sein Verhältnis zu seiner Schwester inniger zu gestalten. Nur Amalias Tod war für ihn wichtig gewesen; er hatte ihn wenigstens von seiner entwürdigenden Leidenschaft befreit.

»Ist Frau Elena zu Hause?« fragte er die Magd, die ihm öffnete. In diesem Hause schien man nicht gewöhnt zu sein, Besuch zu empfangen. Die Magd, ein anmutiges, blondes Ding, versperrte ihm den Weg und rief nach Frau Elena. Diese trat aus einer Seitentür in den dunklen Korridor und stand nun in dem Lichtschein, der aus dem Zimmer fiel.

»Ich habe gut daran getan hierherzukommen!« dachte Emilio froh. Der matt erhellte graue Kopf Frau Elenas schimmerte nun in den gleichen silbernen Reflexen, die er am Morgen von Amalias Tod beobachten konnte. Er fühlte sich sogleich wieder innerlich bewegt.

Frau Elena empfing ihn mit großer Liebenswürdigkeit. »Ich habe schon längst gehofft, Sie wieder einmal zu sehen. Es freut mich wirklich.«

»Ich weiß es«, sagte Emilio mit Tränen in der Stimme. Der Freundschaftsdienst, den die Frau ihm am Sterbelager Amalias erwiesen hatte, rührte ihn von neuem. »Wir kennen uns zwar nur kurze Zeit, aber die Augenblicke, die wir miteinander verlebt haben, binden stärker als jahrelange Freundschaft.«

Frau Elena bat ihn, in das Zimmer einzutreten, aus dem sie gekommen war. Es hatte die gleiche Größe wie das Speisezimmer der Brentanis, über dem es sich befand. Die Einrichtung war einfach, fast spärlich, doch wirkte alles sehr gepflegt, und man hatte nicht den Eindruck, daß Möbelstücke fehlten. Nur die vollkommen schmucklos belassenen Wände erweckten den Eindruck übertriebener Einfachheit.

Die Magd brachte die brennende Petroleumlampe herein und wünschte dabei mit lauter Stimme einen guten Abend. Dann ging sie hinaus.

Die Frau sah ihr mit einem gütigen Lächeln nach: »Ich kann es ihr absolut nicht abgewöhnen, jedesmal, wenn sie die Lampe bringt, nach bäuerlicher Sitte guten Abend zu wünschen. Eigentlich ist das eine sehr schöne Sitte. Giovanna ist ein herzensgutes Ding, nur sehr naiv. Es ist merkwürdig, heutzutage noch naive Menschen anzutreffen.

Fast bekommt man Lust, sie davon wie von einer Krankheit heilen zu wollen, obzwar es eine sehr liebenswerte Krankheit ist. Wenn ich ihr von unseren modernen Gepflogenheiten erzähle, reißt sie vor Staunen nur so die Augen auf.«

Frau Elena lachte herzlich. Sie ahmte ihre Magd nach, indem sie die Augen weit aufriß. Es war, als bereite es ihr besonderes Vergnügen, das Mädchen zu studieren.

Während der Beschreibung der Lebensgewohnheiten dieser Magd war Emilios gerührte Stimmung verflogen. Ein Zweifel tauchte in ihm auf, und um ihn sofort zu klären, berichtete er von seinem letzten Friedhofsbesuch. Sein Zweifel fand nun auch gleich die nötige Klärung, denn Frau Elena sagte ohne zu zögern: »Ich gehe nicht mehr auf den Friedhof. Seit dem Tod Ihrer Schwester war ich nicht mehr dort.« Sie wisse nun, so sagte sie weiter, daß man gegen den Tod nicht ankämpfen könne. »Wer tot ist, der ist tot. Trost kann einem nur von den Lebenden kommen.« Ohne jede Bitterkeit fügte sie hinzu: »Leider, aber es ist so.« Die kurze Zeit, die sie an Amalias Sterbelager verbracht, habe in ihr den Bann der Erinnerung gebrochen. Seit diesem Tag konnte sie am Grabe ihres Sohnes nicht mehr jene tiefe Bewegung verspüren, jene Ergriffenheit, die innerlich erneuert. Sie sprach damit genau Emilios Gedanken aus. Er konnte ihr allerdings nicht mehr ganz folgen, als sie mit einer moralischen Sentenz schloß: »Die Lebenden sind es, die uns nötig haben.«

Sie sprach wieder von Giovanna. Als diese einmal erkrankte, pflegte Frau Elena sie und rettete ihr so das Leben. Diese Krankheit war geradezu ein glücklicher Zufall gewesen, denn sie hatte die beiden Frauen einander nahe gebracht. Als Giovanna genas, erkannte Frau Elena, daß in dem Mädchen gewissermaßen ihr Sohn zu neuem Leben erstanden war. »Nur ist sie viel sanfter, viel besser, viel dankbarer. Ach, sie ist ja so dankbar!« Aber auch ihre neue zärtliche Zuneigung bereitete Frau Elena Kummer und Sorgen: »Giovanna hatte sich verliebt und ...«

Emilio hörte nicht mehr zu. Er war vollauf mit der Lösung eines eigenen ernsten Problems beschäftigt. Als er fortging, grüßte er an der Tür respektvoll jene Magd, die es zuwege gebracht hatte, einen ihrer Mitmenschen vor der Verzweiflung zu retten. »Seltsam«, dachte er, »es sieht so aus, als sie die eine Hälfte der Menschheit dazu da, um zu leben, und die andere, um erlebt zu werden.« Sogleich wandten sich seine Gedanken seinem eigenen konkreten Fall zu: »Vielleicht ist Angiolina nur dazu da, damit ich lebe.«

Ruhig, wie wiedergeboren, ging er durch die kühle Nacht, die dem schwülen Tag gefolgt war. Frau Elenas Beispiel bewies ihm, daß auch er noch in seinem Leben sein tägliches Brot, das heißt seine Daseinsberechtigung finden könnte. Diese Hoffnung hielt lange Zeit vor. Er vergaß, wie armselig die Elemente waren, aus denen sich sein Leben zusammensetzte, und glaubte, daß es nur seines Willens bedurfte, um es eines Tages von Grund auf erneuern zu können.

Die ersten Versuche scheiterten. Er wollte sich wieder einer künstlerischen Arbeit widmen, aber er blieb innerlich kalt. Er suchte Bekanntschaft mit Frauen, aber er fand sie bedeutungslos. Er dachte: »Ich liebe Angiolina!«

Eines Tages erzählte ihm Sorniani, daß Angiolina mit einem Bankkassierer davongelaufen war, der Geld unterschlagen hatte. Es gab einen Skandal, von dem die ganze Stadt sprach.

Das war für ihn eine sehr schmerzliche Enttäuschung. Er sagte sich: »Mein Leben ist mir davongelaufen.« In Wahrheit aber versetzte ihn Angiolinas Flucht für eine Zeitlang mitten ins Leben zurück, Schmerz und Zorn beherrschten ihn wieder ganz. Er träumte von Rache und Liebe, wie damals, als er Angiolina das erste Mal verließ.

Als sein Groll sich legte, ging er zu Angiolinas Mutter, so wie er zu Frau Elena gegangen war, als die Erinnerung an Amalia zu verblassen drohte. Auch dieser zweite Besuch wurde ihm durch eine ganz bestimmte innere Verfassung auferlegt. Er brauchte in diesem Augenblick einen neuen Impuls. So stark war dieses Bedürfnis, daß er sich zu dem Besuch während seiner Bürozeit aufmachte. Er konnte ihn keinen Augenblick verschieben.

Die Alte empfing ihn mit der gleichen Höflichkeit wie einst. In Angiolinas Zimmer sah es nun ein wenig anders aus. All der Kram, den sie im Verlaufe ihrer langen Karriere gesammelt hatte, war daraus entfernt worden. Auch die Photographien waren verschwunden und schmückten jetzt vermutlich eine andere Zimmerwand in einem anderen Land.

»Sie ist also durchgebrannt?« fragte Emilio mit bitterer Ironie. Er kostete diesen Augenblick aus, als spreche er mit Angiolina persönlich.

Die alte Zarri bestritt, daß Angiolina durchgebrannt sei. Sie habe sich zu Verwandten begeben, die in Wien lebten. Emilio sagte nichts dazu. Bald aber nahm er, einem unabweislichen Bedürfnis nachgebend, den Ton eines Anklägers an, was er ursprünglich vermeiden wollte. Er sagte, daß er alles vorausgesehen habe. Er habe seinerzeit versucht, Angiolina zu bessern und auf den rechten Weg zu weisen. Das sei ihm nicht gelungen, und das habe ihn entmutigt. Um so schlimmer für Angiolina. Niemals würde er sie verlassen haben, wenn sie ihn besser behandelt hätte.

Er wäre nicht imstande gewesen, die Worte wiederzugeben, die er in diesem so bedeutsamen Augenblick sprach. Sie waren aber offenbar sehr wirkungsvoll, denn die alte Zarri begann zu schluchzen. Es war ein seltsames, trockenes Schluchzen. Sie wandte ihm den Rücken und ging fort. Er sah ihr nach, von der Wirkung seiner Worte selbst überrascht. Dieses Schluchzen war echt. Ihr ganzer Körper wurde so geschüttelt, daß sie nur mit Mühe gehen konnte.

»Guten Tag, Herr Brentani«, sagte Angiolinas Schwester, die ins Zimmer getreten war, einen schönen Knicks vor ihm machte und ihm die Hand entgegenstreckte. »Die Mutter ist ins andere Zimmer gegangen, weil sie sich nicht wohl fühlt. Wenn Sie wollen, kommen Sie an einem anderen Tag wieder.«

»Nein«, sagte Emilio feierlich, als wäre er im Begriff, Angiolina wieder einmal zu verlassen. »Ich werde nie mehr wiederkommen.« Er streichelte der Kleinen das Haar, das etwas schütterer war als das Angiolinas, aber die gleiche Farbe hatte. »Nie mehr!« wiederholte er und küßte mit innigem Mitgefühl die Kleine auf die Stirn.

»Warum?« fragte sie und warf ihm ihre Arme um den Hals. Verblüfft ließ er es zu, daß sie sein Gesicht mit Küssen bedeckte, die alles andere als kindlich waren. Als es ihm gelang, sich aus dieser Umarmung zu lösen, hatte der Ekel in ihm alle Ergriffenheit ausgelöscht. Er verspürte keinerlei Bedürfnis mehr, seine Predigt fortzusetzen. Er ging, nachdem er noch das kleine Mädchen mit väterlicher Nachsicht gestreichelt hatte. Er wollte sie nicht kränken.

Als er allein auf der Straße war, befiel ihn eine große Traurigkeit. Er fühlte deutlich, daß die Zärtlichkeiten, die er dem kleinen Mädchen aus Nachsicht gewährt hatte, den Endpunkt seines Abenteuers bedeuteten.

Er wußte noch gar nicht, welch wichtiges Kapitel seines Lebens damit seinen Abschluß gefunden hatte.

Dieses Abenteuer hinterließ in ihm noch lange Zeit ein Gefühl der Unausgewogenheit, der Unbefriedigtheit. Liebe und Schmerz waren einmal in sein Leben getreten. Nun, da sie daraus wieder verschwunden waren, hatte er das Gefühl eines Menschen, dem ein wichtiger Teil seines Körpers amputiert wurde. Mit der Zeit aber schloß sich diese Lücke in seinem Innern. Die Sehnsucht nach Ruhe und Sicherheit wurde wieder in ihm wach, und die Sorge um seine eigene Person verdrängte jeden anderen Wunsch.

Viele Jahre später blickte er auf diesen Abschnitt seines

Lebens bewundernd und verzückt zurück. Er empfand ihn als seinen wichtigsten, seinen leuchtendsten Lebensabschnitt. Nun lebte er wie ein alter Mann in der Erinnerung an seine Jugend.

ITALO SVEVO

Wenn ich jetzt sterben müßte, würde ich sagen: »Das war alles?« Und: »Ich habe es nicht so richtig verstanden.« Und: »Es war ein bißchen laut.«

KURT TUCHOLSKY

Hälfte des Lebens

Mit gelben Birnen hänget
Und voll mit wilden Rosen
Das Land in den See,
Ihr holden Schwäne,
Und trunken von Küssen
Tunkt ihr das Haupt
Ins heilignüchterne Wasser.

Weh mir, wo nehm ich, wenn
Es Winter ist, die Blumen, und wo
Den Sonnenschein,
Und Schatten der Erde?
Die Mauern stehn
Sprachlos und kalt, im Winde
Klirren die Fahnen.

FRIEDRICH HÖLDERLIN

MARSCHALLIN
Mir ist zumut,
daß ich die Schwäche von allem Zeitlichen recht spüren muß,
bis in mein Herz hinein:
wie man nichts halten soll,
wie man nichts packen kann,
wie alles zerlauft zwischen den Fingern,
alles sich auflöst, wonach wir greifen,
alles zergeht, wie Dunst und Traum.

OCTAVIAN
Wo Sie mich da hat,
wo ich meine Finger in ihre Finger schlinge,
wo ich mit meinen Augen Ihre Augen suche,
gerade da ist Ihr so zumut?

MARSCHALLIN *sehr ernst*
Quin-quin, heut oder morgen geht Er hin
und gibt mich auf, um einer andern willen,
Octavian will ihr den Mund zuhalten.
die schöner oder jünger ist als ich.

OCTAVIAN
Willst du mit Worten mich von dir stoßen,
weil dir die Hände den Dienst nicht tun?

MARSCHALLIN
Der Tag kommt ganz von selber. Wer bist denn du?
Ein junger Herr, ein jüngerer Sohn.
Dein Bruder der Chef von deinem Haus.
Wie wird er nicht eine Braut für dich suchen?
Als ob nicht alles auf der Welt
sein' Zeit und sein Gesetzl hätt.
Heut oder morgen kommt der Tag, Octavian.

OCTAVIAN
Nicht heut, nicht morgen: ich hab dich lieb.
Nicht heut, nicht morgen!

MARSCHALLIN

Heut oder morgen oder den übernächsten Tag.
Nicht quälen will ich dich, mein Schatz.
Ich sag, was wahr ist, sags zu mir so gut wie zu dir.
Leicht will ichs machen dir und mir.
Leicht muß man sein:
mit leichtem Herz und leichten Händen,
halten und nehmen, halten und lassen ...
Die nicht so sind, die straft das Leben und Gott erbarmt sich ihrer nicht.

OCTAVIAN

Mein Gott, wie Sie das sagt, Sie will mir doch nur zeigen,
daß Sie nicht an mir hängt.
Er weint.

MARSCHALLIN

Sei Er doch gut, Quin-quin.
Er weint stärker.
Sei Er doch gut.
Jetzt muß ich noch den Buben dafür trösten,
daß er mich über kurz oder lang wird sitzenlassen.
Sie streichelt ihn.

OCTAVIAN

Über kurz oder lang!
Wer legt Ihr heut die Wörter in den Mund, Bichette?
Er hält sich die Ohren zu.

MARSCHALLIN

Über kurz oder lang!
Daß Ihn das Wort so kränkt.
Die Zeit im Grund, Quin-quin, die Zeit,
die ändert doch nichts an den Sachen.
Die Zeit, die ist ein sonderbares Ding.
Wenn man so hinlebt, ist sie rein gar nichts.
Aber dann auf einmal,
da spürt man nichts als sie:
sie ist um uns herum, sie ist auch in uns drinnen.
In den Gesichtern rieselt sie, im Spiegel da rieselt sie,

in meinen Schläfen fließt sie.
Und zwischen mir und dir da fließt sie wieder.
Lautlos, wie eine Sanduhr.
O Quin-quin!
Manchmal hör ich sie fließen unaufhaltsam.
Manchmal steh ich auf, mitten in der Nacht,
und laß die Uhren alle stehen.

OCTAVIAN

Mein schöner Schatz, will Sie sich traurig machen mit Gewalt?

MARSCHALLIN

Allein man muß sich auch vor ihr nicht fürchten.
auch sie ist ein Geschöpf des Vaters,
der uns alle geschaffen hat.

OCTAVIAN

Sie spricht ja heute wie ein Pater.
Eine befangene Stille.
Soll das heißen, daß ich Sie nie mehr
werd küssen dürfen,
bis Ihr der Atem ausgeht?

MARSCHALLIN *sanft*

Quin-quin, Er soll jetzt gehn, Er soll mich lassen.

HUGO VON HOFMANNSTHAL

Wieder ist, wie Du, lieber Max, wahrscheinlich bereits festgestellt hast, ein Jahr vergangen, und ich weiß nicht, ob es Dir so geht wir mir: allmählich wird mir dieser ewigwährende Zyklus ein wenig leid, wozu verschiedene Faktoren, deren Urheber ich in diesem Zusammenhang, um mich keinen Unannehmlichkeiten, deren Folgen, die in Kauf zu nehmen ich, der ich gern Frieden halte, gezwungen wäre, nicht absehbar wären, auszusetzen, nicht nennen möchte, beitragen.

Jedenfalls bin ich gegen das neue Jahr bestens gerüstet, bin gegen Diebstahl, Feuer, Hagel und Leben versichert, nicht zu reden von höherer Gewalt, über die ich selten rede, eigentlich nur, wenn sie sich bemerkbar macht, und selbst dann nicht immer, ja, vielleicht sogar gerade dann nicht. Der Hund liegt begraben, die Schäfchen sind im trockenen, das Huhn ist im Topf, der Topf hat seinen Deckel, der Hase liegt im Pfeffer, die Flinte im Korn, unter einer steigenden Schneedecke, nach der sich zu strecken ich den stürzenden – verzeih das Wort – Pistenfahrern überlasse.

Freilich, wo ich jetzt die Blumen und wo den Sonnenschein nehme, und wo den Schatten der Erde, weiß ich nicht. Vor allem das letztere wird nicht ganz einfach sein, ist ja auch im Sommer nur unter großem Aufwand zu bewältigen, denn Schatten widersetzt sich bekanntlich dem Einfangen und der Verpflanzung ganz und gar; wäre es nicht so, würden mich Schatten umgeben. Die Blumen beziehe ich, sollte ich sie wirklich brauchen, was nicht wahrscheinlich ist, aus dem Treibhaus, und der Sonnenschein kann mir, wenn ich es mir recht überlege, was ich soeben tue, gestohlen bleiben, oder vielmehr: er *könnte* es, wenn er mir jemals gestohlen worden wäre, was nicht der Fall ist. Ich habe nie welchen besessen.

Der Sommer war nicht eben groß, aber groß genug, ich beklage mich nicht. Ein Sommer sollte ja auch nicht *zu* groß sein, aber ich weiß: manchem kann er nicht groß genug sein. Der Apfel fiel nicht weit vom Stamm, das hat die Ernte um Wesentliches erleichtert. Aber auf den Fluren hat jemand die Winde losgelassen, was ich als Rücksichtslosigkeit, wenn nicht gar als Beleidigung empfunden habe; jedenfalls zeugt es von schlechten Manieren – von Kinderstube will ich nicht reden, es ist zu schmerzlich. Jemand hat auch den letzten Früchten befohlen, voll zu sein, und ihnen noch zwei südlichere Tage gegeben, die zwar unerträglich waren, dafür ist der Obstkeller jetzt gefüllt. Aber irgendeiner – ich weiß nicht, ob es derselbe war – hat auch die letzte Süße in den schweren Wein gejagt. Ich habe den Kerl nicht zu fassen gekriegt, wahrscheinlich hat er nachts gejagt. Und nun muß ich mich, so wohl als übel, auf einen schweren süßen Jahrgang vorbereiten – aber sei's drum: die Jahrgänge werden ohnehin nicht leichter, dafür werden die Zeitläufte auch immer weniger süß. Ist Dir das auch schon aufgefallen? Kannst Du Dich etwa auch nur an einen einzigen süßen Zeitlauft erinnern?

Immerhin habe ich ein Haus gebaut. Es ist noch nicht trocken. Noch stehen die Mauern einigermaßen sprachlos und kalt, während vor den dreifach verglasten Fenstern der Schnee auf Einsilbiges wie Au und Flur, Hain und Pfad, Busch und Strauch, Bach und Teich etc. sowie auf Zweisilbiges wie etwa Buschwerk und Tannicht, Strauchwerk und Buchicht, Pfütze, Tümpel und Weiher herabrieselt. Es handelt sich, wie Du dieser Aufzählung entnommen haben dürftest, um Umwelt, die ich übrigens nach Gebühr schütze, sofern sie mich in Frieden läßt, was leider nicht immer der Fall ist.

Wie auch immer: bevor das neue Jahr mit seinen unliebsamen und liebsamen Überraschungen – das letztere ist selten, wenn nicht am Aussterben – seinen Lauf nimmt, will noch manche Träne getrocknet, manche Theorie erhärtet und manches Haar gespalten sein. Denn bald kommt schon der erste Schnee, und mit ihm kommen die ersten Loipen. Sie kommen meist aus Wanne-Eickel, oder, wie Gebildete es nennen: Castrop-Rauxel. Sie sind heterozesk, leider auch lärmend und gesellig, und pflanzen sich durch Zumutung fort. Sie gehen auf die Nerven, von wo man sie leicht durch Abruf verscheuchen kann. Nur gehen sie von dort meistens an die sogenannte Leibwäsche – Gehirnwäsche trage ich nicht, ich bin leidlich abgehärtet – und von dort schlupfen sie in unbewachten Momenten – und man kann ja schließlich nicht jeden Moment bewachen –, unter die Haut, von wo man sie nicht leicht wegbekommt, denn hier vermehren sie sich. Ich finde das zwar eher unheimlich, aber dann werte ich es kurzerhand als Symptom und lege es ad acta, wo schon so manches Symptom liegt bzw. der Vergessenheit anheimfällt. Ich rate Dir, lieber Max, das gleiche zu tun – ich meine natürlich das Ad-acta-Legen, nicht das Vergessenheitanheimfallen –, falls Du es nicht schon tust und ich den Rat überhaupt von Dir erhalten habe. Ich bin, Gott sei Dank, so vergeßlich geworden.

Ich vergesse Geburtstage, Stichtage, Bundestage, Namenstage, Kragenweite, Oberweite, Unterweite, Schuhnummer und Blutgruppe, von der es, soweit ich weiß, nur drei gibt, außer einer, die selten ist, wahrscheinlich inzwischen von Sammlern aufgekauft. Manchmal vergesse ich auch Maß (ein Meter achtundsiebzig) und Ziel (Vollkommenheit), aber in solchen Fällen kann ich meinen Nächsten fragen, sofern er zur Stelle ist. Gerade in Fällen von Vergessen, Zweifeln oder Dilemmata entfernt er sich gern, und da *eine* der drei Möglichkeiten *immer* der Fall ist, habe ich diesen Nächsten noch niemals zu Gesicht bekommen. Das mag aber auch daran liegen, daß er genau weiß, wie ich ihn lieben würde, nämlich wie mich selbst, und da das nicht eben viel ist, ist er wahrscheinlich auf der Suche nach einem anderen, dessen Nächster er zu sein begehrt, einem, der sich selbst mehr liebt, als ich mich liebe, der daher auch ihn als seinen Nächsten entsprechend liebt, nämlich so wie sich selbst, oder gar nach einem, der ihn noch mehr liebt als sich selbst, womit er sich aber wohl schwertun dürfte, was ich ihm auch zu verstehen geben würde, wenn ich ihn jemals zu Gesicht bekäme. Andrerseits will ich ihn nicht hindern, einen anderen zu suchen, da ich dadurch einen anderen Nächsten bekäme, der vielleicht weniger Ansprüche an meine Nächstenliebe stellen würde, was freilich noch nicht zu bedeuten hat, daß dieser nun im Falle von Vergessen, Zweifeln oder Dilemmata zur Stelle wäre.

Dabei fällt mir ein: ich habe auch ein Problem. Wie es auf mich kam, weiß ich nicht, wahrscheinlich hat es sich allmählich gebildet, oder jemand hat es, während ich schlief, auf mich abgewälzt – ich weiß wenig über Herkunft, Genese und Zusammensetzung von Problemen, jedenfalls ist es schon länger her. Wie auch immer: mein Problem ist inzwischen ziemlich groß geworden, ja, überlebensgroß (als ob das Leben nicht schon groß genug und das Überleben überhaupt noch zu bewältigen wäre!). Es handelt sich, wie Du Dir vorstellen kannst, um ein *echtes* Problem: mit Minderem würde ich mich niemals abgeben. Es ist ein ziemlich kompliziertes Problem, und meine Freunde, oder zumindest die wohlmeinenden unter ihnen, raten mir, es zu lösen. Aber dazu kann ich mich nicht recht entschließen, ich habe mich an es gewöhnt. Manchmal frage ich mich: was wäre ich ohne mein Problem, bleibe mir freilich die Antwort schuldig. Gewiß aber wäre ich nicht derselbe, womit ich nicht etwa sagen möchte, daß ich darauf bestehe, immer derselbe zu sein. Wenn Dich mein Problem interessiert, lieber Max, was ich jedoch für wenig wahrscheinlich halte, kann ich es Dir gern einmal leihweise überlassen. Oder hast du etwa ein eigenes? Dann möchte ich Dich natürlich nicht zusätzlich belasten, denn ich weiß, wie anstrengend und zeitraubend und enervierend so ein rechtes Problem sein kann. Zudem glaube ich, aber da mag ich mich irren, daß Probleme so schwer übertragbar sind wie Identitätskarten, Identitätskrisen oder hermetische Texte oder Schwangerschaften oder Komplexe, Neurosen, Psychosen und Skabiosen, wobei ich bei dem letzteren nicht sicher bin, ob es sich um eine psychische Störung, ein Hautleiden oder einen Käfer handelt, in welch letzterem Falle sie natürlich *doch* übertragbar wäre, aber das ist in diesem Fall natürlich gleichgültig. Ich bin sicher, Du verstehst, was ich meine.

Eine Neurose habe ich natürlich auch. Keine Zwangsneurose, sondern eine freiwillige. Sie ist verhältnismäßig leicht zu züchten, beinah noch leichter als eine Rose, weil sie wetterunabhängiger und jahreszeitlich ungebunden ist. Ein einziges Wunschtrauma genügt schon als Ausgangspunkt. Verdränge es, und alsbald vollzieht sich alles von selbst. Schon erwacht Deine Libido, frisch wie am ersten Tag, und stellt sich auf Deine Bezugsperson ein, die es sofort auf das Über-Ich – oder ist es *den* Überich? – abwälzt, ohne daß Du den geringsten Objektverlust erleidest. Du mußt nur rechtzeitig beginnen, Deine Aggressionen zu sublimieren – wozu ich Dir ohnehin raten würde –, so daß das *Es* alles wie hinter einer Schallmauer – nicht zu verwechseln mit einer Schandmauer – mithört. Dann aber – so rate ich Dir – gib's ihm gehörig. Denn eine solche Gelegenheit bietet sich selten im Leben – allerdings, wenn überhaupt, dann ausschließlich im Leben.

WOLFGANG HILDESHEIMER

Vor dem Gesetz

Vor dem Gesetz steht ein Türhüter. Zu diesem Türhüter kommt ein Mann vom Lande und bittet um Eintritt in das Gesetz. Aber der Türhüter sagt, daß er ihm jetzt den Eintritt nicht gewähren könne. Der Mann überlegt und fragt dann, ob er also später werde eintreten dürfen. »Es ist möglich«, sagt der Türhüter, »jetzt aber nicht.« Da das Tor zum Gesetz offensteht wie immer und der Türhüter beiseite tritt, bückt sich der Mann, um durch das Tor in das Innere zu sehn. Als der Türhüter das merkt, lacht er und sagt: »Wenn es dich so lockt, versuche es doch, trotz meines Verbotes hineinzugehn. Merke aber: Ich bin mächtig. Und ich bin nur der unterste Türhüter. Von Saal zu Saal stehn aber Türhüter, einer mächtiger als der andere. Schon den Anblick des dritten kann nicht einmal ich mehr ertragen.« Solche Schwierigkeiten hat der Mann vom Lande nicht erwartet; das Gesetz soll doch jedem und immer zugänglich sein, denkt er, aber als er jetzt den Türhüter in seinem Pelzmantel genauer ansieht, seine große Spitznase, den langen, dünnen, schwarzen tatarischen Bart, entschließt er sich, doch lieber zu warten, bis er die Erlaubnis zum Eintritt bekommt. Der Türhüter gibt ihm einen Schemel und läßt ihn seitwärts von der Tür sich niedersetzen. Dort sitzt er Tage und Jahre. Er macht viele Versuche, eingelassen zu werden, und ermüdet den Türhüter durch seine Bitten. Der Türhüter stellt öfters kleine Verhöre mit ihm an, fragt ihn über seine Heimat aus und nach vielem andern, es sind aber teilnahmslose Fragen, wie sie große Herren stellen, und zum Schlusse sagt er ihm immer wieder, daß er ihn noch nicht einlassen könne. Der Mann, der sich für seine Reise mit vielem ausgerüstet hat, verwendet alles, und sei es noch so wertvoll, um den Türhüter zu bestechen. Dieser nimmt zwar alles an, aber sagt dabei: »Ich nehme es nur an, damit du nicht glaubst, etwas versäumt zu haben.« Während der vielen Jahre beobachtet der Mann den Türhüter fast ununterbrochen. Er vergißt die andern Türhüter, und dieser erste scheint ihm das einzige Hindernis für den Eintritt in das Gesetz. Er verflucht den unglücklichen Zufall, in den ersten Jahren rücksichtslos und laut, später, als er alt wird, brummt er nur noch vor sich hin. Er wird kindisch, und, da er in dem jahrelangen Studium des Türhüters auch die Flöhe in seinem Pelzkragen erkannt hat, bittet er auch die Flöhe, ihm zu helfen und den Türhüter umzustimmen. Schließlich wird sein Augenlicht schwach, und er weiß nicht, ob es um ihn wirklich dunkler wird, oder ob ihn nur seine Augen täuschen. Wohl aber erkennt er jetzt im Dunkel einen Glanz, der unverlöschlich aus der Türe des Gesetzes bricht. Nun lebt er nicht mehr lange. Vor seinem Tode sammeln sich in seinem Kopfe alle Erfahrungen der ganzen Zeit zu einer Frage, die er bisher an den Türhüter noch nicht gestellt hat. Er winkt ihm zu, da er seinen erstarrenden Körper nicht mehr aufrichten kann. Der Türhüter muß sich tief zu ihm hinunterneigen, denn der Größenunterschied hat sich sehr zuungunsten des Mannes verändert. »Was willst du denn jetzt noch wissen?« fragt der Türhüter, »du bist unersättlich.« »Alle streben doch nach dem Gesetz«, sagt der Mann, »wieso kommt es, daß in den vielen Jahren niemand außer mir Einlaß verlangt hat?« Der Türhüter erkennt, daß der Mann schon an seinem Ende ist, und, um sein vergehendes Gehör noch zu erreichen, brüllt er ihn an: »Hier konnte niemand sonst Einlaß erhalten, denn dieser Eingang war nur für dich bestimmt. Ich gehe jetzt und schließe ihn.«

FRANZ KAFKA

Stufen

Wie jede Blüte welkt und jede Jugend
Dem Alter weicht, blüht jede Lebensstufe,
Blüht jede Weisheit auch und jede Tugend
Zu ihrer Zeit und darf nicht ewig dauern.
Es muß das Herz bei jedem Lebensrufe
Bereit zum Abschied sein und Neubeginne,
Um sich in Tapferkeit und ohne Trauern
In andre, neue Bindungen zu geben.
Und jedem Anfang wohnt ein Zauber inne,
Der uns beschützt und der uns hilft, zu leben.

Wir sollen heiter Raum um Raum durchschreiten,
An keinem wie an einer Heimat hängen,
Der Weltgeist will nicht fesseln uns und engen,
Er will uns Stuf' um Stufe heben, weiten.
Kaum sind wir heimisch einem Lebenskreise
Und traulich eingewohnt, so droht Erschlaffen,
Nur wer bereit zu Aufbruch ist und Reise,
Mag lähmender Gewöhnung sich entraffen.

Es wird vielleicht auch noch die Todesstunde
Uns neuen Räumen jung entgegen senden,
Des Lebens Ruf an uns wird niemals enden...
Wohlan denn, Herz, nimm Abschied und gesunde!

HERMANN HESSE

III

EIN MAL
JEDES, NUR *EIN* MAL

[. . .] *Ein* Mal
jedes, nur *ein* Mal. *Ein* Mal und nichtmehr. Und wir auch
ein Mal. Nie wieder. Aber dieses
ein Mal gewesen zu sein, wenn auch nur *ein* Mal:
irdisch gewesen zu sein, scheint nicht widerrufbar.

RAINER MARIA RILKE

Selige Sehnsucht

Sagt es niemand, nur den Weisen,
Weil die Menge gleich verhöhnet,
Das Lebendge will ich preisen,
Das nach Flammentod sich sehnet.

In der Liebesnächte Kühlung,
Die dich zeugte, wo du zeugtest,
Überfällt dich fremde Fühlung,
Wenn die stille Kerze leuchtet.

Nicht mehr bleibest du umfangen
In der Finsternis Beschattung,
Und dich reißet neu Verlangen
Auf zu höherer Begattung.

Keine Ferne macht dich schwierig,
Kommst geflogen und gebannt,
Und zuletzt, des Lichts begierig,
Bist du, Schmetterling, verbrannt.

Und solang du das nicht hast,
Dieses: Stirb und werde!
Bist du nur ein trüber Gast
Auf der dunklen Erde.

JOHANN WOLFGANG GOETHE

Sei allem Abschied voran, als wäre er hinter
dir, wie der Winter, der eben geht.
Denn unter Wintern ist einer so endlos Winter,
daß, überwinternd, dein Herz überhaupt übersteht.

Sei immer tot in Eurydike –, singender steige,
preisender steige zurück in den reinen Bezug.
Hier, unter Schwindenden, sei, im Reiche der Neige,
sei ein klingendes Glas, das sich im Klang schon zerschlug.

Sei – und wisse zugleich des Nicht-Seins Bedingung,
den unendlichen Grund deiner innigen Schwingung,
daß du sie völlig vollziehst dieses einzige Mal.

Zu dem gebrauchten sowohl, wie zum dumpfen und
stummen
Vorrat der vollen Natur, den unsäglichen Summen,
zähle dich jubelnd hinzu und vernichte die Zahl.

RAINER MARIA RILKE

Es gibt ein Wesen
von unbegreiflicher Größe
noch ehe Himmel und Erde entstanden
Still, übersinnlich, unveränderlich
bleibt es und unwandelbar
Durch alles geht es – unberührt
Es ist die Mutter der Welt

TAO TE KING

Jede Zeitspanne scheint um so kürzer, je glücklicher man ist.

PLINIUS DER JÜNGERE

Stiller Freund der vielen Fernen, fühle,
wie dein Atem noch den Raum vermehrt.
Im Gebälk der finstern Glockenstühle
laß dich läuten. Das, was an dir zehrt,

wird ein Starkes über dieser Nahrung.
Geh in der Verwandlung aus und ein.
Was ist deine leidendste Erfahrung?
Ist dir Trinken bitter, werde Wein.

Sei in dieser Nacht aus Übermaß
Zauberkraft am Kreuzweg deiner Sinne,
ihrer seltsamen Begegnung Sinn.

Und wenn dich das Irdische vergaß,
zu der stillen Erde sag: Ich rinne.
Zu dem raschen Wasser sprich: Ich bin.

RAINER MARIA RILKE

Der römische Brunnen

Aufsteigt der Strahl, und fallend gießt
Er voll der Marmorschale Rund,
Die, sich verschleiernd, überfließt
In einer zweiten Schale Grund;
Die zweite gibt, sie wird zu reich,
Der dritten wallend ihre Flut,
Und jede nimmt und gibt zugleich
Und strömt und ruht.

CONRAD FERDINAND MEYER

FAUST: Werd' ich beruhigt je mich auf ein Faulbett legen,
So sei es gleich um mich getan!
Kannst du mich schmeichelnd je belügen,
Daß ich mir selbst gefallen mag,
Kannst du mich mit Genuß betrügen,
Das sei für mich der letzte Tag!
Die Wette biet' ich!
METHPISTOPHELES: Topp!
FAUST: Und Schlag auf Schlag!
Werd' ich zum Augenblicke sagen:
Verweile doch! du bist so schön!
Dann magst du mich in Fesseln schlagen,
Dann will ich gern zugrunde gehn!
Dann mag die Totenglocke schallen,
Dann bist du deines Dienstes frei,
Die Uhr mag stehn, der Zeiger fallen,
Es sei die Zeit für mich vorbei!

JOHANN WOLFGANG GOETHE

FAUST: Ein Sumpf zieht am Gebirge hin,
Verpestet alles schon Errungene;
Den faulen Pfuhl auch abzuziehn,
Das Letzte wär' das Höchsterrungene.
Eröffn' ich Räume vielen Millionen,
Nicht sicher zwar, doch tätig-frei zu wohnen.
Grün das Gefilde, fruchtbar; Mensch und Herde
Sogleich behaglich auf der neusten Erde,
Gleich angesiedelt an das Hügels Kraft,
Den aufgewälzt kühn-emsige Völkerschaft.
Im Innern hier ein paradiesisch Land,
Da rase draußen Flut bis auf zum Rand,
Und wie sie nascht, gewaltsam einzuschießen,
Gemeindrang eilt, die Lücke zu verschließen.
Ja, diesem Sinne bin ich ganz ergeben,
Das ist der Weisheit letzter Schluß:
Nur der verdient sich Freiheit wie das Leben,
Der täglich sie erobern muß.
Und so verbringt, umrungen von Gefahr,
Hier Kindheit, Mann und Greis sein tüchtig Jahr.
Solch ein Gewimmel möcht' ich sehn,
Auf freiem Grund mit freiem Volke stehn.
Zum Augenblicke dürft' ich sagen:
Verweile doch, du bist so schön!
Es kann die Spur von meinen Erdentagen
Nicht in Äonen untergehn. –
Im Vorgefühl von solchem hohen Glück
Genieß' ich jetzt den höchsten Augenblick.

JOHANN WOLFGANG GOETHE

Um Mitternacht

Gelassen stieg die Nacht ans Land,
Lehnt träumend an der Berge Wand,
Ihr Auge sieht die goldne Waage nun
Der Zeit in gleichen Schalen stille ruhn;
  Und kecker rauschen die Quellen hervor,
  Sie singen der Mutter, der Nacht, ins Ohr
    Vom Tage,
  Vom heute gewesenen Tage.

Das uralt alte Schlummerlied,
Sie achtets nicht, sie ist es müd;
Ihr klingt des Himmels Bläue süßer noch,
Der flüchtgen Stunden gleichgeschwungnes Joch.
  Doch immer behalten die Quellen das Wort,
  Es singen die Wasser im Schlafe noch fort
    Vom Tage,
  Vom heute gewesenen Tage.

EDUARD MÖRIKE

Eine Kraft in der Seele

Ich habe auch öfter schon gesagt, daß eine Kraft in der Seele ist, die weder Zeit noch Fleisch berührt; sie fließt aus dem Geiste und bleibt im Geiste und ist ganz und gar geistig. In dieser Kraft ist Gott ganz so grünend und blühend in aller der Freude und in aller der Ehre, wie er in sich selbst ist. Da ist so herzliche Freude und so unbegreiflich große Freude, daß niemand erschöpfend davon zu künden vermag. Denn der ewige Vater gebiert seinen ewigen Sohn in dieser Kraft ohne Unterlaß so, daß diese Kraft den Sohn des Vaters und sich selbst als denselben Sohn in der einigen Kraft des Vaters mitgebiert. Besäße ein Mensch ein ganzes Königreich oder alles Gut der Erde und gäbe das lauterlich um Gottes willen hin und würde der ärmsten Menschen einer, der irgendwo auf Erden lebt, und gäbe ihm dann Gott so viel zu leiden, wie er je einem Menschen gab, und litte er alles dies bis an seinen Tod und ließe ihn dann Gott einmal nur mit einem Blick schauen, wie er in dieser Kraft ist: – seine Freude würde so groß, daß es an allem diesem Leiden und an dieser Armut immer noch zu wenig gewesen wäre. Ja, selbst wenn Gott ihm nachher nimmermehr das Himmelreich gäbe, er hätte dennoch allzu großen Lohn empfangen für alles, was er je erlitt; denn Gott ist in dieser Kraft wie in dem ewigen Nun. Wäre der Geist allzeit mit Gott in dieser Kraft vereint, der Mensch könnte nicht altern; denn das Nun, darin Gott den ersten Menschen schuf, und das Nun, darin der letzte Mensch vergehen wird, und das Nun, darin ich spreche, die sind gleich in Gott und sind nichts als *ein* Nun. Nun seht, dieser Mensch wohnt in *einem* Lichte mit Gott; darum ist in ihm weder Leiden noch Zeitfolge, sondern eine gleichbleibende Ewigkeit. Diesem Menschen ist in Wahrheit alles Verwundern abgenommen, und alle Dinge stehen wesenhaft in ihm. Darum empfängt er nichts Neues von künftigen Dingen noch von irgendeinem »Zufall«, denn er wohnt in *einem*

Nun, allzeit neu, ohne Unterlaß. Solche göttliche Hoheit ist in dieser Kraft.

MEISTER ECKHART

Die Zeit, die wir jeden Tag zur Verfügung haben, ist elastisch; die Leidenschaften, die wir fühlen, dehnen sie aus, die, die wir erregen, ziehen sie zusammen; und Gewohnheit füllt den Rest aus.

MARCEL PROUST

Du liegst und schweigst –

Du liegst und schweigst und träumst der Stunde nach,
der Süßigkeit, dem sanften Sein des andern,
keiner ist übermächtig oder schwach,
du gibst und nimmst und gibst – die Kräfte wandern.

Gewisses Fühlen und gewisses Sehn,
gewisse Worte aus gewisser Stunde,
und keiner löst sich je aus diesem Bunde
der Veilchen, Nesseln und der Orchideen.

Und dennoch mußt du es den Parzen lassen,
dem Fädenspinnen und dem Flockenstreun –
du kannst nur diese Hand, die schmale, fassen
und diesmal noch das tiefe Wort erneun.

GOTTFRIED BENN

Im Norden der Grafschaft Ruppin, hart an der mecklenburgischen Grenze, zieht sich von dem Städtchen Gransee bis nach Rheinsberg hin (und noch darüber hinaus) eine mehrere Meilen lange Seenkette durch eine menschenarme, nur hie und da mit ein paar alten Dörfern, sonst aber ausschließlich mit Förstereien, Glas- und Teeröfen besetzte Waldung. Einer der Seen, die diese Seenkette bilden, heißt »der *Stechlin*«. Zwischen flachen, nur an einer einzigen Stelle steil und quaiartig ansteigenden Ufern liegt er da, rundum von alten Buchen eingefaßt, deren Zweige, von ihrer eignen Schwere nach unten gezogen, den See mit ihrer Spitze berühren. Hie und da wächst ein weniges von Schilf und Binsen auf, aber kein Kahn zieht seine Furchen, kein Vogel singt, und nur selten, daß ein Habicht drüber hinfliegt und seinen Schatten auf die Spiegelfläche wirft. Alles still hier. Und doch, von Zeit zu Zeit wird es an eben dieser Stelle lebendig. Das ist, wenn es weit draußen in der Welt, sei's auf Island, sei's auf Java, zu rollen und zu grollen beginnt oder gar der Aschenregen der hawaiischen Vulkane bis weit auf die Südsee hinausgetrieben wird. Dann regt sich's auch *hier*, und ein Wasserstrahl springt auf und sinkt wieder in die Tiefe. Das wissen alle, die den Stechlin umwohnen, und wenn sie davon sprechen, so setzten sie wohl auch hinzu: »Das mit dem Wasserstrahl, das ist nur das Kleine, das beinah Alltägliche; wenn's aber draußen was Großes gibt, wie vor hundert Jahren in Lissabon, dann brodelt's hier nicht bloß und sprudelt und strudelt, dann steigt statt des Wasserstrahls ein roter Hahn auf und kräht laut in die Lande hinein.« Das ist der Stechlin, der *See* Stechlin.

Aber nicht nur der See führt diesen Namen, auch der Wald, der ihn umschließt. Und Stechlin heißt ebenso das langgestreckte Dorf, das sich, den Windungen des Sees folgend, um seine Südspitze herumzieht. Etwa hundert Häuser und Hütten bilden hier eine lange, schmale Gasse, die sich nur da, wo eine von Kloster Wutz her heranführende Kastanienallee die Gasse durchschneidet, platzartig erweitert. An eben dieser Stelle findet sich denn auch die ganze Herrlichkeit von Dorf Stechlin zusammen; das Pfarrhaus, die Schule, das Schulzenamt, der Krug, dieser letztere zugleich ein Eck- und Kramladen mit einem kleinen Mohren und einer Girlande von Schwefelfäden in seinem Schaufenster. Dieser Ecke schräg gegenüber, unmittelbar hinter dem Pfarrhause, steigt der Kirchhof lehnan, auf ihm, so ziemlich in seiner Mitte, die frühmittelalterliche Feldsteinkirche mit einem aus dem vorigen Jahrhundert stammenden Dachreiter und einem zur Seite des alten Rundbogenportals angebrachten Holzarm, dran eine Glocke hängt. Eben diesem Kirchhof samt Kirche setzt sich dann die von Kloster Wutz her heranführende Kastanienallee noch eine kleine Strecke weiter fort, bis sie vor einer über einen sumpfigen Graben sich hinziehenden und von zwei riesigen Findlingsblöcken flankierten Bohlenbrücke Halt macht. Diese Brücke ist sehr primitiv. Jenseits derselben aber steigt das Herrenhaus auf, ein gelbgetünchter Bau mit hohem Dach und zwei Blitzableitern.

Auch dieses Herrenhaus heißt Stechlin, *Schloß* Stechlin.

THEODOR FONTANE

Meine Katze

Während ich an diesem Text arbeite, liegt meine Katze in ihrem Sessel und schläft. Eigentlich ist es *mein* Sessel, aber den Unterschied zwischen Mein und Dein akzeptiert sie nicht; meine Katze steht auf dem Standpunkt, daß sie der eigentliche Besitzer meines Hauses, meines Gartens, meines Sessels, meines Bettes sei, und sie erweist mir die große Gnade, bei und mit ihr leben zu dürfen. Das Wort »Katzenbesitzer« ist absurd. Kein Mensch kann eine Katze »besitzen«, im Gegenteil; jede Katze ergreift Besitz von allem, das ihr vor die Augen oder gar zwischen die Pfoten kommt.

Dennoch werden Katzen geliebt, vor allem von Schriftstellern. Sie reden von ihrer Katze wie von einer Geliebten, und weil Liebe blind macht, sind alle Katzengedichte Hymnen, von abgöttischer Schwärmerei und somit realitätsfremd.

Auch ich war einmal in meine Katze verliebt. Damals war sie noch wild und jung, und keine Nacht verging, ohne daß sie nicht in mein Bett kam und mit mir spielen wollte; manche Nacht war so wild, daß an Schlafen gar nicht zu denken war.

Das hat sich mit den Jahren gelegt. Wir haben uns noch immer gern, aber aus dem Stadium begierlicher Verliebtheit sind wir längst heraus. Wir sind ein nunmehr schon älteres Ehepaar geworden, halten es ganz gut miteinander aus, denken weder an Trennung noch gar an Scheidung, und wenn wir uns streiten, geht jeder, bevor es zu Tätlichkeiten kommt, seiner Wege. Irgendwann später begegnen wir uns dann, tun so, als sei nichts gewesen, und wir vertragen uns wieder, meistens wortlos.

Fast jeder Streit zwischen uns geht darum, wer seine Zeit dem anderen opfert. Ich teile mir meine Zeit genau ein, arbeite konzentriert und gezielt, und wenn ich an einem neuen Buch schreibe, brauche ich meine Ruhe. Wenn meine Katze wollte, könnte sie mich begreifen, aber sie will es nicht und fängt Streit an. Sie will sich nicht an geregelte Zeiten gewöhnen, und Diskussionen weicht sie aus. Sie hat nicht nur ihren eigenen Kopf, sie hat auch ihre eigene Zeit. Wenn ich esse, will sie in den Garten; wenn ich gerade eingeschlafen bin, miezt sie mich wach; wenn ich schreibe, will sie spielen, springt auf den Schreibtisch und durchstöbert die Manuskripte, spielt mit den Bleistiften, wirft das Tintenfaß um, und wenn ich das alles duldend hinnehme, spielt sie rigoros weiter, tapst über mein Schreibpapier und schlägt mit der Pfote nach meinem Federhalter. In solchen Augenblicken könnte ich sie erwürgen. Ich tue es nur deshalb nicht, weil ich genau weiß, daß sie eine halbe Stunde später auf meinem Schoß sitzen wird, schnurrt, schläft und mich zwischendurch mit ihren zeitlosen Augen anblickt, als sei sie noch immer unsterblich in mich verliebt.

Ich glaube, meine Katze kennt keine »Warums«. Was gestern gewesen ist, interessiert sie nicht mehr; was morgen kommt, ist ihr gleichgültig. Sie weiß nicht, was Zeit ist. Ich muß mir die Zeit nehmen, einteilen, stehlen; manchmal vertreibe ich mir die Zeit, manchmal vergeude ich sie, manchmal mache ich mir die Zeit bewußt. Die Zeit und ich, wir leben getrennt voneinander, und obwohl ich oft sage, ich hätte keine Zeit, weiß ich dennoch sehr genau, daß nicht *ich* Zeit habe, daß die Zeit vielmehr *mich* hat.

Meine Katze *hat* Zeit. Die Zeit ist ihr angeboren und einverleibt wie ihr Fell, ihre Ohren, ihre Krallen, ihre zeitlos schönen Augen. Ihre Zeit ist immer nur Gegenwart, und innerhalb dieser Gegenwart der Augenblick. Nur auf diesen Augenblick konzentriert sie ihre Gedanken, ihre Gefühle, ihre Gelüste. Sie denkt weder vor noch nach; sie lebt jetzt, nur jetzt.

Jetzt liegt sie in ihrem Sessel und schläft; zumindest in diesem, in ihrem Augenblick.

WERNER KOCH

Die Weltminute von Waterloo
Napoleon, 18. Juni 1815

Das Schicksal drängt zu den Gewaltigen und Gewalttätigen. Jahrelang machte es sich knechtisch gehorsam einem einzelnen hörig: Cäsar, Alexander, Napoleon; denn es liebt den elementaren Menschen, der ihm selber ähnlich wird, dem unfaßbaren Element.

Manchmal aber, ganz selten in allen Zeiten, wirft es in sonderbarer Laune irgendeinem Gleichgültigen sich ihn. Manchmal – und dies sind die erstaunlichsten Augenblicke der Weltgeschichte – fällt der Faden des Fatums für eine zuckende Minute in eines ganz Nichtigen Hand. Immer sind dann solche Menschen mehr erschreckt, als beglückt von dem Sturm der Verantwortung, der sie in heroisches Weltspiel mengt, und fast immer lassen sie das zugeworfene Schicksal zitternd aus den Händen. Selten nur reißt einer die Gelegenheit mächtig empor und sich selber mit ihr. Denn bloß eine Sekunde lang gibt sich das Große hin an den Geringen; wer sie versäumt, den begnadet sie nie mehr ein zweites Mal.

STEFAN ZWEIG

In einem Haus

In einem Haus, auf feinem Tannenreiser,
sitzen ein Bettelmann und ein Kaiser.

Beide summen und lachen und trinken
und reden laut und leise und winken.

Ein volles Jahr rollt über das Dach.
Ein volles Jahr rollt über das Dach.

JESSE THOOR

Der Hund in der Sonne

Es gibt einen wunderbaren Satz von Seneca: »Calamitosus animus futuri anxius, tief unglücklich die Seele, die sorgend die Zukunft bedenkt.« Wohl wahr. Wer die Zukunft bedenkt, ist nicht glücklich. Aber sorgend die Zukunft bedenken ist menschlich. Es ist eine Wahrheit ersten Ranges, mit der gelebt werden muß: Erst durch den Blick auf das Ungewisse, die ängstliche Sorge, die Vorschau, die Hoffnung an der Schwelle der Sorge, die Angst vor der Zukunft, erst da beginnt, was den Menschen auszeichnet. Ohne Bedenken der Zukunft, das ist der Hund in der Sonne.

Kein Zweifel, der Hund in der Sonne ist in der Neuzeit zu unerwarteten Ehren gekommen, er wurde zum großen Versprechen. So lange haben die Führer der Völker Gequälten und Ungequälten den Hund in der Sonne versprochen, in einigen Ländern ist er dann schon zum Typus geworden. Allmählich wird deutlich, was dem zu Grunde lag. Eine unbändige Menschenverachtung.

ERHART KÄSTNER

HELENA: Ich fühle mich so fern und doch so nah,
Und sage nur zu gern: Da bin ich! da!
FAUST: Ich atme kaum, mir zittert, stockt das Wort;
Es ist ein Traum, verschwunden Tag und Ort.
HELENA: Ich scheine mir verlebt und doch so neu,
In dich verwebt, dem Unbekannten treu.
FAUST: Durchgrüble nicht das einzigste Geschick!
Dasein ist Pflicht, und wär's ein Augenblick.

JOHANN WOLFGANG GOETHE

Alles hat seine Stunde
und jedes Geschehen unter dem Himmel hat seine Zeit:
eine Zeit zum Leben und eine Zeit zum Sterben,
eine Zeit zum Pflanzen und eine Zeit zum Ausreißen,
eine Zeit zum Töten und eine Zeit zum Heilen,
eine Zeit zum Bauen und eine Zeit zum Niederreißen,
eine Zeit zum Lachen und eine Zeit zum Weinen,
eine Zeit zum Trauern und eine Zeit zum Tanzen,
eine Zeit zum Steinewerfen und eine Zeit zum Steine-
sammeln,
eine Zeit der Umarmung und eine Zeit der Enthaltung,
eine Zeit zum Suchen und eine Zeit zum Verlieren,
eine Zeit zum Bewahren und eine Zeit zum Verwerfen,
eine Zeit zum Zerreißen und eine Zeit zum Zusammennähen,
eine Zeit zum Schweigen und eine Zeit zum Reden,
eine Zeit zum Lieben und eine Zeit zum Hassen,
eine Zeit für den Krieg und eine Zeit für den Frieden.

PREDIGER 3, 1–7

IV

GEDULD ABER BRINGT ERFAHRUNG; ERFAHRUNG ABER BRINGT HOFFNUNG

Was wird kommen?
Was wird die Zukunft bringen?
Ich weiss es nicht, ich ahne nichts.
Wenn eine Spinne von einem festen Punkt sich in ihre Konsequenzen hinabstürzt,
so sieht sie stets einen leeren Raum vor sich,
in dem sie nirgends Fuss fassen kann,
wie sehr sie auch zappelt.
So geht es mir;
vor mir stets ein leerer Raum;
was mich vorwärtstreibt,
ist eine Konsequenz, die hinter mir liegt.
Dieses Leben ist verkehrt und grauenhaft,
nicht auszuhalten.

SÖREN KIERKEGAARD

Das Morgen im Heute lebt, es wird immer nach ihm gefragt. Die Gesichter, die sich in die utopische Richtung wandten, waren zwar zu jeder Zeit verschieden, genauso wie das, was sie darin im Einzelnen, von Fall zu Fall, zu sehen meinten. Dagegen die *Richtung* ist hier überall verwandt, ja in ihrem noch verdeckten Ziel die gleiche; sie erscheint als das einzig Unveränderliche in der Geschichte. Glück, Freiheit, Nicht-Entfremdung, Goldenes Zeitalter, Land, wo Milch und Honig fließt, das Ewig-Weibliche, Trompetensignal im Fidelio und das Christförmige des Auferstehungstags danach: es sind so viele und verschiedenwertige Zeugen und Bilder, doch alle um das her aufgestellt, was für sich selber spricht, indem es noch schweigt. Die Richtung auf dies materiell und nicht nur logisch Einleuchtende muß invariant sein; das ist an jedem Ort erkennbar, wo Hoffnung ihr Überhaupt aufschlägt und darin zu lesen versucht. Kein Zweifel allemal, und es wurde auch keiner daran gelassen: eine unerhellte, ungelenkte Hoffnung führt leicht nur abseits, denn der wahre Horizont reicht nicht über die *Erkenntnis der Realitäten,* aber gerade diese Erkenntnis, wenn anders sie marxistisch ist und nicht mechanistisch, zeigt die *Realität selber als eine – des Horizonts* und die informierte Hoffnung als eine dieser Realität gemäße. Das Ziel insgesamt ist und bleibt noch verdeckt, das Überhaupt des Willens und der Hoffnung noch ungefunden, im Agens des Existierens ist das Licht seiner Washeit, seines Wesens, seines intendierten Grundinhalts selber noch nicht aufgegangen, und doch steht das Nunc stans des treibenden Augenblicks, des mit seinem Inhalt erfüllten Strebens utopisch-deutlich voran. »Terminus«, sagt der unruhige Scholastiker Abälard, »est illa civitas, ubi non praevenit rem desiderium nec desiderio minus est praemium«, Ziel ist jene Gemeinschaft, wo die Sehnsucht der Sache nicht zuvorkommt, noch die Erfüllung geringer ist als die Sehnsucht.

Das ist Sein wie Hoffnung, ist der schließlich manifestierte Was- und Wesens-Inhalt unseres strebenden Daß-Faktors, ein »Quid« pro »Quod«, das heißt ein solches Was und Wesen, daß die Intention darin aufgehoben werden mag. Gerade aber auch das menschliche Vermögen zu solch absolutem Zielbegriff ist das Ungeheure in einem Dasein, wo das Beste noch Stückwerk bleibt, wo jeder Zweck immer wieder Mittel wird, um dem noch gänzlich unsichtigen, ja an und für sich selbst noch unvorhandenen Grundziel, Endziel zu dienen. Marx bezeichnet als sein letztes Anliegen »die Entwicklung des Reichtums der menschlichen Natur«; dieser *menschliche* Reichtum wie der von *Natur* insgesamt liegt einzig in der Tendenz-Latenz, worin die Welt sich befindet – vis-à-vis de tout. Mit diesem Blick also gilt: Der Mensch lebt noch überall in der Vorgeschichte, ja alles und jedes steht noch vor Erschaffung der Welt, als einer rechten. *Die wirkliche Genesis ist nicht am Anfang, sondern am Ende,* und sie beginnt erst anzufangen, wenn Gesellschaft und Dasein radikal werden, das heißt sich an der Wurzel fassen. Die Wurzel der Geschichte aber ist der arbeitende, schaffende, die Gegebenheiten umbildende und überholende Mensch. Hat er sich erfaßt und das Seine ohne Entäußerung und Entfremdung in realer Demokratie begründet, so entsteht in der Welt etwas, das allen in die Kindheit scheint und worin noch niemand war: Heimat.

ERNST BLOCH

Wahrlich, dem [Erleuchteten]
geht sie [die Sonne]
nie mehr auf und unter.
Dem ist es ein für allemal Tag …

CHANDOGYA UPANISHAD

Ich glaube nichts, ich hoffe nichts,
ich fürchte nichts – Ich bin frei.

NIKOS KAZANTZAKIS

Oder sagt er's nicht vielmehr um unsertwillen?
Denn es ist ja um unsertwillen geschrieben.
Denn der da pflügt, soll auf Hoffnung pflügen;
und der da drischt, soll auf Hoffnung dreschen,
daß er seiner Hoffnung teilhaftig werde.

1. BRIEF AN DIE KORINTHER 9.10

Die Eltern lagen schon und schliefen, die Wanduhr schlug ihren einförmigen Takt, vor den klappernden Fenstern sauste der Wind; abwechselnd wurde die Stube hell von dem Schimmer des Mondes. Der Jüngling lag unruhig auf seinem Lager, und gedachte des Fremden und seiner Erzählungen. »Nicht die Schätze sind es, die ein so unaussprechliches Verlangen in mir geweckt haben«, sagte er zu sich selbst; »fern ab liegt mir alle Habsucht: aber die blaue Blume sehn' ich mich zu erblicken. Sie liegt mir unaufhörlich im Sinn, und ich kann nichts anderes dichten und denken. So ist mir noch nie zumute gewesen: es ist, als hätt ich vorhin geträumt, oder ich wäre in eine andere Welt hinübergeschlummert; denn in der Welt, in der ich sonst lebte, wer hätte da sich um Blumen bekümmert, und gar von einer so seltsamen Leidenschaft für eine Blume hab' ich damals nie gehört. Wo eigentlich nur der Fremde herkam? Keiner von uns hat je einen ähnlichen Menschen gesehn; doch weiß ich nicht, warum nur ich von seinen Reden so ergriffen worden bin; die andern haben ja das nämliche gehört, und keinem ist so etwas begegnet. Daß ich auch nicht einmal von meinem wunderlichen Zustande reden kann! Es ist mir oft so entzückend wohl, und nur dann, wenn ich die Blume nicht recht gegenwärtig habe, befällt mich so ein tiefes, inniges Treiben: das kann und wird keiner verstehn. Ich glaubte, ich wäre wahnsinnig, wenn ich nicht so klar und hell sähe und dächte, mir ist seitdem alles viel bekannter. Ich hörte einst von alten Zeiten reden; wie da die Tiere und Bäume und Felsen mit den Menschen gesprochen hätten. Mir ist gerade so, als wollten sie allaugenblicklich anfangen, und als könnte ich es ihnen ansehen, was sie mir sagen wollten. Es muß noch viel Worte geben, die ich nicht weiß: wüßte ich mehr, so könnte ich viel besser alles begreifen. Sonst tanzte ich gern; jetzt denke ich lieber nach der Musik.« Der Jüngling verlor sich allmählich in süßen Phantasien und entschlummerte. Da träumte ihm erst von unabsehlichen Fernen, und wilden, unbekannten Gegenden. Er wanderte über Meere mit unbegreiflicher Leichtigkeit; wunderliche Tiere sah er; er lebte mit mannigfaltigen Menschen, bald im Kriege, in wildem Getümmel, in stillen Hütten. Er geriet in Gefangenschaft und die schmählichste Not. Alle Empfindungen stiegen bis zu einer niegekannten Höhe in ihm. Er durchlebte ein unendlich buntes Leben; starb und kam wieder, liebte bis zur höchsten Leidenschaft, und war dann wieder auf ewig von seiner Geliebten getrennt. Endlich gegen Morgen, wie draußen die Dämmerung anbrach, wurde es stiller in seiner Seele, klarer und bleibender wurden die Bilder. Es kam ihm vor, als ginge er in einem dunkeln Walde allein. Nur selten schimmerte der Tag durch das grüne Netz. Bald kam er vor eine Felsenschlucht, die bergan stieg. Er mußte über bemooste Steine klettern, die ein ehemaliger Strom herunter gerissen hatte. Je höher er kam, desto lichter wurde der Wald. Endlich gelangte er zu einer kleinen Wiese, die am Hange des Berges lag. Hinter der Wiese erhob sich eine hohe Klippe, an deren Fuß er eine Öffnung erblickte, die der Anfang eines in den Felsen gehauenen Ganges zu sein schien. Der Gang führte ihn gemächlich eine Zeitlang eben fort, bis zu einer großen Weitung, aus der ihm schon von fern ein helles Licht entgegen glänzte. Wie er hineintrat, ward er einen mächtigen Strahl gewahr, der wie aus einem Springquell bis an die Decke des Gewölbes stieg, und oben in unzählige Funken zerstäubte, die sich unten in einem großen Becken sammelten; der Strahl glänzte wie entzündetes Gold; nicht das mindeste Geräusch war zu hören, eine heilige Stille umgab das herrliche Schauspiel. Er näherte sich dem Becken, das mit unendlichen Farben wogte und zitterte. Die Wände der Höhle waren mit dieser Flüssigkeit überzogen, die nicht heiß, sondern kühl war, und an den Wänden nur ein mattes, bläuliches Licht von sich warf. Er tauchte seine Hand in das Becken und benetzte seine Lippen. Es war, als durchdränge ihn ein geistiger Hauch, und er fühlte sich innigst gestärkt und erfrischt. Ein unwiderstehliches Verlangen ergriff ihn sich zu baden, er entkleidete sich und stieg in das Becken. Es dünkte ihn, als umflösse ihn eine Wolke des Abendrots; eine himmlische Empfindung überströmte sein Inneres; mit inniger Wollust strebten unzählbare Gedanken in ihm sich zu vermischen; neue, niegesehene Bilder entstanden, die auch ineinanderflossen und zu sichtbaren Wesen um ihn wurden, und jede Welle des lieblichen Elements schmiegte sich wie ein zarter Busen an ihn. Die Flut schien eine Auflösung reizender Mädchen, die an dem Jünglinge sich augenblicklich verkörperten.

Berauscht von Entzücken und doch jedes Eindrucks bewußt, schwamm er gemach dem leuchtenden Strome nach, der aus dem Becken in den Felsen hineinfloß. Eine Art von süßem Schlummer befiel ihn, in welchem er unbeschreibliche Begebenheiten träumte, und woraus ihn eine andere Erleuchtung weckte. Er fand sich auf einem weichen Rasen am Rande einer Quelle, die in die Luft hinausquoll und sich darin zu verzehren schien. Dunkelblaue Felsen mit bunten Adern erhoben sich in einiger Entfernung; das Tageslicht, das ihn umgab, war heller und milder als das gewöhnliche, der Himmel war schwarzblau und völlig rein. Was ihn aber mit voller Macht anzog, war eine hohe lichtblaue Blume, die zunächst an der Quelle stand, und ihn mit ihren breiten, glänzenden Blättern berührte. Rund um sie her standen unzählige Blumen von allen Farben, und der köstliche Geruch erfüllte die Luft. Er sah nichts als die blaue Blume, und betrachtete sie lange mit unnennbarer Zärtlichkeit. Endlich wollte er sich ihr nähern, als sie auf einmal sich zu bewegen und zu verändern anfing; die Blätter wurden glänzender und schmiegten sich an den wachsenden Stengel, die Blume neigte sich nach ihm zu, und die Blütenblätter zeigten einen blauen ausgebreiteten Kragen, in welchem ein zartes Gesicht schwebte. Sein süßes Staunen wuchs mit der sonderbaren Verwandlung, als ihn plötzlich die Stimme seiner Mutter weckte, und er sich in der elterlichen Stube fand, die schon die Morgensonne vergoldete. Er war zu entzückt, um unwillig über diese Störung zu sein; vielmehr bot er seiner Mutter freundlich guten Morgen und erwiderte ihre herzliche Umarmung.

NOVALIS

Kennst du das Land, wo die Zitronen blühn,
Im dunkeln Laub die Gold-Orangen glühn,
Ein sanfter Wind vom blauen Himmel weht,
Die Myrte still und hoch der Lorbeer steht –
Kennst du es wohl? Dahin! Dahin
Möcht ich mit dir, o mein Geliebter, ziehn!

Kennst du das Haus? Auf Säulen ruht sein Dach,
Es glänzt der Saal, es schimmert das Gemach,
Und Marmorbilder stehn und sehn mich an:
Was hat man dir, du armes Kind, getan? –
Kennst du es wohl? Dahin! Dahin
Möcht ich mit dir, o mein Beschützer, ziehn!

Kennst du den Berg und seinen Wolkensteg?
Das Maultier sucht im Nebel seinen Weg,
In Höhlen wohnt der Drachen alte Brut,
Es stürzt der Fels und über ihn die Flut –
Kennst du ihn wohl? Dahin! Dahin
Geht unser Weg; o Vater, laß uns ziehn!

JOHANN WOLFGANG GOETHE

Musen Siziliens, auf! Laß höhere Weisen ertönen!
Reben und Myrtengehölz, das bescheidene, fruchtet nicht jedem;
Singen wir Wälder, so sei'n des Konsuls würdig die Wälder.

Schon erfüllete sich die Zeit cumaeischer Sänge,
Schon von neuem beginnt der Jahrhunderte mächtiger Kreislauf,
Kehrt uns die heilige Magd und kehrt das Reich des Saturnus,
Schon vom hohen Olymp erscheint ein neues Geschlecht uns.
Seit der Geburt des Sohns, dem bald dies eiserne Alter
Weicht und das goldene Jahr neu aufgeht über der Erde,
Keusche Lucina geneigt: schon herrscht dein Bruder Apollo.

Also beginnt die Zierde der Zeit und nehmen die großen
Monde den Lauf, da du des Konsuls Würde verwaltest,
Pollio, Führer des Jahrs; jetzt weicht von Frevel und Grauen
Jede gebliebene Spur, erleichtert atmen die Länder.

Göttlich Schicksal teilet das Kind und schaut die Heroen
Wandelnd im seligen Schwarm; sie selber grüßen ihn freundlich.

Wenn er die Lande regiert, durch Kraft seiner Väter befriedet.
Du, der Unsterblichkeit Pfand, des Jupiter heiliger Nachwuchs!
Schau, wie das schwere Gewölb des Weltalls schwankend sich rege,
Land und die Ströme des Meers und sämtliche Tiefen der Himmel!

Schau, wie sie alle sich freun des kommenden, seligen
Alters! –
Oh, und bliebe mir nur der Rest des Lebens behalten
Und des Gesangs so viel, als genügt, deine Taten zu künden,
Würde mich Orpheus nicht, nicht Linus singend besiegen,
Wenn auch die Mutter dem einen hülf, der Vater dem andern,
Calliopea dem Orpheus, Apoll, der schöne, dem Linus.
Ja, und bestritte mich Pan, und Arcadien spräche das Urteil,
Gäb auch Arcadien mir vor Pan den Preis des Gesanges.
Komm doch, o Knäblein, komm, erkenn das Lächeln der
Mutter;
Schon zehn Monde verbarg im Schoß dich harrend die
Mutter!
Komm doch, o Knäblein, komm: wer nicht das Lächeln der
Eltern
Kennengelernt, dem winkt nicht Tisch noch Bette der
Götter!

VERGIL

An die Hoffnung

Hoffnung! holde! gütiggeschäftige!
Die du das Haus der Trauernden nicht verschmähst,
Und gerne dienend, Edle! zwischen
Sterblichen waltest und Himmelsmächten,

Wo bist du? wenig lebt ich; doch atmet kalt
Mein Abend schon. Und stille, den Schatten gleich,
Bin ich schon hier; und schon gesanglos
Schlummert das schaudernde Herz im Busen.

Im grünen Tale, dort, wo der frische Quell
Vom Berge täglich rauscht, und die liebliche
Zeitlose mir am Herbsttag aufblüht,
Dort, in der Stille, du Holde, will ich

Dich suchen, oder wenn in der Mitternacht
Das unsichtbare Leben im Haine wallt,
Und über mir die immerfrohen
Blumen, die blühenden Sterne, glänzen,

O du des Aethers Tochter! erscheine dann
Aus deines Vaters Gärten, und darfst du nicht,
Ein Geist der Erde, kommen, schröck, o
Schröcke mit anderem nur das Herz mir.

FRIEDRICH HÖLDERLIN

Am Flusse

Siddhartha wanderte im Walde, schon fern von der Stadt, und wußte nichts als das eine, daß er nicht mehr zurück konnte, daß dies Leben, wie er es nun viele Jahre lang geführt, vorüber und dahin und bis zum Ekel ausgekostet und ausgesogen war. Tot war der Singvogel, von dem er geträumt. Tot war der Vogel in seinem Herzen. Tief war er in Sansara verstrickt, Ekel und Tod hatte er von allen Seiten in sich eingesogen, wie ein Schwamm Wasser einsaugt, bis er voll ist. Voll war er von Überdruß, voll von Elend, voll von Tod, nichts mehr gab es in der Welt, das ihn locken, das ihn freuen, das ihn trösten konnte.

Sehnlich wünschte er, nichts mehr von sich zu wissen, Ruhe zu haben, tot zu sein. Käme doch ein Blitz und erschlüge ihn! Käme doch ein Tiger und fräße ihn! Gäbe es doch einen Wein, ein Gift, das ihm Betäubung brächte, Vergessen und Schlaf, und kein Erwachen mehr! Gab es denn noch irgendeinen Schmutz, mit dem er sich nicht beschmutzt hatte, eine Sünde und Torheit, die er nicht begangen, eine Seelenöde, die er nicht auf sich geladen hatte? War es denn noch möglich zu leben? War es möglich, nochmals und nochmals wieder Atem zu ziehen, Atem auszustoßen, Hunger zu fühlen, wieder zu essen, wieder zu schlafen, wieder beim Weibe zu liegen? War dieser Kreislauf nicht für ihn erschöpft und abgeschlossen?

Siddhartha gelangte an den großen Fluß im Walde, an denselben Fluß, über welchen ihn einst, als er noch ein junger Mann war und von der Stadt des Gotama kam, ein Fährmann geführt hatte. An diesem Flusse machte er halt, blieb zögernd beim Ufer stehen. Müdigkeit und Hunger hatten ihn geschwächt, und wozu auch sollte er weitergehen, wohin denn, zu welchem Ziel? Nein, es gab keine Ziele mehr, es gab nichts mehr als die tiefe, leidvolle Sehnsucht, diesen ganzen wüsten Traum von sich zu schütteln, diesen schalen Wein von sich zu speien, diesem jämmerlichen und schmachvollen Leben ein Ende zu machen.

Über das Flußufer hing ein Baum gebeugt, ein Kokosbaum, an dessen Stamm lehnte sich Siddhartha mit der Schulter, legte den Arm um den Stamm und blickte in das grüne Wasser hinab, das unter ihm zog und zog, blickte hinab und fand sich ganz und gar von dem Wunsche erfüllt, sich loszulassen und in diesem Wasser unterzugehen. Eine schauerliche Leere spiegelte ihm aus dem Wasser entgegen, welcher die furchtbare Leere in seiner Seele Antwort gab. Ja, er war am Ende. Nichts mehr gab es für ihn, als sich auszulöschen, als das mißlungene Gebilde seines Lebens zu zerschlagen, es wegzuwerfen, hohnlachenden Göttern vor die Füße. Dies war das große Erbrechen, nach dem er sich gesehnt hatte: der Tod, das Zerschlagen der Form, die er haßte! Mochten ihn die Fische fressen, diesen Hund von Siddhartha, diesen Irrsinnigen, diesen verdorbenen und verfaulten Leib, diese erschlaffte und mißbrauchte Seele! Mochten die Fische und Krokodile ihn fressen, mochten die Dämonen ihn zerstücken!

Mit verzerrtem Gesicht starrte er ins Wasser, sah sein Gesicht gespiegelt und spie danach. In tiefer Müdigkeit löste er den Arm vom Baumstamme und drehte sich ein wenig, um sich senkrecht hinabfallen zu lassen, um endlich unterzugehen. Er sank, mit geschlossenen Augen, dem Tod entgegen.

Da zuckte aus entlegenen Bezirken seiner Seele, aus Vergangenheiten seines ermüdeten Lebens her ein Klang. Es war ein Wort, eine Silbe, die er ohne Gedanken mit lallender Stimme vor sich hinsprach, das alte Anfangswort und Schlußwort aller brahmanischen Gebete, das heilige »Om«, das so viel bedeutet wie »das Vollkommene« oder »die Vollendung«. Und im Augenblick, da der Klang »Om« Siddharthas Ohr berührte, erwachte sein entschlummerter Geist plötzlich, und erkannte die Torheit seines Tuns.

Siddhartha erschrak tief. So also stand es um ihn, so

verloren war er, so verirrt und von allem Wissen verlassen, daß er den Tod hatte suchen können, daß dieser Wunsch, dieser Kinderwunsch in ihm hatte groß werden können: Ruhe zu finden, indem er seinen Leib auslöschte! Was alle Qual dieser letzten Zeiten, alle Ernüchterung, alle Verzweiflung nicht bewirkt hatte, das bewirkte dieser Augenblick, da das Om in sein Bewußtsein drang: daß er sich in seinem Elend und in seinem Irrsal erkannte.

»Om!« sprach er vor sich hin: »Om!« Und wußte um Brahman, wußte um die Unzerstörbarkeit des Lebens, wußte um alles Göttliche wieder, das er vergessen hatte.

Doch war dies nur ein Augenblick, ein Blitz. Am Fuß des Kokosbaumes sank Siddhartha nieder, legte sein Haupt auf die Wurzel des Baumes und sank in tiefen Schlaf.

Tief war sein Schlaf und frei von Träumen, seit langer Zeit hatte er einen solchen Schlaf nicht mehr gekannt. Als er nach manchen Stunden erwachte, war ihm, als seien zehn Jahre vergangen, er hörte das leise Strömen des Wassers, wußte nicht, wo er sei und wer ihn hierher gebracht habe, schlug die Augen auf, sah mit Verwunderung Bäume und Himmel über sich, und erinnerte sich, wo er wäre und wie er hierher gekommen sei. Doch bedurfte er hierzu einer langen Weile, und das Vergangene erschien ihm wie von einem Schleier überzogen, unendlich fern, unendlich weit weg gelegen, unendlich gleichgültig. Er wußte nur, daß er sein früheres Leben (im ersten Augenblick der Besinnung erschien ihm dies frühere Leben wie eine weit zurückliegende, einstige Verkörperung, wie eine frühe Vorgeburt seines jetzigen Ich) –, daß er sein früheres Leben verlassen habe, daß er voll Ekel und Elend sogar sein Leben habe wegwerfen wollen, daß er aber an einem Flusse, unter einem Kokosbaume, zu sich gekommen sei, das heilige Wort Om auf den Lippen, dann entschlummert sei, und nun erwacht als ein neuer Mensch in die Welt blicke. Leise sprach er das Wort Om vor sich hin, über welchem er eingeschlafen war, und ihm schien, sein ganzer langer Schlaf sei nichts als ein langes, versunkenes

Om-Sprechen gewesen, ein Om-Denken, ein Untertauchen und völliges Eingehen in Om, in das Namenlose, Vollendete.

Was für ein wunderbarer Schlaf war dies doch gewesen! Niemals hatte ein Schlaf ihn so erfrischt, so erneut, so verjüngt! Vielleicht war er wirklich gestorben, war untergegangen und in einer neuen Gestalt wiedergeboren? Aber nein, er kannte sich, er kannte seine Hand und seine Füße, kannte den Ort, an dem er lag, kannte dies Ich in seiner Brust, diesen Siddhartha, den Eigenwilligen, den Seltsamen, aber dieser Siddhartha war dennoch verwandelt, war erneut, war merkwürdig ausgeschlafen, merkwürdig wach, freudig und neugierig.

Siddhartha richtete sich empor, da sah er sich gegenüber einen Menschen sitzen, einen fremden Mann, einen Mönch in gelbem Gewande mit rasierten Kopfe, in der Stellung des Nachdenkens. Er betrachtete den Mann, der weder Haupthaar noch Bart an sich hatte, und nicht lange hatte er ihn betrachtet, da erkannte er in diesem Mönche Govinda, den Freund seiner Jugend, Govinda, der seine Zuflucht zum erhabenen Buddha genommen hatte. Govinda war gealtert, auch er, aber noch immer trug sein Gesicht die alten Züge, sprach von Eifer, von Treue, von Suchen, von Ängstlichkeit. Als nun aber Govinda, seinen Blick fühlend, das Auge aufschlug und ihn anschaute, sah Siddhartha, daß Govinda ihn nicht erkenne. Govinda freute sich, ihn wach zu finden, offenbar hatte er lange hier gesessen und auf sein Erwachen gewartet, obwohl er ihn nicht kannte.

»Ich habe geschlafen«, sagte Siddhartha. »Wie bist du denn hierher gekommen?«

»Du hast geschlafen«, antwortete Govinda. »Es ist nicht gut, an solchen Orten zu schlafen, wo häufig Schlangen sind und die Tiere des Waldes ihre Wege haben. Ich, o Herr, bin ein Jünger des erhabenen Gotama, des Buddha, des Sakyamuni, und bin mit einer Zahl der Unsrigen diesen Weg gepilgert, da sah ich dich liegen und schlafen an einem Orte, wo es gefährlich ist zu schlafen. Darum suchte ich dich zu wecken, o Herr, und da ich sah, daß dein Schlaf sehr tief war, blieb ich hinter den Meinigen zurück und saß bei dir. Und dann, so scheint es, bin ich selbst eingeschlafen, der ich deinen Schlaf bewachen wollte. Schlecht habe ich meinen Dienst versehen, Müdigkeit hat mich übermannt. Aber nun, da du ja wach bist, laß mich gehen, damit ich meine Brüder einhole.«

»Ich danke dir, Samana, daß du meinen Schlaf behütet hast«, sprach Siddhartha. »Freundlich seid ihr Jünger des Erhabenen. Nun magst du denn gehen.«

»Ich gehe, Herr. Möge der Herr sich immer wohl befinden.«

»Ich danke dir, Samana.«

Govinda machte das Zeichen des Grußes und sagte: »Lebe wohl.«

»Lebe wohl, Govinda«, sagte Siddhartha.

Der Mönch blieb stehen.

»Erlaube, Herr, woher kennst du meinen Namen?«

Da lächelte Siddhartha.

»Ich kenne dich, o Govinda, aus der Hütte deines Vaters, und aus der Brahmanenschule, und von den Opfern, und von unsrem Gang zu den Samanas, und von jener Stunde, da du im Hain Jetavana deine Zuflucht zum Erhabenen nahmest.«

»Du bist Siddhartha!« rief Govinda laut. »Jetzt erkenne ich dich, und begreife nicht mehr, wie ich dich nicht sogleich erkennen konnte. Sei willkommen, Siddhartha, groß ist meine Freude, dich wiederzusehen.«

»Auch mich erfreut es, dich wiederzusehen. Du bist der Wächter meines Schlafes gewesen, nochmals danke ich dir dafür, obwohl ich keines Wächters bedurft hätte. Wohin gehst du, o Freund?«

»Nirgendhin gehe ich. Immer sind wir Mönche unterwegs, solange nicht Regenzeit ist, immer ziehen wir von Ort zu Ort, leben nach der Regel, verkündigen die Lehre, nehmen Almosen, ziehen weiter. Immer ist es so. Du aber, Siddhartha, wo gehst du hin?«

Sprach Siddhartha: »Auch mit mir steht es so, Freund, wie mit dir. Ich gehe nirgendhin. Ich bin nur unterwegs. Ich pilgere.«

Govinda sprach: »Du sagst, du pilgerst, und ich glaube dir. Doch verzeih, o Siddhartha, nicht wie ein Pilger siehst du aus. Du trägst das Kleid eines Reichen, du trägst die Schuhe eines Vornehmen, und dein Haar, das nach wohlriechendem Wasser duftet, ist nicht das Haar eines Pilgers, nicht das Haar eines Samanas.«

»Wohl, Lieber, gut hast du beobachtet, alles sieht dein scharfes Auge. Doch habe ich nicht zu dir gesagt, daß ich ein Samana sei. Ich sagte: ich pilgere. Und so ist es: ich pilgere.«

»Du pilgerst«, sagte Govinda. »Aber wenige pilgern in solchem Kleide, wenige in solchen Schuhen, wenige mit solchen Haaren. Nie habe ich, der ich schon viele Jahre pilgere, solch einen Pilger angetroffen.«

»Ich glaube es dir, mein Govinda. Aber nun, heute, hast du eben einen solchen Pilger angetroffen, in solchen Schuhen, mit solchem Gewande. Erinnere dich, Lieber: vergänglich ist die Welt der Gestaltungen, vergänglich, höchst vergänglich sind unsere Gewänder, und die Tracht unserer Haare, und unsere Haare und Körper selbst. Ich trage die Kleider eines Reichen, da hast du recht gesehen. Ich trage sie, denn ich bin ein Reicher gewesen, und trage das Haar wie die Weltleute und Lüstlinge, denn einer von ihnen bin ich gewesen.«

»Und jetzt, Siddhartha, was bist du jetzt?«

»Ich weiß es nicht, ich weiß es so wenig wie du. Ich bin unterwegs. Ich war ein Reicher, und bin es nicht mehr; und was ich morgen sein werde, weiß ich nicht.«

»Du hast deinen Reichtum verloren?«

»Ich habe ihn verloren, oder er mich. Er ist mir abhanden gekommen. Schnell dreht sich das Rad der Gestaltungen, Govinda. Wo ist der Brahmane Siddhartha? Wo ist der

Samana Siddhartha? Wo ist der Reiche Siddhartha? Schnell wechselt das Vergängliche, Govinda, du weißt es.«

Govinda blickte den Freund seiner Jugend lange an, Zweifel im Auge. Darauf grüßte er ihn, wie man Vornehme grüßt, und ging seines Weges.

Mit lächelndem Gesicht schaute Siddhartha ihm nach, er liebte ihn noch immer, diesen Treuen, diesen Ängstlichen. Und wie hätte er, in diesem Augenblick, in dieser herrlichen Stunde nach seinem wunderbaren Schlafe, durchdrungen von Om, irgend jemand und irgend etwas nicht lieben sollen! Eben darin bestand die Verzauberung, welche im Schlafe und durch das Om in ihm geschehen war, daß er alles liebte, daß er voll froher Liebe war zu allem, was er sah. Und eben daran, so schien es ihm jetzt, war er vorher so sehr krank gewesen, daß er nichts und niemand hatte lieben können.

Mit lächelndem Gesicht schaute Siddhartha dem hinweggehenden Mönche nach. Der Schlaf hatte ihn sehr gestärkt, sehr aber quälte ihn der Hunger, denn er hatte nun zwei Tage nichts gegessen, und lange war die Zeit vorüber, da er hart gegen den Hunger gewesen war. Mit Kummer, und doch auch mit Lachen, gedachte er jener Zeit. Damals, so erinnerte er sich, hatte er sich vor Kamala dreier Dinge gerühmt, hatte drei edle und unüberwindliche Künste gekonnt: Fasten – Warten – Denken. Dies war sein Besitz gewesen, seine Macht und Kraft, sein fester Stab, in den fleißigen, mühseligen Jahren seiner Jugend hatte er diese drei Künste gelernt, nichts anderes. Und nun hatten sie ihn verlassen, keine von ihnen war mehr sein, nicht Fasten, nicht Warten, nicht Denken. Um das Elendeste hatte er sie hingegeben, um das Vergänglichste, um Sinnenlust, um Wohlleben, um Reichtum! Seltsam war es ihm in der Tat ergangen. Und jetzt, so schien es, jetzt war er wirklich ein Kindermensch geworden.

Siddhartha dachte über seine Lage nach. Schwer fiel ihm das Denken, er hatte im Grunde keine Lust dazu, doch zwang er sich.

Nun, dachte er, da alle diese vergänglichsten Dinge mir wieder entglitten sind, nun stehe ich wieder unter der Sonne, wie ich einst als kleines Kind gestanden bin, nichts ist mein, nichts kann ich, nichts vermag ich, nichts habe ich gelernt. Wie ist dies wunderlich! Jetzt, wo ich nicht mehr jung bin, wo meine Haare schon halb grau sind, wo die Kräfte nachlassen, jetzt fange ich wieder von vorn und beim Kinde an! Wieder mußte er lächeln. Ja, seltsam war sein Geschick! Es ging abwärts mit ihm, und nun stand er wieder leer und nackt und dumm in der Welt. Aber Kummer darüber konnte er nicht empfinden, nein, er fühlte sogar großen Anreiz zum Lachen, zum Lachen über sich, zum Lachen über diese seltsame törichte Welt.

»Abwärts geht es mit dir!« sagte er zu sich selber und lachte dazu, und wie er es sagte, fiel sein Blick auf den Fluß, und auch den Fluß sah er abwärts gehen, immer abwärts wandern, und dabei singen und fröhlich sein. Das gefiel ihm wohl, freundlich lächelte er dem Flusse zu. War dies nicht der Fluß, in welchem er sich hatte ertränken wollen, einst, vor hundert Jahren, oder hatte er das geträumt?

Wunderlich in der Tat war mein Leben, so dachte er, wunderliche Umwege hat es genommen. Als Knabe habe ich nur mit Göttern und Opfern zu tun gehabt. Als Jüngling habe ich nur mit Askese, mit Denken und Versenkung zu tun gehabt, war auf der Suche nach Brahman, verehrte das Ewige im Atman. Als junger Mann aber zog ich den Büßern nach, lebte im Walde, litt Hitze und Frost, lernte hungern, lehrte meinen Leib absterben. Wunderbar kam mir alsdann in der Lehre des großen Buddha Erkenntnis entgegen, ich fühlte Wissen um die Einheit der Welt in mir kreisen wie mein eigenes Blut. Aber auch von Buddha und von dem großen Wissen mußte ich wieder fort. Ich ging und lernte bei Kamala die Liebeslust, lernte bei Kamaswami den Handel, häufte Geld, vertat Geld, lernte meinen Magen lieben, lernte meinen Sinnen schmeicheln. Viele Jahre mußte ich damit hinbringen, den Geist zu verlieren, das Denken wieder zu verlernen, die Einheit zu vergessen. Ist es nicht so, als sei ich langsam und auf großen Umwegen aus einem Mann ein Kind geworden, aus einem Denker ein Kindermensch? Und doch ist dieser Weg sehr gut gewesen, und doch ist der Vogel in meiner Brust nicht gestorben. Aber welch ein Weg war das! Ich habe durch so viel Dummheit, durch so viel Laster, durch so viel Irrtum, durch so viel Ekel und Enttäuschung und Jammer hindurchgehen müssen, bloß um wieder ein Kind zu werden und neu anfangen zu können. Aber es war richtig so, mein Herz sagt ja dazu, meine Augen lachen dazu. Ich habe Verzweiflung erleben müssen, ich habe hinabsinken müssen bis zum törichtesten aller Gedanken, zum Gedanken des Selbstmordes, um Gnade erleben zu können, um wieder Om zu vernehmen, um wieder richtig schlafen und richtig erwachen zu können. Ich habe ein Tor werden müssen, um Atman wieder in mir zu finden. Ich habe sündigen müssen, um wieder leben zu können. Wohin noch mag mein Weg mich führen? Närrisch ist er, dieser Weg, er geht in Schleifen, er geht vielleicht im Kreise. Mag er gehen, wie er will, ich will ihn gehen.

Wunderbar fühlte er in seiner Brust die Freude wallen.

Woher denn, fragte er sein Herz, woher hast du diese Fröhlichkeit? Kommt sie wohl aus diesem langen, guten Schlafe her, der mir so sehr wohlgetan hat? Oder von dem Worte Om, das ich aussprach? Oder davon, daß ich entronnen bin, daß meine Flucht vollzogen ist, daß ich endlich wieder frei bin und wie ein Kind unter dem Himmel stehe? O wie gut ist dies Geflohensein, dies Freigewordensein! Wie rein und schön ist hier die Luft, wie gut zu atmen! Dort, von wo ich entlief, dort roch alles nach Salbe, nach Gewürzen, nach Wein, nach Überfluß, nach Trägheit. Wie haßte ich diese Welt der Reichen, der Schlemmer, der Spieler! Wie habe ich mich selbst gehaßt, daß ich so lang in dieser schrecklichen Welt geblieben bin! Wie habe ich mich gehaßt, habe mich beraubt, vergiftet, gepeinigt, habe mich alt und böse gemacht! Nein, nie mehr werde ich, wie ich es einst so gerne tat, mir einbilden, daß Siddhartha weise sei! Dies aber habe ich gut gemacht, dies gefällt mir, dies muß ich loben, daß es nun ein Ende hat mit jenem Haß gegen mich selber, mit jenem törichten und öden Leben! Ich lobe dich, Siddhartha, nach so viel Jahren der Torheit hast du wieder einmal einen Einfall gehabt, hast etwas getan, hast den Vogel in deiner Brust singen hören und bist ihm gefolgt!

So lobte er sich, hatte Freude an sich, hörte neugierig seinem Magen zu, der vor Hunger knurrte. Ein Stück Leid, ein Stück Elend hatte er nun, so fühlte er, in diesen letzten Zeiten und Tagen ganz und gar durchgekostet und ausgespien, bis zur Verzweiflung und bis zum Tode ausgefressen. So war es gut. Lange noch hätte er bei Kamaswami bleiben können, Geld erwerben, Geld vergeuden, seinen Bauch mästen und seine Seele verdursten lassen, lange noch hätte er in dieser sanften, wohlgepolsterten Hölle wohnen können, wäre dies nicht gekommen: der Augenblick der vollkommenen Trostlosigkeit und Verzweiflung, jener äußerste Augenblick, da er über dem strömenden Wasser hing und bereit war, sich zu vernichten. Daß er diese Verzweiflung, diesen tiefsten Ekel gefühlt hatte, und daß er ihm nicht erlegen war, daß der Vogel, die frohe Quelle und Stimme in ihm doch noch lebendig war, darüber fühlte er diese Freude, darüber lachte er, darüber strahlte sein Gesicht unter den ergrauten Haaren.

»Es ist gut«, dachte er, »alles selber zu kosten, was man zu wissen nötig hat. Daß Weltlust und Reichtum nicht vom Guten sind, habe ich schon als Kind gelernt. Gewußt habe ich es lange, erlebt habe ich es erst jetzt. Und nun weiß ich es, weiß es nicht nur mit dem Gedächtnis, sondern mit meinen Augen, mit meinem Herzen, mit meinem Magen. Wohl mir, daß ich es weiß!«

Lange sann er noch über seine Verwandlung, lauschte dem Vogel, wie er vor Freude sang. War nicht dieser Vogel in ihm gestorben, hatte er nicht seinen Tod gefühlt? Nein, etwas anderes in ihm war gestorben, etwas, das schon lange sich nach Sterben gesehnt hatte. War es nicht das, was er einst in seinen glühenden Büßerjahren hatte abtöten wollen? War es nicht sein Ich, sein kleines, banges und stolzes Ich, mit dem er so viele Jahre gekämpft hatte, das ihn immer wieder besiegt hatte, das nach jeder Abtötung wieder da war, Freude verbot, Furcht empfand? War es nicht dies, was heute endlich seinen Tod gefunden hatte, hier im Walde an diesem lieblichen Flusse? War es nicht dieses Todes wegen, daß er jetzt wie ein Kind war, so voll Vertrauen, so ohne Furcht, so voll Freude?

Nun auch ahnte Siddhartha, warum er als Brahmane, als Büßer vergeblich mit diesem Ich gekämpft hatte. Zu viel Wissen hatte ihn gehindert, zu viel heilige Verse, zu viel Opferregeln, zu viel Kasteiung, zu viel Tun und Streben! Voll Hochmut war er gewesen, immer der Klügste, immer der Eifrigste, immer allen um einen Schritt voran, immer der Wissende und Geistige, immer der Priester oder Weise. In dies Priestertum, in diesen Hochmut, in diese Geistigkeit hinein hatte sein Ich sich verkrochen, dort saß es fest und wuchs, während er es mit Fasten und Buße zu töten meinte. Nun sah er es, und sah, daß die heimliche Stimme recht gehabt hatte, daß kein Lehrer ihn je hätte erlösen können. Darum hatte er in die Welt gehen müssen, sich an Lust und Macht, an Weib und Geld verlieren müssen, hatte ein Händler, ein Würfelspieler, Trinker und Habgieriger werden müssen, bis der Priester und Samana in ihm tot war. Darum hatte er weiter diese häßlichen Jahre ertragen müssen, den Ekel ertragen, die Leere, die Sinnlosigkeit eines öden und verlorenen Lebens, bis zum Ende, bis zur bittern Verzweiflung, bis auch der Lüstling Siddhartha, der Habgierige Siddhartha sterben konnte. Er war gestorben, ein neuer Siddhartha war aus dem Schlaf erwacht. Auch er würde alt werden, auch er würde einst sterben müssen, vergänglich war Siddhartha, vergänglich war jede Gestaltung. Heute aber war er jung, war ein Kind, der neue Siddhartha, und war voll Freude.

Diese Gedanken dachte er, lauschte lächelnd auf seinen Magen, hörte dankbar einer summenden Biene zu. Heiter blickte er in den strömenden Fluß, nie hatte ihm ein Wasser so wohl gefallen wie dieses, nie hatte er Stimme und Gleichnis des ziehenden Wassers so stark und schön vernommen. Ihm schien, es habe der Fluß ihm etwas Besonderes zu sagen, etwas, daß er noch nicht wisse, das noch auf ihn warte. In diesem Fluß hatte sich Siddhartha ertränken wollen, in ihm war der alte, müde, verzweifelte Siddhartha heute ertrunken. Der neue Siddhartha aber fühlte eine tiefe Liebe zu diesem strömenden Wasser und beschloß bei sich, es nicht so bald wieder zu verlassen.

HERMANN HESSE

Sehnsucht

Es schienen so golden die Sterne,
Am Fenster ich einsam stand
Und hörte aus weiter Ferne
Ein Posthorn im stillen Land.
Das Herz mir im Leib entbrennte,
Da hab ich mir heimlich gedacht:
Ach, wer da mitreisen könnte
In der prächtigen Sommernacht!

Zwei junge Gesellen gingen
Vorüber am Bergeshang,
Ich hörte im Wandern sie singen
Die stille Gegend entlang:
Von schwindelnden Felsenschlüften,
Wo die Wälder rauschen so sacht,
Von Quellen, die von den Klüften
Sich stürzen in die Waldesnacht.

Sie sangen von Marmorbildern,
Von Gärten, die überm Gestein
In dämmernden Lauben verwildern,
Palästen im Mondenschein,
Wo die Mädchen am Fenster lauschen,
Wann der Lauten Klang erwacht
Und die Brunnen verschlafen rauschen
In der prächtigen Sommernacht. –

JOSEPH VON EICHENDORFF

Atemzüge eines Sommertags

Die Sonne war unterdessen höhergestiegen; die Stühle hatten sie wie gestrandete Boote in dem flachen Schatten beim Haus zurückgelassen, und lagen auf einer Wiese im Garten unter der vollen Tiefe des Sonnentags. Sie taten es schon eine ganze Weile, und obgleich die Umstände gewechselt hatten, kam es ihnen kaum als Veränderung zu Bewußtsein. Ja eigentlich tat dies auch nicht der Stillstand des Gesprächs; es war hängen geblieben, ohne einen Riß verspüren zu lassen,

Ein geräuschloser Strom glanzlosen Blütenschnees schwebte, von einer abgeblühten Baumgruppe kommend, durch den Sonnenschein; und der Atem, der ihn trug, war so sanft, daß sich kein Blatt regte. Kein Schatten fiel davon auf das Grün des Rasens, aber dieses schien sich von innen zu verdunkeln wie ein Auge. Die zärtlich und verschwenderisch vom jungen Sommer belaubten Bäume und Sträucher, die beiseite standen oder den Hintergrund bildeten, machten den Eindruck von fassungslosen Zuschauern, die, in ihrer fröhlichen Tracht überrascht und gebannt, an diesem Begräbniszug und Naturfest teilnahmen. Frühling und Herbst, Sprache und Schweigen der Natur, auch Lebens- und Todeszauber mischten sich in dem Bild; die Herzen schienen stillzustehen, aus der Brust genommen zu sein, sich dem schweigenden Zug durch die Luft anzuschließen. »Da ward mir das Herz aus der Brust genommen«, hat ein Mystiker gesagt: Agathe erinnerte sich dessen.

Auch wußte sie, daß sie selbst diesen Ausspruch Ulrich aus einem seiner Bücher vorgelesen hatte.

Hier in dem Garten, nicht weit von dem Platze, wo sie sich jetzt befanden, war das geschehen. Die Erinnerung wurde vollständiger. Auch andere Aussprüche, die sie ihm ins Gedächtnis gerufen hatte, fielen ihr ein: »Bist du es, oder bist du es nicht? Ich weiß nicht, wo ich bin; noch will ich davon wissen!« – »Ich habe alle meine Vermögen überstiegen, bis an die dunkle Kraft! Ich bin verliebt, und weiß nicht in wen! Ich habe das Herz von Liebe voll, und von Liebe leer zugleich!« – Also klang in ihr die Klage der Mystiker wieder, in deren Herz Gott so tief eingedrungen ist wie ein Dorn, den keine Fingerspitzen fassen können. Viele solche selige Klagen hatte sie Ulrich damals vorgelesen. Vielleicht war die Wiedergabe jetzt nicht genau, das Gedächtnis verfährt etwas befehlshaberisch mit dem, was es zu hören wünscht; aber sie begriff, was gemeint war, und faßte einen Entschluß. Wie in diesem Augenblick des Blütenzugs hatte der Garten also schon einmal geheimnisvoll verlassen und belebt ausgesehen; und zwar gerade in der Stunde, nachdem ihr die mystischen Bekenntnisse in die Hand gefallen waren, die Ulrich unter seinen Büchern besaß. Die Zeit stand still, ein Jahrtausend wog so leicht wie ein Öffnen und Schließen des Auges, sie war ans Tausendjährige Reich gelangt, Gott gar gab sich vielleicht zu fühlen. Und während sie, obwohl es doch die Zeit nicht mehr geben sollte, eins *nach* dem andern das empfand; und während ihr Bruder, damit sie bei diesem Traum nicht Angst leide, *neben* ihr war, obwohl es auch keinen Raum mehr zu geben schien: schien die Welt, unerachtet dieser Widersprüche, in allen Stücken erfüllt von Verklärung zu sein.

Was sie seither erlebt hatte, konnte ihr nicht anders als gesprächig gemäßigt im Vergleich mit dem erscheinen, was vorangegangen war; aber welche Erweiterung und Bekräftigung sollte es diesem doch auch geben, wenngleich es die fast körperwarme Unmittelbarkeit der ersten Eingebung darüber verloren hatte! Unter diesen Umständen beschloß Agathe, diesmal mit Vorbedacht der Entzückung zu begegnen, die sie vormals in diesem Garten beinahe traumhaft befallen hatte. Sie wußte nicht, warum sie damit den Namen des Tausendjährigen Reiches verband. Es war ein gefühlhelles Wort und war beinahe faßbar wie ein Ding, blieb aber dem Verstand unklar. Deshalb konnte sie mit dieser Vorstellung umgehen, wie wenn das Tausendjährige Reich in jedem

Augenblick anbrechen könnte. Es wird auch das Reich der Liebe genannt, das wußte Agathe ebenfalls; doch erst als letztes dachte sie daran, daß beide diese Namen schon seit den Zeiten der Bibel überliefert werden und das Reich Gottes auf Erden bedeuten, dessen nahe bevorstehender Anbruch in völlig wirklicher Bedeutung gemeint ist. Übrigens benutzte auch Ulrich, ohne deshalb an die Schrift zu glauben, zuweilen diese Worte ebenso unbefangen wie seine Schwester; und so wunderte es diese schon gar nicht, daß sie scheinbar ohneweiteres auch wußte, wie man sich im Tausendjährigen Reich zu verhalten habe. »Man muß sich ganz still betragen«, sagte ihr eine Eingebung. »Man darf keinerlei Verlangen Platz lassen; nicht einmal dem, zu fragen. Auch der Verständigkeit muß man sich entäußern, mit der man Geschäfte besorgt. Man muß seinen Geist aller Werkzeuge berauben und daran hindern, wie ein Werkzeug zu dienen. Das Wissen ist von ihm abzutun und das Wollen; der Wirklichkeit und des Begehrens, sich ihr zuzuwenden, muß man sich entschlagen. Ansichhalten muß man, bis Kopf, Herz und Glieder lauter Schweigen sind. Erreicht man so aber die höchste Selbstlosigkeit, dann berühren sich schließlich Außen und Innen, als wäre ein Keil ausgesprungen, der die Welt geteilt hat . . .!«

Vielleicht war das nicht gerade nüchtern vorbedacht. Es kam ihr aber vor, daß es, fest gewollt, auch erreichbar sein müßte; und sie nahm sich zusammen, als wollte sie sich totstellen. Aber bald erwies es sich als eine ebenso unmögliche Aufgabe, Gedanken, Sinnes- und Willensmeldungen ganz stillzustellen, wie es in der Kindheit die gewesen war, zwischen Beichte und Kommunion keine Sünde zu begehen; und nach einiger Bemühung gab sie den Versuch ganz auf. Sie ertappte sich dabei, daß sie nur noch äußerlich an ihrem Vorsatz festhielt und daß ihre Aufmerksamkeit längst von ihm abgeglitten war. Diese befand sich in dem Augenblick bei einer weit abgesprungenen Frage, einem kleinen Ungeheuer von Abspenstigkeit: sie fragte sich nämlich gerade auf das törichtste, und sehr erpicht auf diese Torheit: »Bin ich wirklich jemals heftig, boshaft, haßerfüllt und unglücklich gewesen?« Ein Mann ohne Namen wurde ihr erinnerlich; dem der Name fehlte, weil sie ihn an sich trug und mit sich fortgetragen hatte. Wenn sie an ihn dachte, empfand sie ihren Namen wie eine Narbe; aber sie fühlte keinen Haß mehr gegen Hagauer, und nun wiederholte sie ihre Frage mit dem etwas schwermütigen Starrsinn, mit dem man einer entflossenen Welle nachblickt. Wohin war das Verlangen gekommen, ihn fast tödlich zu verletzen? Sie hatte es beinahe in Zerstreutheit verloren und meinte anscheinend, es müßte sich noch in ihrer Nähe finden lassen. Überdies mochte Lindner geradezu ein Ersatz für dieses Verlangen nach Feindseligkeit sein; denn auch das fragte sie sich und dachte flüchtig an ihn. Vielleicht kam es ihr da erstaunlich vor, was alles ihr schon widerfahren sei; liegt doch jungen Menschen die Verwunderung, wieviel sie schon haben fühlen müssen, schlechthin näher als älteren, denen die Wandelbarkeit der Leidenschaften und Lebenszustände gewohnt geworden ist wie der Wetterwechsel. Was hätte aber Agathe so nahegehen können, wie daß sich in demselben Augenblick von dem Umschwung des Lebens, der Flucht seiner Leidenschaften und Zustände, von dem wunderlichen Strom des Gefühls – worin sich sonst die Jugend, wenig davon wissend, naturhaft-großartig vorkommt – rätselhaft wieder der steinklare Himmel der reglosen Verträumtheit abhob, aus der sie soeben erwacht war?

Also waren ihre Gedanken zwar noch immer im Bannkreis des Blüten- und Totenzugs; aber sie bewegten sich nicht mehr mit ihm und auf seine stummfeierliche Art, sondern Agathe »dachte hin und her«, wie man es im Gegensatz zu dem Geisteszustand nennen könnte, worin das Leben »tausend Jahre« ohne einen Flügelschlag währt. Dieser Unterschied zweier Geisteszustände war ihr sehr deutlich; und ein wenig verblüfft erkannte sie, wie oft gerade er, oder etwas ihm nahe Verwandtes, in ihren Gesprächen mit Ulrich schon berührt worden war. Unwillkürlich wandte sie sich an diesen, und ohne das umgebende Schauspiel aus den Augen zu lassen, fragte sie, tief Atem holend: »Erscheint nicht auch dir in einem solchen Augenblick, und mit ihm verglichen, alles andere hinfällig?«

Diese wenigen Worte zerteilten das wolkige Gewicht des Schweigens und der Erinnerung. Denn auch Ulrich hatte dem ohne Ziel seines Wegs ziehenden Blütenschaum zugesehn; und weil seine Gedanken und Erinnerungen auf den gleichen Ton gestimmt waren wie die seiner Schwester, bedurfte es keiner anderen Einleitung, um ihn das sagen zu lassen, was auch deren verschwiegenen Gedanken Antwort gab. Er streckte langsam die Glieder und erwiderte: »Ich habe dir schon lange – schon in dem Zustand, wo wir von dem, was Stilleben heißt, sprachen, und eigentlich alle Tage – etwas sagen wollen, selbst wenn es nicht in die Mitte der Scheibe treffen sollte: Es gibt, den Gegensatz stark aufgetragen, zwei Arten leidenschaftlich zu leben, und zwei Sorten des leidenschaftlichen Menschen. Entweder man heult vor Wut oder Unglück oder Begeisterung jedesmal los wie ein Kind und entledigt sich seines Gefühls in einen kurzen, nichtigen Wirbel. In diesem Fall, und er ist der gewöhnliche, ist das Gefühl am Ende der alltägliche Vermittler des alltäglichen Lebens; und je heftiger und leichter erregbar es ist, um so mehr erinnert dieses an die Unruhe in einem Raubtierkäfig zur Fütterungsstunde, wenn das Fleisch an den Gittern vorbeigetragen wird, und bald nachher an die satte Ermüdung. Ist es nicht so? Die andere Art leidenschaftlich zu sein und zu handeln ist aber die: Man hält an sich und gibt der Handlung nicht im mindesten statt, zu der jedes Gefühl hinzieht und treibt. Und in diesem Fall wird das Leben wie ein etwas unheimlicher Traum, worin das Gefühl bis an die Wipfel der Bäume, an die Turmspitzen, an den Scheitel des Himmels steigt . . . ! Allzu wahrscheinlich haben wir daran gedacht, als wir noch von Bildern, und nichts als ihnen, zu sprechen vorgaben.«

ROBERT MUSIL

Eine kaiserliche Botschaft

Der Kaiser – so heißt es – hat dir, dem Einzelnen, dem jämmerlichen Untertanen, dem winzig vor der kaiserlichen Sonne in die fernste Ferne geflüchteten Schatten, gerade dir hat der Kaiser von seinem Sterbebett aus eine Botschaft gesendet. Den Boten hat er beim Bett niederknien lassen und ihm die Botschaft ins Ohr geflüstert; so sehr war ihm an ihr gelegen, daß er sich sie noch ins Ohr wiedersagen ließ. Durch Kopfnicken hat er die Richtigkeit des Gesagten bestätigt. Und vor der ganzen Zuschauerschaft seines Todes – alle hindernden Wände werden niedergebrochen und auf den weit und hoch sich schwingenden Freitreppen stehen im Ring die Großen des Reichs – vor allen diesen hat er den Boten abgefertigt. Der Bote hat sich gleich auf den Weg gemacht; ein kräftiger, ein unermüdlicher Mann; einmal diesen, einmal den andern Arm vorstreckend schafft er sich Bahn durch die Menge; findet er Widerstand, zeigt er auf die Brust, wo das Zeichen der Sonne ist; er kommt auch leicht vorwärts, wie kein anderer. Aber die Menge ist so groß; ihre Wohnstätten nehmen kein Ende. Öffnete sich freies Feld, wie würde er fliegen und bald wohl hörtest du das herrliche Schlagen seiner Fäuste an deiner Tür. Aber statt dessen, wie nutzlos müht er sich ab; immer noch zwängt er sich durch die Gemächer des innersten Palastes; niemals wird er sie überwinden; und gelänge ihm dies, nichts wäre gewonnen; die Treppen hinab müßte er sich kämpfen; und gelänge ihm dies, nichts wäre gewonnen; die Höfe wären zu durchmessen; und nach den Höfen der zweite umschließende Palast; und wieder Treppen und Höfe; und wieder ein Palast; und so weiter durch Jahrtausende; und stürzte er endlich aus dem äußersten Tor – aber niemals, niemals kann es geschehen – , liegt erst die Residenzstadt vor ihm, die Mitte der Welt, hochgeschüttet voll ihres Bodensatzes. Niemand dringt hier durch und gar mit der Botschaft eines Toten. – Du aber sitzt an deinem Fenster und erträumst sie dir, wenn der Abend kommt.

FRANZ KAFKA

Das Land

Im äußersten winkel der alten karte liegt das land, nach dem ich sehne. Es ist die heimat der äpfel, der hügel, der trägen flüsse, des herben weines und der liebe. Leider hat eine riesige spinne darüber ihr netz gesponnen und mit ihrem klebrigen speichel die schranken der träume geschlossen.

So ist es immer: der engel mit feuerschwert, die spinne, das gewissen.

ZBIGNIEW HERBERT

1. Januar

Die Türen des Jahres öffnen sich,
wie die der Sprache,
dem Unbekannten entgegen.
Gestern abend sagtest du mir:
Morgen
gilt es, ein paar Zeichen zu setzen,
eine Landschaft zu skizzieren, einen Plan zu entwerfen
auf der Doppelseite
des Papiers und des Tages.
Morgen gilt es,
aufs neue,
die Wirklichkeit dieser Welt zu erfinden.

Spät erst öffnete ich die Augen.
Im Bruchteil einer Sekunde
empfand ich dasselbe wie der Azteke,
der lauernd
auf der Felsklippe des Vorgebirges
aus den Spalten des Horizonts
die ungewisse Rückkehr der Zeit erwartet.

Nein, das Jahr war zurückgekehrt.
Es füllte das ganze Zimmer,
betastbar für meine Blicke.
Die Zeit hatte, ohne unsere Hilfe,
in der gleichen Ordnung,
wie sie auch gestern galt,
Häuser in die leere Straße gestellt,
Schnee gelegt auf die Häuser,
und Schweigen auf den Schnee.

Du warst an meiner Seite,
noch schlafend.
Der Tag hatte dich erfunden,

doch du nahmst noch nicht an
deine Erfindung an diesem Tag.
Vielleicht auch nicht die meine.
Du warst in einem anderen Tag.

Du warst an meiner Seite,
und ich sah dich, wie den Schnee,
schlafend zwischen den Erscheinungsbildern.
Die Zeit erfindet, ohne unsere Hilfe,
Häuser, Straßen, Bäume,
schlafende Frauen.

Wenn du die Augen öffnest,
werden wir uns erneut bewegen
zwischen den Stunden und ihren Erfindungen.
Werden uns bewegen zwischen den Erscheinungsbildern,
werden der Zeit vertrauen und ihren Verbindungen.
Vielleicht werden wir die Türen des Tages öffnen.
Dann werden wir das Unbekannte betreten.

OCTAVIO PAZ

Mensch und Kamel

In der Wüste von Wadi Rum ... Irgendein quälender Traum riß mich aus dem Schlaf; ich stand auf, faltete die Decke zusammen und trat vors Zelt; mich fror. Die Nacht tat sich schwer, dem beginnenden Tag zu weichen, sie verkroch sich nur widerwillig in den Wüstensand, aber hinter den roten Sandsteinfelsen breitete sich ein fahles, gelbweißliches Licht rasch aus und kündigte die aufgehende Sonne an. Die Zelte der Beduinen sahen in der Morgendämmerung aus wie kegelförmig zugespitzte Sandhügel; kein Windhauch tastete sie an. Einige der Kamele waren aufgewacht, mahlten mit den Zähnen, blähten in regelmäßigen Abständen ihre seidigen Nüstern auf, und ihr hochnäsiger Kopf tat aller Welt kund, daß der allmächtige Allah die Wüste ausschließlich für sie erschaffen hat. Der Mensch fühlt sich verlassen in dieser Welt aus Wüste, Leere und Unendlichkeit; verlassen, vereinsamt und verloren. Die Zeit steht still.

Am Horizont, wo sich Himmel und Wüste nur durch eine kaum sichtbare Linie voneinander abheben, kommt plötzlich Bewegung auf. Ein Beduine treibt sein Kamel vor sich her; sie sind nur schemenhaft zu erkennen, kleine, unwirkliche Lebewesen auf der dünnen Schwelle zwischen Himmel und Erde, aber: nicht der Mensch, das Kamel schreitet voran; das Kamel kennt den Weg und das Ziel, der Beduine trabt blindlings hinterher. Der Gang des Kamels ist gemächlich, selbstsicher, zeitlos. Der Beduine muß sich sputen, um mit dem Kamel Schritt zu halten. Die Zeit ist auf seiten des Kamels, weil sie ihm seine Gangart, seine Würde, seine Natur beläßt. Den Beduinen scheucht sie hinterher.

WERNER KOCH

So ist's schon richtig, Lucilius: Führe Dein Leben in eigener Verantwortung und nimm Deine Zeit peinlich genau zusammen. Bisher wurde sie Dir doch offen oder heimlich gestohlen, oder sie entglitt Dir ganz unmerklich. Sei überzeugt, es ist schon so, wie ich schreibe: ein Teil unserer Zeit wird uns entrissen, ein anderer unbemerkt entzogen, ein dritter wieder zerrinnt uns. Am schimpflichsten aber ist wohl der Verlust aus Nachlässigkeit. Betrachte es einmal genauer: der größte Teil unseres Lebens geht dahin mit unwürdigem Tun, ein großer mit Nichtstun, das ganze Leben mit belangloser Beschäftigung. Kannst Du mir jemanden nennen, der wirklich Wert auf Zeiteinteilung legt, der jeden Tag zu schätzen weiß, der begreift, daß er täglich stirbt? Hierin liegt nämlich unser Irrtum, daß wir den Tod immer nur vor uns sehen; er gehört vielmehr zum großen Teil schon zur Vergangenheit. Was von unserer Lebenszeit hinter uns liegt, hat schon der Tod. Also, Lucilius, tu, was Du, Deinem Schreiben nach, ja schon tust: nimm all Deine Stunden zusammen! Wenn Du Dein Heute fest in die Hände nimmst, wirst Du vom Morgen weniger abhängig sein! Vertagt man sein Leben, schon ist's vorüber! Alles, Lucilius, gehört anderen mit, nur die Zeit gehört uns. Dieses flüchtige, so leicht entgleitende Ding, dieser einzige Besitz, den uns die Natur gegeben hat: gerade aus dem lassen wir uns von jedem Beliebigen vertreiben. Ja, so groß ist die menschliche Torheit, daß man sich das Geringfügigste und Wertloseste, das doch am ehesten ersetzbar ist, als Schuld anrechnen läßt, wenn man es von anderen erlangt hat; hingegen glaubt niemand, etwas schuldig zu sein, wenn er Zeit erhalten hat. Dabei ist sie doch das einzige, das auch der Dankbare nicht zurückgeben kann. Du wirst nun fragen wollen, was ich, der ich Dir diese Ratschläge gebe, dann selbst tue? Ich will es Dir offen gestehen: Es geht mir wie dem, der trotz allen Aufwandes doch sorgfältig nachrechnet. Die Buchführung über meine Ausgaben liegt vor. Gewiß kann ich nicht sagen, daß ich ohne Verluste davonkomme; aber ich kann angeben, was ich verliere, warum und wie. Über die Ursachen meiner Armut kann ich mir Rechenschaft geben. Allein es geht mir wie den meisten, die ohne ihr Verschulden mittellos dastehen: jeder hat Einsehen, keiner hilft. Was also? Ich halte den nicht für arm, dem das Wenige genügt, das ihm übrigbleibt. Dir aber gebe ich den freundlichen Rat: halte zusammen, was Du hast, und fange damit ja zur rechten Zeit an! Denn, wie es unsere Vorfahren hielten: »Ist der Boden erst erreicht, kommt Sparsamkeit zu spät!« Was als Bodensatz zurückbleibt, ist nämlich nicht nur ein kläglicher Rest, sondern auch völlig minderwertig. Leb wohl!

SENECA

Die Zeit ist das Negative im Sinnlichen; der Gedanke ist dieselbe Negativität, aber die innerste, die unendliche Form selbst, in welcher daher alles Seiende überhaupt aufgelöst wird – zunächst das endliche Sein, die bestimmte Gestalt; aber das Seiende überhaupt ist als Gegenständliches bestimmt, erscheint darum als Gegebenes, Unmittelbares, Autorität, und ist entweder dem Inhalte nach als endlich und beschränkt oder als Schranke für das denkende Subjekt und die unendliche Reflexion desselben in sich.

G. W. F. HEGEL

Die Natur handelt nicht nach Zwecken, sie reibt sich nicht in einer unendlichen Reihe von Zwecken auf, von denen der eine den anderen bedingt; sondern sie ist in allen ihren Äußerungen sich unmittelbar *selbst genug*.

GEORG BÜCHNER

Wir wollen auf der einen Seite nicht umsonst begeistert sein und das Höchste setzen an das unnütz Vergängliche; auf der anderen Seite wollen wir auch, daß die Gegenwart ihren Wert behalte, und daß sie nicht bloß als Mittel gelte, und die Zukunft ihr Zweck sei. Und in der Tat, wir fühlen uns wichtiger gestimmt, als daß wir uns nur als Mittel zu einem Zweck betrachten möchten.

HEINRICH HEINE

Sieh deine Ansichten und sieh:
sie sind alt
Erinnere dich, wie gut sie einst waren!
Jetzt betrachte sie nicht
mit deinem Herzen, sondern kalt
Und sage: sie sind alt.
Komm mit mir nach Georgia
Dort, wirst du sehn, gibt es neue Ideen
Und wenn die Ideen
wieder alt aussehn
Dann bleiben wir nicht mehr da.

BERTOLT BRECHT

V

WAS BLEIBT ABER, STIFTEN DIE DICHTER

Andenken

Der Nordost wehet,
Der liebste unter den Winden,
Mir, weil er feurigen Geist
Und gute Fahrt verheißet den Schiffern.
Geh aber nun und grüße
Die schöne Garonne,
Und die Gärten von Bourdeaux
Dort, wo am scharfen Ufer
Hingehet der Steg und in den Strom
Tief fällt der Bach, darüber aber
Hinschauet ein edel Paar
Von Eichen und Silberpappeln;

Noch denket das mir wohl und wie
Die breiten Gipfel neiget
Der Ulmwald, über die Mühl,
Im Hofe aber wächset ein Feigenbaum.
An Feiertagen gehn
Die braunen Frauen daselbst
Auf seidnen Boden,
Zur Märzenzeit,
Wenn gleich ist Nacht und Tag,
Und über langsamen Stegen,
Von goldenen Träumen schwer,
Einwiegende Lüfte ziehen.

Es reiche aber,
Des dunkeln Lichtes voll,
Mir einer den duftenden Becher,
Damit ich ruhen möge; denn süß
Wär unter Schatten der Schlummer.
Nicht ist es gut,
Seellos von sterblichen
Gedanken zu sein. Doch gut

Ist ein Gespräch und zu sagen
Des Herzens Meinung, zu hören viel
Von Tagen der Lieb,
Und Taten, welche geschehen.

Wo aber sind die Freunde? Bellarmin
Mit dem Gefährten? Mancher
Trägt Scheue, an die Quelle zu gehn;
Es beginnet nämlich der Reichtum
Im Meere. Sie,
Wie Maler, bringen zusammen
Das Schöne der Erd und verschmähn
Den geflügelten Krieg nicht, und
Zu wohnen einsam, jahrlang, unter
Dem entlaubten Mast, wo nicht die Nacht durch-
glänzen
Die Feiertage der Stadt,
Und Saitenspiel und eingeborener Tanz nicht.

Nun aber sind zu Indiern
Die Männer gegangen,
Dort an der luftigen Spitz
An Traubenbergen, wo herab
Die Dordogne kommt,
Und zusammen mit der prächtgen
Garonne meerbreit
Ausgehet der Strom. Es nehmet aber
Und gibt Gedächtnis die See,
Und die Lieb auch heftet fleißig die Augen,
Was bleibet aber, stiften die Dichter.

FRIEDRICH HÖLDERLIN

Dauer im Wechsel

Hielte diesen frühen Segen,
Ach, nur Eine Stunde fest!
Aber vollen Blütenregen
Schüttelt schon der laue West.
Soll ich mich des Grünen freuen,
Dem ich Schatten erst verdankt?
Bald wird Sturm auch das zerstreuen,
Wenn es falb im Herbst geschwankt.

Willst du nach den Früchten greifen,
Eilig nimm dein Teil davon!
Diese fangen an zu reifen,
Und die andern keimen schon;
Gleich mit jedem Regengusse
Ändert sich dein holdes Tal,
Ach, und in demselben Flusse
Schwimmst du nicht zum zweitenmal.

Du nun selbst! Was felsenfeste
Sich vor dir hervorgetan,
Mauern siehst du, siehst Paläste
Stets mit andern Augen an.
Weggeschwunden ist die Lippe,
Die im Kusse sonst genas,
Jener Fluß, der an der Klippe
Sich mit Gemsenfreche maß.

Jene Hand, die gern und milde
Sich bewegte, wohlzutun,
Das gegliederte Gebilde,
Alles ist ein andres nun.
Und was sich an jener Stelle
Nun mit deinem Namen nennt,
Kam herbei wie eine Welle,
Und so eilts zum Element.

Laß den Anfang mit dem Ende
Sich in Eins zusammenziehn!
Schneller als die Gegenstände
Selber dich vorüberfliehn!
Danke, daß die Gunst der Musen
Unvergängliches verheißt,
Den Gehalt in deinem Busen
Und die Form in deinem Geist.

JOHANN WOLFGANG GOETHE

Unsterblichkeit

Also schuf ich ein Mal dauernder noch als Erz,
Majestätischer als der Pyramiden Bau,
Das kein Regen zernagt, rasenden Nordes Wut
Nicht zu stürzen vermag, noch der Jahrhunderte

Unabsehbare Reihn oder der Zeiten Flucht.
Nein, ich sterbe nicht ganz, über das Grab hinaus
Bleibt mein edleres Ich; und in der Nachwelt noch
Wächst mein Name, so lang, als mit der schweigenden

Jungfrau zum Kapitol wandelt der Pontifex,
Wo der Aufidus wild braust und, an Quellen arm,
Einst ob ländlichem Volk Daunus geherrscht, von dort –
Also sagt man dereinst – schwang er sich auf vom Staub,

Er, der erste, der Roms Sange äolischer
Lyra Klänge verliehn. Nimm den erhabnen Preis,
Den mein Wirken verdient, winde, Melpomene,
Huldreich mir um das Haupt delphischen Lorbeerzweig!

HORAZ

Hat denn der Vater genützt, die Mutter dem Thrakier Orpheus?
Daß vom Gesange gebannt staunte das wilde Getier?

Und dieser Vater rief auch, so meldet die Sage, nach Linos
»Wehlinos« tief in dem Wald, will auch verstummen das Spiel.

Nimm dann Homer, von dem wie aus ewig strömender Quelle
Mit dem pierischen Naß netzen die Dichter den Mund:

Ihn auch hat seine Stunde versenkt in den schwarzen Avernus.
Einzig die Lieder entgehn gierig verzehrender Glut:

Kunde von Trojas Mühn, die Dichterschöpfung, sie dauert
Und des Gewebes, des nachts listig gelösten, Verzug.

OVID

Nicht Angst, mir eigen, nicht der weltenweiten
Wahrträume Sinn für Dinge, die da kommen, kann
bemessen meiner Liebe Fristen oder Zeiten,
entgrenzt und unverwirkt ist sie, in niemands Bann.

Der Mond, der sterbliche, verschattete: er blinkt!
Augurenwort, dir war Augurenspott beschieden.
Das Schwankende von einst? Gekrönt und unbedingt.
Und mit dem alterslosen Ölzweig kommt der Frieden.

Umbalsamt, meine Liebe, bist du, bist umtaut
von frischer Zeit – kein Tod, dich fortzuschwemmen.
Ich lebe, ihm zum Trotz, im Reim, den ich gebaut,
derweil er dumpfen grollt und sprachelosen Stämmen.

Und du: in diesem hier, da steht es noch, dein Bild,
wenn Gräbererz verwittert und Tyrannenschild.

WILLIAM SHAKESPEARE

Die neunte Elegie

Warum, wenn es angeht, also die Frist des Daseins
hinzubringen, als Lorbeer, ein wenig dunkler als alles
andere Grün, mit kleinen Wellen an jedem
Blattrand (wie eines Windes Lächeln) –: warum dann
Menschliches müssen – und, Schicksal vermeidend,
sich sehnen nach Schicksal? . . .

Oh, *nicht*, weil Glück *ist*.
dieser voreilige Vorteil eines nahen Verlusts.
Nicht aus Neugier, oder zur Übung des Herzens,
das auch im Lorbeer *wäre* . . .

Aber weil Hiersein viel ist, und weil uns scheinbar
alles das Hiesige braucht, dieses Schwindende, das
seltsam uns angeht. Uns, die Schwindendsten. *Ein* Mal
jedes, nur *ein* Mal. *Ein* Mal und nichtmehr. Und wir auch
ein Mal. Nie wieder. Aber dieses
ein Mal gewesen zu sein, wenn auch nur *ein* Mal:
irdisch gewesen zu sein, scheint nicht widerrufbar.

Und so drängen wir uns und wollen es leisten,
wollens enthalten in unseren einfachen Händen,
im überfüllteren Blick und sprachlosen Herzen.
Wollen es werden. – Wem es geben? Am liebsten
alles behalten für immer . . . Ach, in den andern Bezug,
wehe, was nimmt man herüber? Nicht das Anschaun, das hier
langsam erlernte, und kein hier Ereignetes. Keins.
Also die Schmerzen. Also vor allem das Schwersein,

also der Liebe lange Erfahrung, – also
lauter Unsägliches. Aber später,
unter den Sternen, was solls: *die* sind *besser* unsäglich.
Bringt doch der Wanderer auch vom Hange des Bergrands

nicht eine Hand voll Erde ins Tal, die Allen unsägliche, sondern
ein erworbenes Wort, reines, den gelben und blaun
Enzian. Sind wir vielleicht *hier,* um zu sagen: Haus,
Brücke, Brunnen, Tor, Krug, Obstbaum, Fenster, –
höchstens: Säule, Turm . . . aber zu *sagen,* verstehs,
oh zu sagen *so,* wie selber die Dinge niemals
innig meinten zu sein. Ist nicht die heimliche List
dieser verschwiegenen Erde, wenn sie die Liebenden drängt,
daß sich in ihrem Gefühl jedes und jedes entzückt?
Schwelle: was ists für zwei
Liebende, daß sie die eigne ältere Schwelle der Tür
ein wenig verbrauchen, auch sie, nach den vielen vorher
und vor den Künftigen . . ., leicht.

Hier ist des *Säglichen* Zeit, *hier* seine Heimat.
Sprich und bekenn. Mehr als je
fallen die Dinge dahin, die erlebbaren, denn,
was sie verdrängend ersetzt, ist ein Tun ohne Bild.
Tun unter Krusten, die willig zerspringen, sobald
innen das Handeln entwächst und sich anders begrenzt.
Zwischen den Hämmern besteht
unser Herz, wie die Zunge
zwischen den Zähnen, die doch,
dennoch, die preisende bleibt.

Preise dem Engel die Welt, nicht die unsägliche, *ihm*
kannst du nicht großtun mit herrlich Erfühltem; im Weltall,
wo er fühlender fühlt, bist du ein Neuling. Drum zeig
ihm das Einfache, das von Geschlecht zu Geschlechtern gestaltet,
als ein Unsriges lebt, neben der Hand und im Blick.
Sag ihm die Dinge. Er wird staunender stehn; wie du standest
bei dem Seiler in Rom, oder beim Töpfer am Nil.

Zeig ihm, wie glücklich ein Ding sein kann, wie schuldlos und unser,
wie selbst das klagende Leid rein zur Gestalt sich entschließt,
dient als ein Ding, oder stirbt in ein Ding –, und jenseits
selig der Geige entgeht. – Und diese, von Hingang
lebenden Dinge verstehn, daß du sie rühmst; vergänglich,
traun sie ein Rettendes uns, den Vergänglichsten, zu.
Wollen, wir sollen sie ganz im unsichtbarn Herzen verwandeln
in – o unendlich – in uns! Wer wir am Ende auch seien.

Erde, ist es nicht dies, was du willst: *unsichtbar*
in uns erstehn? – Ist es dein Traum nicht,
einmal unsichtbar zu sein? – Erde! unsichtbar!
Was, wenn Verwandlung nicht, ist dein drängender Auftrag?
Erde, du liebe, ich will. Oh glaub, es bedürfte
nicht deiner Frühlinge mehr, mich dir zu gewinnen –, *einer,*
ach, ein einziger ist schon dem Blute zu viel.
Namenlos bin ich zu dir entschlossen, von weit her.
Immer warst du im Recht, und dein heiliger Einfall
ist der vertrauliche Tod.

Siehe, ich lebe. Woraus? Weder Kindheit noch Zukunft
werden weniger . . . Überzähliges Dasein
entspringt mir im Herzen.

RAINER MARIA RILKE

Ja, die Idee vom Wesen der Zeit, die ich mir gebildet hatte, sagte mir, es sei an der Zeit, mich an dies Werk zu begeben. Es war höchste Zeit; aber, und das rechtfertigt die Angst, die sich meiner gleich beim Eintreten in den Salon bemächtigt hatte, als die geschminkten Gesichter mir den Begriff der verlorenen Zeit vermittelten, war es wirklich noch Zeit und war ich selbst noch imstande dazu? Der Geist hat seine Landschaften, deren Betrachtung ihm nur eine Zeitlang gestattet ist. Ich hatte gelebt wie ein Maler, der einen Weg erklimmt, unter dem ein See sich breitet, dessen Anblick ihm ein Vorhang aus Felsen und Bäumen verbirgt. Durch eine Lücke in dieser vorgelagerten Landschaft sieht er ihn ganz und gar vor sich liegen und greift zu seinem Pinsel. Aber da kommt auch schon die Nacht, in der er nicht mehr malen kann und hinter der kein Tag sich wieder erhebt. Im übrigen durfte ich, solange noch nichts angefangen war, freilich wohl unruhig sein, selbst wenn ich glaubte, in Anbetracht meines Alters noch einige Jahre vor mir zu haben, denn schon in wenigen Minuten konnte meine Stunde schlagen. Man mußte in der Tat davon ausgehen, daß ich einen Körper hatte, das heißt unaufhörlich von einer doppelten Gefahr, einer äußeren und einer inneren, bedroht war. Noch dazu drückte ich es so nur wegen der Vereinfachung der Sprache aus, denn auch die innere Gefahr, wie ein Gehirnschlag zum Beispiel, ist äußerlich, da sie vom Körper her kommt. Einen Körper zu haben aber ist die große Bedrohung für den Geist, für das menschliche und denkende Leben, von dem man zweifellos weniger sagen sollte, es sei eine ans Wunderbare grenzende Vervollkommnung des animalischen und physischen Seins, als vielmehr, daß es eine Unvollkommenheit, immer noch ebenso rudimentär wie die Gemeinschaftsexistenz gewisser Protozoen, wie der Walkörper und ähnliche Gebilde, in der Organisation des geistigen Lebens darstellt. Der Körper schließt den Geist in eine Festung ein; bald aber wird diese von allen Seiten belagert sein und zuletzt muß der Geist sich ergeben.

Aber um mich mit der Unterscheidung zweier den Geist bedrohenden Gefahren zu begnügen und mit der äußeren anzufangen: ich erinnerte mich, daß es mir oft schon in meinem Leben so ergangen war – in den Momenten geistiger Übersteigerung, in denen irgendein Umstand bei mir jede physische Aktivität unterband, zum Beispiel, wenn ich halbberauscht das Restaurant von Rivebelle im Wagen verließ, um mich zu einem benachbarten Kasino zu begeben – daß ich sehr deutlich in mir den augenblicklichen Gegenstand meines Denkens verspürte und mir klar darüber war, daß es von einem bloßen Zufall abhinge, nicht nur, daß dieses Objekt in meinen Geist überhaupt zu diesem Zeitpunkt eingetreten sei, sondern auch, ob es nicht zugleich mit meinem Körper vernichtet werden würde. Ich machte mir damals wenig Sorgen darum. Meine Beschwingtheit war weder von Vorsicht geleitet noch von Beunruhigung getrübt. Ob dieses Freudegefühl in einer Sekunde verflog und sich im Nichts verlor, machte mir wenig aus. So aber war es jetzt nicht mehr; das kam daher, daß das Glück, welches ich verspürte, nicht mehr aus einer rein subjektiven Spannung meiner Nerven herrührte, die uns von der Vergangenheit isoliert, sondern im Gegenteil von einer Ausweitung meines Geistes, in dem sich die Vergangenheit neu gestaltete, zur Gegenwart wurde und mir – nur für den Augenblick, ach! – Ewigkeitswert verlieh. Ich hätte diesen gern an diejenigen weitergegeben, die ich mit meinem Schatz hätte bereichern können. Gewiß, was ich in der Bibliothek empfunden hatte und in meinem Inneren zu erhalten versuchte, war nur etwas wie ein Vergnügen, dies aber war nicht egoistisch mehr, oder doch mindestens durch einen Egoismus bestimmt (denn alle fruchtbaren Altruismen der Natur entwickeln sich nach einem egoistischen Modus; der menschliche Altruismus, der nicht egoistisch ist, bleibt steril, es ist derjenige des Schriftstellers, der sich in einer Arbeit unterbricht, um einen unglücklichen Freund zu empfangen, eine öffentliche Tätigkeit zu übernehmen oder Propagandaartikel zu schreiben), der für die anderen nutzbar zu machen war. Ich besaß nicht länger die Gleichgültigkeit jener Heimfahrten von Rivebelle, ich fühlte mich gewachsen um das Werk, das ich in mir trug (wie durch etwas Kostbares und Zerbrechliches, das mir anvertraut wäre und das ich unversehrt den Händen derjenigen überliefern wollte, für die es bestimmt war, Händen, die nicht die meinen waren). Daß ich mich als Träger eines Werkes fühlte, machte jetzt einen Unfall, bei dem ich den Tod finden könnte, fürchtenswerter für mich, ja (in dem Maße, wie dieses Werk mir notwendig und von Dauer schien) geradezu absurd, im Widerspruch stehend zu meinen Wünschen, zu meinem Gedankenflug, aber deswegen doch nicht weniger möglich, da Unfälle durch materielle Ursachen hervorgerufen werden und deshalb durchaus in dem Augenblick eintreten können, in dem ganz anders gerichtete Willenskräfte, die jene blindlings vernichten, sie besonders verabscheuungswürdig machen. Ich wußte sehr wohl, daß mein Gehirn ein reiches Erzbecken war, in dem es kostbare Vorkommen in unendlich weiter und mannigfacher Ausdehnung gab. Blieb mir denn aber auch Zeit, sie wirklich abzubauen? Ich war die einzige Person, die dazu imstande war, und das aus zwei Gründen: mit meinem Tode würde nicht nur der einzige Bergarbeiter verschwunden sein, der befähigt war, diese Erze zu schürfen, sondern sogar das Vorkommen selbst; jetzt aber, in dieser Stunde noch, würde, wenn ich nach Hause führe, der Zusammenstoß des Autos, das ich nähme, mit einem anderen genügen, damit mein Körper vernichtet und mein Geist, aus dem das Leben entwiche, gezwungen wäre, die neuen Ideen auf ewig fahren zu lassen, die er in diesem Augenblick, da er noch nicht Zeit gehabt hatte, sie in einem Buche gesichert niederzulegen, ängstlich in seinem bebenden, schützenden, aber zerbrechlichen Lebensmark barg. Durch ein bizarres Zusammentreffen jedoch entstand diese so wohl begründete Furcht vor Gefahr in mir in einem Moment, in dem soeben die Vorstellung vom Tode mir gleichgültig geworden war. Die Furcht, nicht mehr ich zu sein, hatte früher Grauen in mir geweckt, und zwar bei jeder neuen Liebe, die ich erlebte (der zu Gilberte, der zu Albertine), weil ich die Vorstellung nicht ertragen konnte, daß eines Tages das Wesen, das von dieser Liebe erfüllt war, nicht mehr existieren würde, was einer Art von Tod gleichkam. Aber dadurch, daß diese Furcht immer wieder von neuem auftauchte, hatte sie sich ganz naturgemäß zu vertrauender Ruhe gewandelt.

Ein Gehirnschlag tat nicht einmal not. Seine für mich spürbaren Symptome, wie eine gewisse Leere im Kopf und ein Vergessen aller Dinge, die ich dann nur mehr durch Zufall wiederfand, wie wenn man beim Aufräumen seiner Sachen auch auf eine stößt, die man verlegt hatte und sogar hätte suchen müssen, machten mich zu etwas wie einem Schatzmeister, dessen zerbrochenem Schrein nach und nach alle Schätze entquellen. Eine Zeitlang gab es in mir ein Ich, das den Verlust dieser Reichtümer beklagte, bald aber spürte ich, wie mein Gedächtnis bei seinem Rückgang auch dieses Ich mit sich nahm.

Wenn die Idee des Todes mir zu jener Zeit, wie man gesehen hat, die Liebe verdüsterte, half mir doch seit langem schon die Erinnerung an die Liebe dazu, den Tod nicht mehr zu fürchten. Ich gelangte zu der Einsicht, daß Sterben nicht etwas Neues, sondern daß ich im Gegenteil von meiner Kindheit an schon viele Male gestorben sei. Um die Periode herauszugreifen, die am wenigsten weit zurücklag: hatte ich an Albertine nicht mehr als an meinem Leben gehangen? Konnte ich denn da meine Person begreifen, ohne daß diese meine Liebe in ihr weiterlebte? Nun aber liebte ich sie nicht mehr, ich war nicht länger das Wesen, das sie liebte, sondern ein von jenem verschiedenes, das sie nicht mehr liebte, ich hatte aufgehört, sie zu lieben, als ich ein anderer geworden war. Nun aber litt ich darunter nicht, dieser andere geworden zu sein und Albertine nicht mehr zu lieben; gewiß aber konnte mir der Verlust meines Leibes keinesfalls so traurig erscheinen wie ehedem der Gedanke, eines Tages Albertine nicht mehr zu lieben. Und dennoch, wie gleichgültig war es mir jetzt, daß ich sie nicht mehr liebte! Diese aufeinanderfolgenden Tode, die das Ich, welches sie vernichten sollten, so sehr gefürchtet hatte, die aber so belanglos und so sanft sich zeigten, sobald sie einmal eingetreten waren und das Ich, das sie fürchtete, nicht mehr da war, um sie zu verspüren, hatten mir seit einiger Zeit Verständnis dafür geschenkt, wie wenig weise es wäre, vor dem Tode Grauen zu empfinden. Nun aber begann ich gerade jetzt, da er mir seit kurzem gleichgültig geworden war, ihn von neuem zu fürchten, freilich in einem anderen Sinne, nicht mehr für mich, sondern für mein Werk, zu dessen Entstehen – mindestens eine gewisse Zeitlang – das von so vielen Gefahren bedrohte Leben unerläßlich notwendig war. Victor Hugo sagt:

Das Gras muß sprießen und die Kinder müssen sterben

Ich aber behaupte, das grausame Gesetz der Kunst besteht darin, daß die Wesen sterben und daß wir selbst sterben und dabei alle Leiden bis auf den Grund ausschöpfen, damit das Gras nicht des Vergessens, sondern des ewigen Lebens sprießt, der derbe, harte Rasen fruchtbarer Werke, auf dem künftige Generationen heiter, ohne Sorge um die, die darunter schlafen, ihr ›Frühstück im Freien‹ abhalten werden.

Ich habe von äußeren Gefahren gesprochen und auch von innneren. Wenn ich von einem von außen her kommenden Unfall verschont blieb, wer weiß, ob ich dann nicht am Genuß dieser Gnade durch einen Unfall, der mich von innen her träfe, irgendeine interne Katastrophe, gehindert werden würde, bevor noch die Monate um wären, die ich brauchte, um dieses Buch zu schreiben.

Jetzt gleich würde ich durch die Champs-Elysées mich nach Hause begeben; wer sagte mir, daß ich dabei nicht von dem gleichen Übel befallen würde wie meine Großmutter eines Nachmittags, als sie dort mit mir einen Spaziergang machte, der für sie der letzte sein sollte, ohne daß sie es ahnte – in jener unserer Unkenntnis davon, daß der Zeiger vielleicht auf dem ihm selber unbewußten Punkt angekommen ist, an dem die durch ihn gelöste Feder des Schlagwerks die Stunde bezeichnen wird? Vielleicht war die Furcht, schon fast ganz die Minute durchlaufen zu haben, die dem letzten Stundenschlag vorangeht, zu dem die Uhr bereits ansetzt, vielleicht war diese Furcht vor dem Schlag, der sich in meinem Gehirn in Bewegung setzen würde, war diese Furcht etwas wie ein dunkles Wissen um das, was sein würde, ganz als spiegle sich der prekäre Zustand des Gehirns, dessen Arterien nachgeben würden, im Bewußtsein wider, was nicht unmöglicher ist als das plötzliche Sichabfinden mit dem Tode, dem man bei Verwundeten begegnet, wenn diese, obwohl die Ärzte und ihr eigener Lebensdrang sie zu täuschen versuchen, im Angesicht dessen, was sein wird, erklären: ›Ich muß sterben, ich bin bereit‹ und einen Abschiedsbrief an ihre Frau verfassen.

Tatsächlich trat etwas Merkwürdiges ein, bevor ich noch mit meinem Buch begonnen hatte, und zwar in einer Form, wie ich sie niemals geahnt haben würde. Eines Abends, als ich ausging, fanden alle, ich sähe besser aus als je zuvor, und bewunderten, daß ich mein schwarzes Haar noch völlig behalten hatte. Aber beim Heruntersteigen der Treppe wäre ich beinahe dreimal hingefallen. Es hatte sich um einen Ausgang von nur zwei Stunden gehandelt, aber als ich wieder zu Hause war, fühlte ich, daß ich weder Gedächtnis noch Denkvermögen, noch sonstige Kräfte, noch eigentlich meine Existenz besaß.Man hätte mir einen Besuch machen, mich zum König ernennen, mich ergreifen, verhaften können, ich hätte mir alles ruhig gefallen lassen, ohne ein Wort zu sagen, ohne die Augen zu öffnen, so wie hochgradig seekranke Leute, wenn sie auf einem Dampfer über das Kaspische Meer fahren, auch nicht den leisesten Widerstand andeuten, falls man ihnen sagt, man werde sie nunmehr ins

Wasser werfen. Ich hatte im eigentlichen Sinne keinerlei Krankheit, aber ich fühlte, daß ich zu nichts mehr imstande war, wie es bei sehr alten Leuten vorkommt, die, am Abend noch ganz munter, sich das Bein brechen oder eine Verdauungsstörung haben und dann nur noch einige Zeit in ihrem Bett ein Dasein führen, das nicht mehr ist als eine mehr oder weniger lange Vorbereitung auf einen von da an unausweichlichen Tod. Eines meiner Ichs, dasjenige, das einst jene Barbarenfeste besuchte, die man als Abendessen in der Stadt bezeichnet – Veranstaltungen, bei denen für die Männer mit weißer Hemdbrust und die halbnackten, federngeschmückten Frauen die Werte derart umgekehrt sind, daß jemand, der, nachdem er zugesagt hat, nicht zum Diner oder doch erst beim Braten erscheint, einen strafwürdigeren Akt begeht als die unmoralischen Handlungen, von denen man während der Mahlzeit ebenso leichtfertig spricht wie von jüngst erfolgten Sterbefällen, und bei denen der Tod oder eine schwere Krankheit die einzigen Entschuldigungen sind, daß man nicht kommen kann, wofern man (noch rechtzeitig für die Einladung eines Vierzehnten) Nachricht gegeben hat, man liege soeben im Sterben – dieses Ich nun hatte seine Gewissenhaftigkeit bewahrt und sein Gedächtnis verloren. Das andere Ich, das, hinter dem gerade die Empfängnis seines Werkes lag, erinnerte sich hingegen. Ich hatte eine Einladung der Gräfin Molé erhalten und außerdem erfahren, daß der Sohn von Madame Sazerat gestorben sei. Ich war entschlossen, eine der folgenden Stunden, nach denen ich, da meine Zunge gelähmt war wie die meiner Großmutter während ihrer letzten Tage, kein Wort mehr hervorbringen noch auch nur Milch schlucken konnte, für ein paar entschuldigende Worte an die Gräfin und einen Beileidsbrief an Madame Sazerat zu verwenden. Ein paar Minuten darauf jedoch hatte ich vergessen, was ich zu tun vorhatte. Es war ein glückliches Vergessen, denn das Gedächtnis meines Werkes wachte und würde nun die Stunde des Überlebens, die mir noch zugebilligt war, zur

Grundsteinlegung nutzen. Leider aber fiel, als ich ein Schreibheft hernahm, die Einladungskarte der Gräfin Molé dicht vor mir heraus. Auf der Stelle schob das vergeßliche Ich, das gleichwohl wie bei allen gewissenhaften Barbaren, die in der Stadt zu Abend gespeist haben, vor dem andern den Vortritt erhielt, das Heft zurück und schrieb an die Gräfin Molé (die mich übrigens zweifellos sehr hoch geschätzt haben würde, wäre ihr zu Ohren gekommen, daß ich meine Antwort auf ihre Einladung meiner Architektenaufgabe vorangestellt hatte). Plötzlich erinnerte mich ein Wort in dieser Antwort daran, daß Madame Sazerats Sohn gestorben war; ich schrieb ihr ebenfalls, dann, nachdem ich dergestalt eine echte Pflicht der mir künstlich auferlegten Notwendigkeit, mich höflich und mitfühlend zu zeigen, geopfert hatte, sank ich kraftlos zurück, schloß die Augen und konnte acht Tage lang nur mehr vegetieren. Gleichwohl wich, während alle meine unnützen Pflichten, denen ich so bereitwillig die wahre hintanstellte, nach ein paar Minuten wieder aus meinem Kopf verschwanden, die Idee meiner geistigen Konstruktion nicht einen Augenblick daraus. Ich wußte nicht, ob es eine Kirche sein würde, in der die Gläubigen nach und nach Wahrheiten entdecken und Harmonien, den großen Plan, der dem Ganzen zugrunde lag, erkennen würden, oder ob mein Werk wie ein Druidenmal auf dem Gipfel einer Insel für immer unbesucht dastehen würde. Aber ich war entschlossen, ihm meine Kräfte zu weihen, die gleichsam widerstrebend von mir wichen, als wollten sie mir Zeit lassen, nach dem Umreißen der Aufgabe die »Pforte des Grabes« geschlossen zu halten. Bald war ich in der Lage, einige Skizzen vorweisen zu können. Niemand verstand das geringste davon. Selbst diejenigen, die meiner Schau jener Wahrheiten, die ich später in den Tempel einmeißeln wollte, sympathisch gegenüberstanden, beglückwünschten mich dazu, daß ich sie ›mit dem Mikroskop‹ entdeckt habe, während ich im Gegenteil ein Teleskop benutzt hatte, um Dinge wahrzunehmen, die in der Tat sehr klein waren, aber nur deshalb, weil sie in weiter Ferne lagen, und deren jedes für sich eine Welt darstellte. Da, wo ich die großen Gesetze suchte, glaubte man in mir jemand zu sehen, der nach Einzelheiten grub. Wozu im übrigen tat ich das? Ich hatte als junger Mensch im Schreiben über eine gewisse Leichtigkeit verfügt, und Bergotte hatte meine Schülerauslassungen als ›vollendet‹ bezeichnet. Anstatt aber zu arbeiten, hatte ich in Trägheit, in Zerstreuung durch Vergnügen, in Krankheit dahingelebt, mich selbst und meine Manien gepflegt und unternahm nun mein Werk am Vortage meines Todes, ohne irgend etwas von meinem Metier zu verstehen. Ich fühlte nicht mehr die Kraft in mir, meinen Verpflichtungen gegen die anderen Menschen, noch meinen Pflichten gegen mein Denken und mein Werk, noch weniger aber beiden zugleich gerecht zu werden. Was erstere anging, so wurde meine Aufgabe durch das Vergessen von Briefen und ähnlichem freilich ein wenig vereinfacht. Plötzlich aber führte eine Ideenverbindung nach Ablauf von vier Wochen die Erinnerung an meine Skrupel wegen jener Nachlässigkeit herauf, und ich wurde von dem Gefühl meiner Ohnmacht anders zu handeln befallen. Ich war erstaunt, dagegen gleichgültig zu sein, aber seit dem Tage, an dem meine Beine so stark gezittert hatten, als ich die Treppe hinabging, war ich allem gegenüber gleichgültig geworden; ich trachtete nur noch nach Ruhe in Erwartung der großen Ruhe, die schließlich eintreten würde. Nicht etwa, weil ich die Bewunderung, die man, wie mir schien, meinem Werk entgegenbringen müsse, auf die Zeit nach meinem Tode hinausverlegte, stand ich dem Beifall der jetzt lebenden Elite so völlig indifferent gegenüber. Die in der Zeit nach meinem Tode existierende mochte denken, was sie wollte, auch das berührte mich nicht mehr. Wenn ich an mein Werk und nicht an die Briefe dachte, die ich zu beantworten hatte, so lag es in Wirklichkeit nicht daran, daß ich zwischen diesen beiden Dingen wie in der Zeit meiner Trägheit und dann in der meiner Arbeit bis zu jenem Tage, an dem ich mich am Treppengeländer festhalten mußte, einen großen Unterschied in Hinsicht der Wichtigkeit machte. Die Organisation meines Gedächtnisses und meiner vordringlichen Sorgen war an mein Werk geknüpft, vielleicht weil, während empfangene Briefe den Augenblick darauf vergessen waren, die Idee meines Werkes in meinem Kopf immer die gleiche und in beständigem Werden begriffen war. Aber auch sie war mir lästig geworden. Sie war für mich wie ein Sohn, mit dem sich die sterbende Mutter trotz aller Müdigkeit zwischen Spritzen und Schröpfköpfen immer noch beschäftigen muß. Sie liebt ihn vielleicht noch, aber ist nur noch auf Grund der ihre Kräfte übersteigenden Verpflichtung fähig, sich mit ihm zu beschäftigen. Bei mir waren die Kräfte des Schriftstellers nicht mehr auf der Höhe der egoistischen Anforderungen des Werkes. Seit jenem Tage auf der Treppe gelangte nichts auf der Welt, kein Glück, ob es nun aus der freundschaftlichen Gesinnung anderer Menschen, den Fortschritten meines Werkes, der Hoffnung auf Ruhm herrührte, anders mehr zu mir denn als eine große blasse Sonne, die nicht mehr die Kraft in sich trug, mich zu wärmen, mir Leben oder irgendein Verlangen einzuflößen; noch dazu war sie, so blaß sie auch schien, zu blendend für meine Augen, die sich lieber schlossen, und ich wendete den Kopf zur Wand. Soweit ich die Bewegung meiner Lippen noch verspürte, muß ich wohl ein kleines Lächeln in einem winzigen Winkel meines Mundes zustande gebracht haben, als eine Dame mir schrieb:›Ich war *sehr erstaunt,* keine Antwort auf meinen Brief zu erhalten.‹ Immerhin erinnerte mich das an ihren Brief, und ich antwortete ihr. Ich wollte versuchen, damit man mich nicht für undankbar hielte, meine gegenwärtige Liebenswürdigkeit noch auf der Höhe derjenigen zu halten, die andere Leute für mich etwa aufwendeten. Doch ich erlag beinahe unter dem Zwang, meiner in Agonie befindlichen Existenz die übermenschlichen Strapazen des Lebens zumuten zu müssen. Der Verlust des Gedächtnisses half mir ein wenig, indem er Zäsuren innerhalb meiner Verpflichtungen schuf; mein Werk jedoch füllte diese Lücken immer gleich wieder aus.

Die Idee des Todes nistete sich endgültig in mir ein wie eine Liebe. Nicht daß ich den Tod etwa liebte, ich haßte ihn vielmehr. Aber nachdem ich zweifellos von Zeit zu Zeit an ihn gedacht hatte wie an eine Frau, die man noch nicht liebt, haftete das Denken an ihn jetzt so vollständig in der tiefsten Schicht meines Gehirns, daß ich mich mit keiner Sache beschäftigen konnte, ohne daß diese erst durch die Idee des Todes hindurchgegangen wäre, und selbst wenn ich mich mit nichts beschäftigte und mich völliger Ruhe hingab, leistete mir die Idee des Todes so unaufhörlich Gesellschaft wie die Vorstellung von meinem Ich. Ich glaube nicht, daß an dem Tage, an dem ich ein Halbtoter geworden war, die äußeren Zufälle, die dazu führten, die Unfähigkeit, eine Treppe hinabzusteigen, mir einen Namen ins Gedächtnis zu rufen, mich zu erheben, durch eine auch nur unbewußte Logik die Idee des Todes und die, daß ich selbst schon fast tot sei, herbeigezogen hatte, sondern daß das alles vielmehr zusammen eingetreten war und daß damit der große Spiegel des Geistes unausweichlich eine neue Wirklichkeit auf mich zurückstrahlen ließ. Gleichwohl sah ich nicht, wie man von den Übeln, die mich befallen hatten, ohne nochmalige Warnung zum vollendeten Tod übergehen könnte. Da aber dachte ich an die anderen, an alle diejenigen, die jeden Tag sterben, ohne daß der Hiatus zwischen ihrer Krankheit und ihrem Tode uns ungewöhnlich erscheint. Ich dachte sogar, daß nur, weil ich sie selbst von innen her sah (mehr noch infolge der Täuschungsversuche der Hoffnung), gewisse Formen des Unbehagens mir jede für sich betrachtet nicht tödlich schienen, obwohl ich an meinen Tod glaubte, genauso wie diejenigen, die am stärksten überzeugt sind, daß ihre Zeit abgelaufen ist, sich dennoch leicht überreden lassen, ihre Unfähigkeit, gewisse Wörter auszusprechen, habe nichts mit einem Schlaganfall, mit Aphasie zu tun, sondern müsse von einer Ermüdung der Zunge, einem dem

Stottern ähnlichen Nervenzustand oder der auf eine Verdauungsstörung folgenden Erschöpfung herrühren.

Was ich selbst zu schreiben hatte, war anderes und längeres als bloße Abschiedsbriefe, und es richtete sich auch an mehr als nur eine Person. Ja, es war lang, was ich zu schreiben hatte. Am Tage höchstens würde ich versuchen können zu schlafen. Wenn ich arbeitete, würde es nur nachts geschehen können, aber es würde vieler Nächte bedürfen, vielleicht hunderter, vielleicht tausender. Ich aber würde in der Angst leben, nicht zu wissen, ob der Herr meines Geschicks, der weniger nachsichtig als der Sultan Scheriar war, am Morgen, wenn ich meine Erzählung unterbrach, mein Todesurteil noch etwas aufschieben und mir erlauben würde, am nächsten Abend darin fortzufahren. Nicht daß ich mir anmaßen wollte, in irgendeiner Hinsicht etwas wie ein ›Tausendundeine Nacht‹ zu schreiben oder wie die Memoiren Saint-Simons, die ebenfalls bei Nacht entstanden sind, noch irgendeines der Bücher, die ich in meiner kindlichen Naivität, abergläubisch an sie mich anklammernd wie an meine Liebeserlebnisse, geliebt hatte, da ich mir nicht ohne Grauen ein Werk vorstellen konnte, das von ihnen verschieden war. Aber man kann – wie es Elstir mit Chardin erging – was man liebt, nur wiederschaffen, indem man ihm entsagt.* Es würde vielleicht ein ebensolanges Buch wie ›Tausendundeine Nacht‹ sein, aber doch ein ganz anderes Buch. Zweifellos möchte man, wenn man in ein Werk verliebt ist, etwas ganz Gleiches schaffen, aber man muß seine Augenblicksliebe opfern und nicht an seine Neigung, sondern an eine Wahrheit denken, die nicht nach unseren Vorlieben fragt, sondern uns vielmehr an sie zu denken verbie-

* Zweifellos würden auch meine Bücher wie mein Wesen aus Fleisch und Blut schließlich eines Tages vergehen. Aber man muß sich eben abfinden mit dem Tod. Man nimmt die Vorstellung hin, daß in zehn Jahren man selbst nicht mehr ist, und in hundert Jahren die Bücher, die man geschrieben hat, nicht mehr existieren. Ewige Dauer ist den Werken sowenig wie den Menschen verheißen.

tet. Nur wenn man dieser Wahrheit folgt, stößt man vielleicht noch manchmal auf das, was man preisgegeben hat, und schreibt, gerade indem man sie vergißt, ›arabische Märchenerzählungen‹ oder Saint-Simonsche Memoiren einer anderen Epoche. Aber war dazu noch Zeit für mich? War es nicht zu spät?

Ich fragte mich nicht nur: ›Ist noch Zeit dafür?‹ sondern auch: ›Bin ich selbst noch dazu imstande?‹ Die Krankheit hatte mir, als sie mich wie ein strenger geistlicher Berater der Welt absterben hieß, einen Dienst erwiesen (›Es sei denn, daß das Weizenkorn in die Erde falle und ersterbe, so bleibt's allein; wo es aber erstirbet, so bringet's viel Früchte‹). Die Krankheit, die mich vielleicht, nachdem die Trägheit mich vor allzu leichtem Schreiben geschützt hatte, gegen die Trägheit abschirmen würde, diese Krankheit hatte meine Kräfte und, wie ich schon seit langem bemerkt hatte – vor allem seit dem Augenblick, von dem an ich Albertine nicht mehr liebte – auch die Kräfte meines Gedächtnisses verbraucht. War aber nicht die durch das Gedächtnis vollzogene Wiederschöpfung von Eindrücken, die ich später zu vertiefen, zu erhellen, in geistige Äquivalente umzuwandeln hätte, eine der Voraussetzungen, ja geradezu die Essenz des Kunstwerkes, so wie ich es vorhin in der Bibliothek konzipiert hatte? Ach! Wenn ich doch die Kräfte besäße, die an jenem Abend intakt in mir waren, den ich wieder heraufbeschworen hatte, dem Abend, an dem ich ›François le Champi‹ entdeckte! Von jenem Abend her, an dem meine Mutter meinem Wunsch gewichen war, datierte zugleich mit dem langsamen Sterben meiner Großmutter das Nachlassen meiner Gesundheit und meiner Willenskraft. Alles hatte sich in dem Moment entschieden, in dem ich – unfähig, noch bis zum Morgen zu warten – nur um meine Lippen auf das Antlitz meiner Mutter zu drücken, einen Entschluß gefaßt, mich aus dem Bett und im Nachthemd ans Fenster begeben hatte, durch das der Mondstrahl fiel, und dort sitzen blieb, bis ich Monsieur Swann hatte aufbrechen hören. Meine Eltern hatten ihn begleitet, ich hatte gehört, wie die Gartentür ging, die Schelle in Schwingung versetzte und sich wieder schloß.

Da erkannte ich mit einemmal, daß, wenn ich noch die Kraft hätte, mein Werk zu vollenden, diese Matinee – wie früher in Combray gewisse Tage, die einen Einfluß auf mich ausgeübt hatten – insofern sie mir am heutigen Tage zugleich die Idee meines Werkes und die Furcht davor eingegeben hatte, sie nicht verwirklichen zu können, wahrscheinlich vor allem in diesem Werk die Gestalt bezeichnen würde, die ich einst in der Kirche von Combray erahnte und die uns gewöhnlich unsichtbar bleibt, die Zeit.

Gewiß, es gibt viele andere Irrtümer unserer Sinne, man hat gesehen, wie verschiedene Episoden dieser Erzählung es mir bewiesen haben: Irrtümer, die für uns den wirklichen Aspekt dieser Welt verfälschen. Aber schließlich würde ich doch bei der exakteren Aufzeichnung, die ich zu machen vorhatte, strengstens darauf achten, daß ich beispielsweise die Töne an die richtige Stelle setzte, und mich enthalten, sie von ihrer Ursache loszulösen, der unser Verstand sie nachträglich koordiniert, obwohl der Vorgang, daß man den sanften Sang des Regens mitten ins Zimmer verlegt und das Brodeln unseres Gesundheitstranks wie eine Sintflut sich in den Hof ergießen läßt, alles in allem nicht verstörender wirken sollte als das, was so oft die Maler tun, wenn sie sehr nahe vor uns oder sehr weit von uns entfernt – je nachdem die Gesetze der Perspektive, die Intensität der Farben und die erste Illusion des Blicks sie uns erscheinen lassen – ein Segel oder eine Bergspitze malen, die unsere verstandesmäßige Überlegung hinterher um enorme Distanzen versetzen muß. Ich könnte, obwohl dies ein schwerwiegender Irrtum wäre, auch weiterhin, wie man es gewöhnlich macht, Züge in das Gesicht einer Vorübergehenden einzeichnen, während an der Stelle von Nase, Wangen und Kinn nur ein leerer Raum existieren sollte, über die höchstens der Widerschein unserer Wünsche spielend hingleiten dürfte. Und selbst wenn ich nicht mehr Muße fände zu tun, was schon sehr viel wichtiger wäre, nämlich die hundert Masken vorzubereiten, die man auf ein und dasselbe Gesicht heften muß, wäre es auch nur gemäß den Augen, die es erblicken, oder dem Sinn, den diese Augen in die Züge legen, oder aber bei gleichen Augen entsprechend der Hoffnung oder Furcht oder im Gegenteil der Liebe oder Gewohnheit, die dreißig Jahre lang einem die Veränderungen des Alters verbergen, ja, wenn ich schließlich sogar nicht das unternähme, was – wie mir meine Verbindung mit Albertine bereits hinlänglich gezeigt hatte – nicht fehlen darf, soll nicht alles künstlich und unwahrhaftig bleiben, das heißt bestimmte Personen nicht von außen, sondern aus dem Inneren heraus zu schildern, wo ihre geringsten Akte des Denkens oder Empfindens tödliche Verwirrungen anrichten können, und auch das Licht des Seelenhimmels je nach dem wechselnden Druck unserer Empfindungsfähigkeit zu malen oder je nachdem, ob eine kleine Wolke der Ungewißheit die heitere Atmosphäre der Gewißheit trübt, in der eine Sache so klein erscheint, und in einem Nu ihre Größe um ein Vielfaches vermehrt; wenn ich diese und noch viele andere Veränderungen (deren Notwendigkeit, wenn man die Wirklichkeit wiedergeben will, aus dieser Erzählung wohl hat erhellen können) nicht vorzunehmen vermöchte bei der schriftlichen Konsolidierung eines Universums, das in seiner Gesamtheit nachzuzeichnen war, so würde ich doch wenigstens noch darauf bedacht sein, den Menschen darin nicht nach dem Längenausmaß seines Körpers, sondern seiner Jahre zu schildern: als ein Wesen, das – eine Aufgabe, die immer lastender wird und der es schließlich erliegt – sie mit sich schleppen muß, wenn es im Raum seine Stellung verändert.

Daß wir übrigens einen unaufhörlich zunehmenden Platz in der Zeit einnehmen, weiß jedermann, und diese Universalität konnte mich nur freuen, da ja die Wahrheit, die von jedem einzelnen geahnte Wahrheit das war, um dessen Aufhellung ich mich bemühen mußte. Nicht nur ist einem jeden bewußt, daß wir einen Platz in der Zeit einnehmen, sondern auch der schlichteste Geist ermißt annähernd diesen Platz, wie er den, den wir im Raum einnehmen, ebenfalls schätzen würde, da ja Leute ohne besonderen Scharfsinn beim Anblick von zwei ihnen unbekannten Männern, die beide schwarze Schnurrbärte tragen oder vollkommen ausrasiert sind, erklären, daß von diesen beiden Männern der eine etwa zwanzig, der andere etwa vierzig Jahre alt sei. Zweifellos täuscht man sich oft in dieser Bewertung, aber daß man sie für möglich hält, bedeutet bereits, daß man das Alter als etwas Meßbares ansieht. Zu dem zweiten Manne mit schwarzem Schnurrbart sind in der Tat noch zwanzig Jahre hinzugetreten.

Wenn dieser Begriff der entschwundenen Zeit, der vorübergegangenen und doch nicht von uns getrennten Jahre das war, was ich jetzt so deutlich herauszuarbeiten gedachte, so lag es daran, daß ich in diesem Augenblick im Palais des Prinzen von Guermantes das Geräusch der Schritte meiner Eltern, die Monsieur Swann hinausgeleiteten, das aufschnellende, scheppernde, rastlose, schrille, muntere Läuten der kleinen Glocke, das mir den endlich erfolgten Aufbruch Monsieur Swanns und das baldige Eintreten Mamas in mein Zimmer verkündete, noch im Ohr hatte, diese Geräusche selbst, obwohl sie schon so weit in der Vergangenheit lagen. Da aber fühlte ich mich bei dem Gedanken an alle Ereignisse, die sich unabweislich zwischen den Augenblick, in dem ich jene vernommen hatte, und die Matinee bei den Guermantes schoben, dadurch erschreckt, daß dieses Glöckchen immer noch in mir ertönte, ohne daß ich irgend etwas an seiner grellen Stimme hätte ändern können, da ich in Ermangelung einer unmittelbaren Erinnerung daran, wie diese Stimme früher schließlich verklungen war, es erst von neuem lernen und, um es recht zu hören, mich bemühen mußte, den Ton der Unterhaltungen, die die Masken rings um mich her führten, aus meinem Ohr zu verbannen. Um diese Stimme möglichst aus größerer Nähe zu hören, war ich gezwungen, tiefer in mich selbst hinabzusteigen. Also lag dieses Klingen immer noch in mir und zudem zwischen ihm und dem gegenwärtigen Augenblick die ganze, unendlich breit entfaltete Vergangenheit, von der ich gar nicht wußte, daß ich sie in mir trug. Als das Glöckchen geläutet hatte, existierte ich schon, seither aber durfte, wenn ich seinen Klang noch vernehmen sollte, keine Zerstörung der Kontinuität eintreten, ich durfte nicht einen Augenblick lang aufhören zu existieren, zu denken, meiner selbst mir bewußt zu sein, da dieser Moment von einst noch an mir festhaftete und ich noch wieder in ihn zurückkehren konnte allein dadurch, daß ich mich tiefer in mich hinabbegab. Weil aber die Menschen in dieser Weise noch alle Stunden der Vergangenheit enthalten, können sie denen, die sie lieben, so viel Leid antun, denn damit hegen sie in ihrem Innern auch viele Erinnerungen an Freuden und Wünsche, die für sie schon ausgelöscht sind, aber so grausam noch für den, der den geliebten Leib, um dessentwillen er an Eifersucht krankt – an einer solchen Eifersucht, daß er seine Zerstörung wünscht – betrachtet und in seiner gesamtem Erstreckung über die Ebene der Zeit erblickt. Denn nach dem Tode zieht die Zeit sich aus dem Körper zurück, und die schon so gleichgültig gewordenen, blassen Erinnerungen sind nun von der, die nicht mehr ist, fortgewischt und werden es bald auch von dem sein, den sie noch immer quälen, in dem aber endlich auch sie einmal sterben werden, wenn das Verlangen nach einem lebendigen Leib sie nicht mehr unterhält.

Ein Gefühl der Ermüdung und des Grauens befiel mich bei dem Gedanken, daß diese ganze so lange Zeit nicht nur ohne Unterbrechung von mir gelebt, gedacht und wie ein körperliches Sekret abgelagert worden, und daß sie mein Leben, daß sie ich selber war, sondern, daß ich sie auch noch jede Minute bei mir festhalten mußte, daß sie mich, der ich auf ihrem schwindelnden Gipfel hockte und mich nicht rühren konnte, ohne sie ins Gleiten zu bringen, gewissermaßen trug. Das Datum, zu dem ich das Geräusch des Glöckchens an der Gartentür in Combray gehört hatte, jenen Klang, der jetzt so fern und dennoch in mich eingebettet war, bildete einen Markstein in dieser unendlichen Weite, von deren Vorhandensein in mir ich im Grunde nichts geahnt. Es schwindelte mir, wenn ich unter mir und trotz allem in mir, als sei ich viele Meilen hoch, so viele Jahre erblickte.

Ich begriff jetzt, weshalb der Herzog von Guermantes – an dem ich, als ich ihn auf seinem Stuhl sitzen sah, bewundert hatte, wie wenig er, obwohl er mehr Jahre als ich unter sich hatte, gealtert schien – als er sich erhob und stehenbleiben wollte, schwankend und nur mit Mühe sich auf versagenden Beinen hielt (wie einer jener alten Erzbischöfe, an denen nichts mehr festen Bestand zu haben scheint als das metallene Kreuz, um die aber muntere junge Seminaristen sich drängen) und nur zitternd wie ein Blatt sich noch vorwärtsbewegte auf den unwegsamen Gipfel seiner dreiundachtzig Jahre, als ob die Menschen alle auf lebendigen, unaufhörlich wachsenden, manchmal mehr als kirchturmhohen Stelzen hockten, die schließlich das Gehen für sie beschwerlich und gefahrvoll machten, bis sie plötzlich von ihnen herunterfielen.* Ich erschrak, weil die meinen bereits so lang waren unter meinen Schritten; es kam mir nicht so vor, als werde ich stark genug sein, noch lange die Vergangenheit bei mir festzuhalten, die nun schon unter mir so weit hinunterreichte. Wenigstens würde ich, wenn mir noch Kraft genug bliebe, um mein Werk zu vollenden, in ihm die Menschen (und wenn sie daraufhin auch wahren Monstren glichen) als Wesen beschreiben, die neben dem so beschränkten Anteil an Raum, der für sie ausgespart ist,

* (Kommt es wohl daher, daß das Antlitz der Menschen, die ein gewisses Alter erreicht haben, selbst in den Augen des Ahnungslosesten so unmöglich mit dem eines jungen Mannes zu verwechseln ist und nur durch einen wie Bewölkung darüber gebreiteten Ernst hindurch sichtbar wird?)

einen im Gegensatz dazu unermeßlich ausgedehnten Platz – da sie ja gleichzeitig wie Riesen, die, in die Tiefe der Jahre getaucht, ganz weit auseinanderliegende Epochen streifen, zwischen die unendlich viele Tage geschoben sind – einnehmen in der ZEIT.

MARCEL PROUST

Aber wie vermindert und verzehrt sich die Zukunft, die doch noch gar nicht ist; oder wie nimmt die Vergangenheit, die nicht mehr ist, zu, außer weil im Geiste, durch den jenes geschieht, ein dreifaches ist? Denn er erwartet, nimmt wahr und erinnert sich, so zwar, daß das von ihm Erwartete durch seine Wahrnehmung hindurch in Erinnerung bei ihm übergeht. Wer leugnet nun, daß das Zukünftige noch nicht sei? Allein es ist doch bereits die Erwartung des Zukünftigen im Geiste! Und wer leugnet, daß das Vergangene nicht mehr sei? Allein im Geiste ist doch noch die Erinnerung daran. Wer leugnet, daß die Gegenwart keine Dauer habe, weil sie sofort vergeht? Allein es dauert doch die Wahrnehmung, durch welche der Vergangenheit anheimfallen soll, was herankommen wird. Also ist nicht die Zukunft lang, die ja nicht ist, sondern eine lange Zukunft nennen wir eine lange Erwartung der Zukunft. Ebenso ist nicht lang die Vergangenheit, die nicht mehr ist, sondern lang vergangen nennen wir das, dessen die Menschen sich lange erinnern.

Ich will einen Gesang vortragen, den ich kenne: bevor ich anfange, erstreckt sich meine Erwartung auf das Ganze; wenn ich aber angefangen habe, erstreckt sich, was ich davon bereits der Vergangenheit zugeführt habe, innerhalb meines Gedächtnisses, und so dehnt sich die Dauer dieser meiner Handlung über das Gedächtnis aus in Hinsicht auf das, was ich gesagt habe, über die Erwartung aber in Hinsicht auf das, was ich noch sagen will; gegenwärtig dagegen ist mein Aufmerken, wodurch das, was zukünftig war, der Vergangenheit übermittelt wird. Je mehr dies geschieht, um so mehr nimmt die Erwartung ab und die Erinnerung zu, bis die ganze Erwartung sich erschöpft, weil die Handlung völlig beendigt und in die Erinnerung übergegangen ist. Und wie mit dem ganzen Liede, so geschieht es mit seinen einzelnen Teilen, so mit seinen einzelnen Silben; so auch bei einer längeren Handlung, von der jenes Lied vielleicht nur ein kleiner Teil ist; so mit dem ganzen Leben des Menschen, von dem alle seine Handlungen nur Teile sind, so endlich mit dem Sein des ganzen Menschengeschlechtes, dessen Teile die Lebenszeit der einzelnen Menschen ausmacht.

AUGUSTINUS

Zu dieser Ausgabe

Wie erfahren wir Menschen die Zeit? Einmal vergeht sie im Fluge, ein anderes Mal ziehen sich Tage und Stunden dahin, einmal erfahren wir sie als einzigen Augenblick des Glücks, ein anderes Mal als unerträgliche Dauer. Unermeßlich ist sie nur in der Jugend, je deutlicher der Tod als Grenze heranrückt, um so knapper wird ihre Ressource. Nie zuvor haben die Menschen so lange gelebt wie heute, noch nie haben sie so viel in ihre Zeit hineingepackt.

»Was also ist die Zeit?«, so fragt Augustinus. »Wenn mich niemand darüber fragt, so weiß ich es; wenn ich es aber jemandem auf seine Frage erklären möchte, so weiß ich es nicht. Das jedoch kann ich zuversichtlich sagen: Ich weiß, daß es keine vergangene Zeit gäbe, wenn nichts vorüberginge, keine zukünftige, wenn nichts da wäre. Wie sind nun aber jene beiden Zeiten, Vergangenheit und Zukunft, da ja doch die Vergangenheit nicht mehr ist und die Zukunft noch nicht ist?«

Was also ist die Zeit? Wir leben in ihr, können nach ihr fragen und finden doch keine rechte Antwort. Wir glauben, Herr unserer Zeit zu sein, und sind ihr doch unterworfen, wir stehen ihr gegenüber und sind zugleich in sie verstrickt. Wir leben nie anders als im Vorgriff auf die Zukunft, neue Welten entwerfend, und wir können dies nur, indem wir auf die Vergangenheit zurückgreifen – und sei es in der Weise des Protests. Die Zeit ist der Raum unserer Freiheit, die Geschichte ihr Resultat, deshalb leben wir nie anders als in der Geschichte. Sie gibt uns Herkunft, Name, Rolle, aus ihr kommen wir, bewegen uns in ihr, ob wir sie nun verneinen oder bejahen, wir führen sie fort, indem wir sie bewahren oder verwerfen.

Aber erst durch die Sprache gewinnen wir ein Verhältnis zur Zeit. Sie erlaubt uns, Vergangenes festzuhalten, Erfahrungen nicht nur zu machen, sondern auch weiterzugeben, Geschichte und Geschichten zu erzählen, Traditionen zu bilden. Sie befähigt uns, das Gegenwärtige zu deuten, und ermöglicht uns gleichzeitig, künstliche Welten zu erschaffen, Utopien zu entwerfen und uns selbst in anderen Entwürfen zu sehen. Dies alles vermag Sprache, weil sie in der Folge ihrer Zeichen selbst gestaltete Zeit ist. Schon Augustinus greift deshalb zum Beispiel des Verses, um zu erläutern, daß Zeit dem Menschen nicht äußerlich ist, sondern nichts anderes als die »Ausdehnung seines Geistes«.

Die vorliegende Auswahl versucht, den Formen nachzugehen, in denen sich diese ›Ausdehnung‹ des menschlichen Geistes literarisch niedergeschlagen hat: die Kapitel, in denen durch die Jahrhunderte vielfältige Erfahrungen der Zeit gesammelt sind, gelten der Erinnerung, der Vergänglichkeit, dem gelungenen Augenblick, der Hoffnung und dem, was bleibt. Sie folgt in einem ersten Kapitel der ›Suche nach der verlorenen Zeit‹, läßt Sprache als Weise der Erinnerung deutlich werden und zeigt Erinnerung als Vergewisserung des eigenen Ichs und seines Augenblicks. Erinnerung aber, so das zweite Kapitel, macht offenkundig, daß nichts flüchtiger ist als die Zeit, daß der Fluß der Zeit uns ›aus der Hand frißt‹, was er uns gibt. Kostbar sind daher Augenblicke äußerlicher Ekstase oder innerster Einkehr, die die Texte des dritten Kapitels belegen. Was im gelungenen Augenblick zum Vorschein kommen kann, wird zum immer neu gewünschten Ziel, auf das der Mensch, auf Zukunft hoffend, ausgreift. Auf das diesem Thema gewidmete vierte Kapitel folgt ein letztes, das die Frage nach dem Bleibenden stellt: ›Was bleibt aber, stiften die Dichter.‹ Gerade hier zeigt sich, daß nicht die Literatur bleibt, die etwas jenseits der Zeit und der Zeiten sucht, sondern jene, die nichts anderes will, als ihre Zeit zu ergreifen.

Gottfried Honnefelder

Autoren- und Quellenverzeichnis

ARISTOTELES (384 v. Chr. – 322 v. Chr.)
Alle Menschen streben, S. 273. Aus: Metaphysik A, in: Einführungsschriften, eingeleitet und neu überarbeitet von Olof Gigon, Zürich und Stuttgart 1961, S. 170f. © 1961 Artemis Verlags AG, Zürich

AURELIUS AUGUSTINUS (354 – 430)
Was ist also die Zeit?, S. 5, Aus: Bekenntnisse, Elftes Buch, in: Bibiliothek der Kirchenväter, hg. Fr. X. Reithmayr, Kempten 1884, S. 380.
Aber wie vermindert und verzehrt sich die Zukunft, S. 273. Aus: s.o.
Groß ist die Macht, S. 27. Aus: s.o.

INGEBORG BACHMANN (1926 – 1973)
Auch ich habe in Arkadien gelebt, S. 9. Aus: Werke, Bd. 2, S. 38 © 1978 R. Piper Verlag & Co., München
Es kommen härtere Tage, S. 140. Aus: s.o.

GOTTFRIED BENN (1886 – 1956)
Du liegst und schweigst, S. 186. Aus: Sämtliche Werke, Stuttgarter Ausgabe, Bd. II: Gedichte 2, Klett-Cotta, Stuttgart 1986, S. 134

BHAGAVADGITA (geschrieben zwischen 400 und 300 v. Chr.)
Wie Schmetterlinge in ein flammend Feuer, S. 134. Zitiert nach: Marie Louise von Franz, Zeit, Strömen und Stille, Frankfurt am Main 1981, S. 6

ERNST BLOCH (1885 – 1977)
Das Morgen im Heute lebt, S. 200. Aus: Das Prinzip Hoffnung, Dritter Band, Frankfurt am Main 1959 (suhrkamp taschenbuch wissenschaft 3), S. 1027f.

BERTOLT BRECHT (1898 – 1956)
An Chronos, S. 130. Aus: Gesammelte Gedichte, Band 1, Frankfurt am Main 1976 (edition suhrkamp 835), S. 269
Legende von der Entstehung des Buches Taoteking, S. 32. Aus: Gesammelte Gedichte, Bd. 2, Frankfurt am Main 1967 (edition suhrkamp 836), S. 660 – 663
Sieh deine Ansichten und sieh, S. 240. Aus: Komm mit mir nach Georgia, in: Gesammelte Werke in acht Bänden, Band 4, Frankfurt am Main 1967, S. 136

GEORG BÜCHNER (1813 – 1837)
Die Natur handelt nicht nach Zwecken, S. 239. Aus: Probevorlesung »Über Schädelnerven«, in: Werke und Briefe, München 1988 (dtv 2202), S. 260

PAUL CELAN (1920 – 1970)
Corona, S. 125. Aus: Mohn und Gedächtnis, in: Gesammelte Werke in fünf Bänden, herausgegeben von Beda Allemann und Stefan Reichert, Bd. 3, Frankfurt am Main 1983, S. 59 © 1952 Deutsche Verlagsanstalt, Stuttgart
Aus der Hand frißt der Herbst mir sein Blatt, S. 123. Aus: s.o.

ANNETTE VON DROSTE-HÜLSHOFF (1797 – 1848)
Am letzten Tag des Jahres, S. 147. Aus: Das geistliche Jahr, in: Gesammelte Werke, herausgegeben von Hanns Martin Elster, Zweiter Band, Weimar 1923, S. 187 – 189

MEISTER ECKART (um 1260 – 1327)
Eine Kraft in der Seele, S. 183. Aus: Zweite Predigt, in: Meister Eckehart, Deutsche Predigten und Traktate, herausgegeben und neu übersetzt von Joseph Quint, 6. Auflage, München 1985, S. 161 – 163 © 1955 Carl Hanser Verlag, München u. Wien

JOSEPH VON EICHENDORFF (1788 – 1857)
Der Abend, S. 149. Aus: Gedichte, herausgegeben von Traude Dienel, Frankfurt am Main 1977 (insel taschenbuch 255), S. 38
Sehnsucht, S. 224. Aus: s.o., S. 12

THEODOR FONTANE (1819 – 1898)
Im Norden der Grafschaft Ruppin, S. 187. Aus: Der Stechlin, Frankfurt am Main (insel taschenbuch 152), S. 7 – 9

SIGMUND FREUD (1856 – 1939)
Unsere Erinnerungen, S. 16. Aus: Das Unbehagen an der Kultur, in: Gesammelte Werke, herausgegeben von A. Freud, Bd. II/III, S. 545 © 1974 S. Fischer Verlag, Frankfurt am Main

STEFAN GEORGE (1868 – 1933)
Komm in den totgesagten park und schau, S. 150. Aus: Stefan George, Sämtliche Werke in achtzehn Bänden, Band 4: Das Jahr der Seele, Klett-Cotta, S. 12, Stuttgart 1982

JOHANN WOLFGANG GOETHE (1749 – 1832)
Dauer im Wechsel, S. 245. Aus: Gedichte in zeitlicher Folge, herausgegeben von Heinz Nicolai, Band 1, Frankfurt am Main 1978 (insel taschenbuch 350), S. 511–513
Ein Sumpf zieht am Gebirge hin, S 181. Aus: Faust, Zweiter Teil, Frankfurt am Main 1975 (insel taschenbuch 100), S. 356

Ich fühle mich so fern, S. 194. Aus: s.o., S. 239
Kennst du das Land, S. 208. Aus: Wilhelm Meisters Lehrjahre, Frankfurt am Main 1980 (insel taschenbuch 475), S. 151
Selbstbiographie, S. 38. Aus: Entstehung der biographischen Annalen 1823, in: Sämtliche Werke (Gedenkausgabe, herausgegeben von Ernst Beutler), Bd. 12, Zürich 1961, S. 648
Selige Sehnsucht, S. 175. Aus: Gedichte in zeitlicher Folge, s.o., Band 2, Frankfurt am Main 1978, S. 61
Werd' ich beruhigt je mich auf ein Faulbett legen, S. 180. Aus: Faust, Zweiter Teil, s.o.
Warum gabst du uns die tiefen Blicke, S. 12. Aus: Gedichte in zeitlicher Folge, s.o., Band 1, Frankfurt am Main 1978, S. 206 – 208

ANDREAS GRYPHIUS (1616 – 1664)
Vanitas! Vanitatum Vanitas!, S. 142. Aus: Oden und Epigramme, hg. v. M. Szyrocki, Tübingen 1964, S. 17

GEORG WILHELM FRIEDRICH HEGEL (1770 – 1831)
Die Zeit ist das Negative, S. 239. Aus: Vorlesungen über die Philosophie der Geschichte, in: Werke in 20 Bde., Frankfurt am Main 1986, Bd. 12 (suhrkamp taschenbuch wissenschaft 612), S. 103

HEINRICH HEINE (1797 – 1856)
Wir wollen auf der einen Seite, S. 239. Aus: Verschiedenartige Geschichtsauffassung, in: Werke, Bd. 4, hg. H. Schanze, Frankfurt am Main 1968, S. 34

HERAKLIT (um 500 v. Chr.)
Bei einem Fluß, S. 134. Aus: Urworte der Philosophie, Griechisch und Deutsch, Übertragung, Nachwort und Anmerkungen von Georg Burckhardt, Wiesbaden 1952 (Insel-Bücherei, Bd. 49)

ZBIGNIEW HERBERT (geb. 1924)
Das Land, S. 233. Aus: Inschrift, Gedichte aus zehn Jahren, 1956 – 1966, herausgegeben und übertragen von Karl Dedecius, Frankfurt am Main 1967, S. 27

HERMANN HESSE (1877 – 1962)
Am Flusse, S. 212. Aus: Siddharta, Frankfurt am Main 1974 (suhrkamp taschenbuch 182), S. 72
Stufen, S. 171. Aus: Stufen, in: Die Gedichte 1892 – 1962, Zweiter Band, Frankfurt am Main 1977 (suhrkamp taschenbuch 381), S. 676

WOLFGANG HILDESHEIMER (geb. 1916)
Lieber Max, S. 164. Aus: Mitteilungen an Max über den Stand der Dinge und anderes, Frankfurt am Main 1983, S. 7ff. © Suhrkamp Verlag 1983

FRIEDRICH HÖLDERLIN (1770 – 1843)
Andenken, S. 243. Aus: Gedichte, herausgegeben und mit Erläuterungen versehen von Jochen Schmidt, Frankfurt am Main 1984 (insel taschenbuch 781), S. 194 – 196
An die Hoffnung, S. 211. Aus: Gedichte, s.o., S. 93
Hälfte des Lebens, S. 160. Aus: Gedichte, s.o., S. 134
Mnemosyne, Dritte Fassung. S. 25. Aus: Gedichte, s.o., S. 201ff.

HUGO VON HOFFMANNSTHAL (1874 – 1929)
Mir ist zumut, S. 161. Aus: Sämtliche Werke, Bd. XXIII, Operndichtungen 1, Der Rosenkavalier © 1986 S. Fischer Verlag GmbH, Frankfurt am Main
Die Zeit, die ist ein sonderbares Ding, S. 5. Aus: s.o.

HORAZ (Quintus Horatius Flaccus, 65 – 8 v. Chr.)
Unsterblichkeit, S. 247. Aus: Oden, Drittes Buch, 30, in: Sämtliche Werke, Lateinisch und Deutsch, München und Zürich 1982, S. 177 (Nach Kayser, Nordenflycht und Burger, herausgegeben von Hans Färber), © 1982 Artemis Verlag, München und Zürich

PETER HUCHEL (1903 – 1981)
Zwölf Nächte, S. 131. Aus: Gedichte, Karlsruhe 1948 © 1967 R. Piper & Co. Verlag, München

KARL LEBERECHT IMMERMANN (1796 – 1840)
Wie können nicht leugnen, S. 144. Aus: Die Epigonen, in: Werke in fünf Bänden, herausgegeben von Benno von Wiese, Zweiter Band, Frankfurt am Main 1971, S. 120 – 122

ERHART KÄSTNER (1904 – 1974)
Der Hund in der Sonne, S. 193. Aus: Der Hund in der Sonne, Frankfurt am Main 1975 (suhrkamp taschenbuch 270), S. 9

FRANZ KAFKA (1883 – 1924)
Eine kaiserliche Botschaft, S. 231. Aus: Erzählungen, 5. Auflage 1980, S. 128f. © 1935, 1946, 1963 by Schocken Books Inc., Berlin und New York City, USA. Abdruck mit Genehmigung der S. Fischer Verlag, GmbH, Frankfurt am Main
Vor dem Gesetz, S. 169. Aus: s.o., S. 120f.

GOTTFRIED KELLER (1819 – 1890)
Die Zeit geht nicht, S. 143. Aus: Sämtliche Werke und ausgewählte Briefe, herausgegeben von Clemens Heselhaus, Dritter Band, München 1958, S. 260

WERNER KOCH (geb. 1926)
Meine Katze, S. 189. Aus: Akzente, Juni 1989, © Werner Koch 1989
Mensch und Kamel, S. 236. Aus: s.o.

KONFUZIUS (551 – 479 v. Chr.)
Mit fünfzehn wandte ich mich dem Lernen zu, S. 135. Zitiert: Mircea Eliade, Geschichte der religiösen Ideen, Quellentexte

1. BRIEF AN DIE KORINTHER 9, 10, S. 203. Aus: D. Martin Luther, die gantze Heilige Schrift, Deudsch, Wittenberg 1545, Faksimiledruck München 1972, Zweiter Band, S. 2311

STANISLAW LEM (geb. 1921)
Das Institut für Temporistik, S. 39. Aus: Sterntagebücher, Frankfurt am Main 1973, S. 166

THOMAS MANN (1875 – 1955)
Ein einfacher junger Mensch, S. 86. Aus: Der Zauberberg, S. 7ff. und 673 © 1960, 1974 S. Fischer Verlag GmbH, Frankfurt am Main

CONRAD FERDINAND MEYER (1825 – 1898)
Der römische Brunnen, S. 179. Aus: Gedichte. Huttens letzte Tage, Basel und Stuttgart 1966, S. 96

EDUARD MÖRIKE (1804 – 1875)
Um Mitternacht, S. 182. Aus: Alte unnennbare Tage, Ausgewählte Gedichte, herausgegeben und mit einem Vorwort von Hermann Hesse, Frankfurt am Main 1978 (insel taschenbuch 246), S. 72

ROBERT MUSIL (1880 – 1942)
Atemzüge eines Sommertags, S. 225. Aus: Der Mann ohne Eigenschaften, herausgegeben von Adolf Frisé, in: Gesammelte Werke, © 1978 Rowohlt Verlag GmbH, Reinbek

STEN NADOLNY (geb. 1942)
Vor dem White Hart Inn, S. 75. Aus: Die Entdeckung der Langsamkeit, S. 169 © 1983 R. Piper GmbH & Co. KG, München

FRIEDRICH NIETZSCHE (1844 – 1900)
Betrachte die Herde, S. 35. Aus: Unzeitgemäße Betrachtungen,in: Werke in 3 Bänden, Bd. 1, hg. von K. Schlechta, München 1966, S. 211

NOVALIS (d.i. Georg Friedrich Philipp von Hardenberg, 1772 – 1801)
Die Eltern lagen schon und schliefen, S. 204. Aus: Heinrich von Ofterdingen, herausgegeben von Jochen Hörisch, Frankfurt am Main 1982 (insel taschenbuch 596), S. 7 – 10
Die Zeit entsteht mit der Unlust, S. 5. Zitiert nach: H. Blumenberg, Lebenszeit und Weltzeit, Frankfurt am Main 1985, S. 7

OVID (43 v. Chr. – 17 n. Chr.)
Hat denn der Vater genützt, S. 248. Aus: Liebesgedichte, Lateinisch und Deutsch von Walter Marg und Richard Harder, S. 141 © 1984 Artemis Verlag, München und Zürich

OCTAVIO PAZ (geb. 1914)
1. Januar, S. 234. Aus: Gedichte. Spanisch und Deutsch, Übertragung und Nachwort von Fritz Vogelgsang, Frankfurt am Main 1977 (Bibliothek Suhrkamp, Bd. 531), S. 273f.

PETRARCA (1304 – 1374)
Herr, bedenkt, wie schnell die Stunde gleitet, S. 141. Aus: Dichtungen, Briefe, Schriften, Frankfurt am Main 1980 (insel taschenbuch 486)

PREDIGER 3, 1 – 7
Alles hat seine Stunde, S. 195. Aus: Die Bibel, Buch der Prediger (Übertragen von Ludger Honnefelder), in: Lektüre zwischen den Jahren, Frankfurt am Main 1983, S. 7

MARCEL PROUST (1871 – 1922)
Ja, die Idee vom Wesen der Zeit, S. 253. Aus: Auf der Suche nach der verlorenen Zeit, Bd. 3, Frankfurt am Main 1957, S. 4177
Lange Zeit bin ich früh schlafen gegangen, S. 17. Aus: Auf der Suche nach der verlorenen Zeit, Bd. 1, Frankfurt am Main 1953, S. 9 – 16

BUCH DER PSALMEN, *Psalm 90*, S. 126. Aus: Die Bibel, nach der Übersetzung Martin Luthers, Stuttgart 1985f., S. 597

RAINER MARIA RILKE 1875 – 1926)
Die neunte Elegie, S. 250. Aus: Duineser Elegien. Sonette an Orpheus, Frankfurt am Main 1974 (insel taschenbuch 80), S. 38
Ein Mal jedes, nur ein Mal . . ., S. 173. Aus: Die neunte Elegie, in: Duineser Elegien, s.o., S. 39

L'ange du Meridien, S. 133. Aus: Neue Gedichte, Frankfurt am Main 1974 (insel taschenbuch 49), S. 26
Sei allem Abschied voran, S. 176. Aus: Duineser Elegien, Sonette an Orpheus, s.o., S. 78
Stiller Freund der vielen Fernen, S. 178. Aus: s.o., S. 88

FRIEDRICH WILHELM JOSEPH VON SCHELLING (1775 – 1854)
Alles Philosophieren, S. 16. Aus: Allgemeine Deduktion des dynamischen Prozesses oder der Kategorien der Physik, in: Werke, herausgegeben von K.F.A. Schelling, Bd. 4, Stuttgart und Augsburg 1856, S. 77

FRIEDRICH SCHILLER (1759 – 1805)
Dreifach ist der Schritt, S. 31. Aus: Sprüche des Konfuzius, in: Sämtliche Werke, Bd. 1, München 1984, S. 226
Gott der Gerechtigkeit, S. 128. Aus: Wallensteins Tod, V, 11
Resignation, S. 136. Aus: Schillers Werke, Dritter Band, Frankfurt am Main 1966, S. 59 – 62

SENECA (4 v. Chr. – 65 n. Chr.)
Darin täuschen wir uns, S. 31. Aus: Von der Seelenruhe, Philosophische Schriften und Briefe, hg. von H. Berthold, Frankfurt am Main 1985 (insel taschenbuch 743)
So ist's schon richtig, Lucilius, S. 237. Aus: s.o.

WILLIAM SHAKESPEARE (1564 – 1616)
Nicht Angst, mir eigen, S. 249. Aus: Einundzwanzig Sonette, deutsch von Paul Celan, Frankfurt am Main 1967 (insel taschenbuch 132), S. 41

ADALBERT STIFTER (1805 – 1868)
Einen tiefen furchtsamen Blick, S. 71. Aus: Die Narrenburg, in: Werke, hg. Uwe Japp und Hans Joachim Piechotta, Erster Band, Frankfurt am Main 1978, S. 190 – 193

ITALO SVEVO (1861 – 1928)
Die Vorstellung des Todes genügt, S. 151. Aus: Ein Mann wird älter © 1960 Rowohlt Verlag GmbH, Reinbek

TAO TE KING
Es gibt ein Wesen, S. 177. Aus: Tao te King 35, zitiert nach: Marie-Louise von Franz, Zeit, Strömen und Stille, Frankfurt am Main 1985, S. 31

JESSE THOOR (1905 – 1952)
In einem Haus, S. 192. Aus: Gedichte, hg. P. Hamm, Suhrkamp Verlag, Frankfurt 1975, S. 68

KURT TUCHOLSKY (1890 – 1935)
Wenn ich jetzt sterben müßte, S. 159. Aus: Gesammelte Werke, Bd. 6, S. 211 © 1960 Rowohlt Verlag GmbH, Reinbek

VERGIL (Publius Vergilius Maro, 70 – 19 v. Chr.)
Musen Siziliens, auf!, S. 209. Aus: Bucolica, Viertes Gedicht, in: Rudolf Alexander Schröder, Vergil/Horaz, Deutsch, Berlin und Frankfurt am Main 1952 (= Gesammelte Werke, Band 5), S. 35 – 37

ROBERT WALSER (1878 – 1956)
Am See, S. 120. Aus: Das Gesamtwerk, herausgegeben von Jochen Greven, Bd. VI, Zweite Auflage, Genf 1975, S. 118f.

STEFAN ZWEIG (1881 – 1942)
Die Weltminute von Waterloo, S. 191. Aus: Sternstunden der Menschheit, © Bermann-Fischer Verlag A.B., Stockholm 1943, renewed 1971 by Atrium Verlag, London. Abdruck mit Genehmigung der S. Fischer Verlag GmbH, Frankfurt am Main

Inhalt

III *Ein* Mal jedes, nur *ein* Mal . . .

IV Geduld aber bringt Erfahrung; Erfahrung aber bringt Hoffnung

V Was bleibt aber, stiften die Dichter

Augustinus, Aber wie vermindert und verzehrt sich die Zukunft